KB140309

五行大義

대유학술시리즈 【2】 오행대의 下

▪**개정판 2쇄** 2023년 11월 20일
▪**역자** 덕산 김수길, 건원 윤상철 ▪**편집** 이연실 ▪**발행인** 윤상철
▪**발행처** 대유학당 ▪**출판등록** 1993년 8월 2일 제 1-1561호
▪**주소** 서울 성동구 아차산로 17길 48 SK V1 센터 814호
▪**전화** (02) 2249-5630 / 010-9727-5630
▪**블로그** http://blog.naver.com/daeyoudang
▪**유튜브** 대유학당 TV

▪여러분이 지불하신 책값은 좋은 책을 만드는데 쓰입니다.
▪ISBN 978-89-6369-121-3 03140
▪값 22,000원

일러두기

이 책은 북주北周 말엽과 수隋나라 초기의 음양학과 산술학의 대가인 소길의 『오행대의五行大義』를 번역한 것입니다. 오행대의는 수나라의 초기까지 전개되어 온 오행학설을 문헌을 토대로 하여 24종류로 분류해서 정리한 책으로, 오행의 정의에서부서 출발하여 천문·지리·인사적 요소는 물론이고, 각 동식물의 분류와 맛(味) 오장육부, 심지어는 왕조의 변천에 이르기까지 오행에 의하지 않음이 없음을 밝힌 일세의 대작입니다.

이 책의 중요성으로 인해서 여러 번 판본을 달리하여 인쇄되었고, 지금 알려진 판본만도 10종류가 넘습니다. 중국이나 일본 등에서는 널리 알려진 이 책이, 우리나라에서는 의외로 인지도가 낮음에 자극받아 이 책을 번역하게 되었습니다. 저자가 그의 선문에 "이제 널리 경서經書와 위서緯書들을 채집하고 서책들을 모두 찾아서 대략 큰 뜻만을 말했으니, 모두 24편으로 세목까지 합치면 모두 40단락이다"고 했듯이, 수나라 이전까지의 오행에 관한 모든 문헌을 정리한 것만으로도 충분한 효용가치가 있다고 할 것입니다.

이 책은 저자의 의도를 최대한 살리기 위해, 다음과 같은 원칙에 의해서 쓰여졌습니다.

❶ 이 책은 대북(台北)의 무릉출판유한공사武陵出版有限公司에서 간행된 『오행대의五行大義(嘉慶18년 간행)』를 저본으로 하고, 일

본의 급고서원汲古書院에서 간행된 『오행대의교주五行大義校註』를 참고서적으로 하였습니다. 특히 중촌장팔中村璋八이 지은 『오행대의교주』는 여러 판본을 참고로 하여 원문교정을 하였고, 또 소길蕭吉이 인용한 참고서적을 많이 찾아 주석했으므로 크게 도움이 되었습니다.

❷ 원 책은 24편 40장(총 5권)으로 되어 있으나, 나열식으로 되어 있는 내용을 좀더 쉽게 이해할 수 있도록, 단락을 세분하고 각 단락에 차례대로 제목을 부여하였습니다. 물론 원 책이 나눈 24편 40장의 제목과 분류한 것을 토대로 한 것입니다.

그리고 이 책에서는 1편에서 14편까지 상권으로, 15편에서 24편까지 하권으로 묶었습니다.

❸ 1998년에 번역본과 원문의 두 권으로 나왔던 것을, 이 책에서는 원문을 번역문 아래에 각주로 넣어 비교하며 볼 수 있도록 하였습니다.

❹ 이해의 편의를 돕기 위해, 원문에 도표와 그림 그리고 역자 주석을 넣어 내용을 정리해서 보는 기회를 가졌습니다.

❺ 색인을 넣음으로써 내용을 찾아보기 쉽게 함은 물론, 색인의 내용만으로도 전체를 파악할 수 있도록 하였습니다.

❻ 책의 이해를 돕기 위해서 원저자이신 소길蕭吉 선생의 약력을 책 말미에 소개하였습니다.

목 차

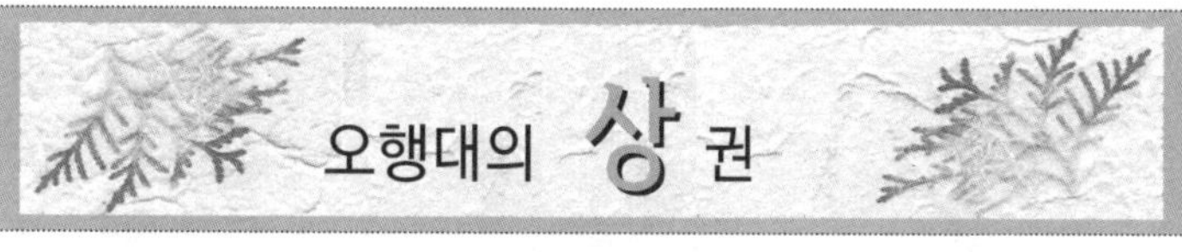

오행대의 하 권

五行大義

제 14편 그 밖의 배속

論雜配

5 오장과 오관五官

① 여러 학설

㉠ 갑을경의 설 • 『갑을경』에 이르기를 "코는 폐장의 기관이 되고, 눈은 간장의 기관이 되며, 입과 입술은 비장의 기관이 되고, 혀는 심장의 기관이 되며, 귀는 신장의 기관이 된다. 그러므로 폐장이 병들면 숨을 헐떡이고 코가 벌렁거리며, 간장이 병들면 눈이 감기고 눈자위가 푸르며, 비장이 병들면 입과 입술이 누렇게 되고 마르며, 심장이 병들면 혀가 말리고 얼굴이 붉어지며, 신장이 병들면 광대뼈와 얼굴이 검고 누렇게 되며 귀가 먹는다"고 했다.

❖ 『갑을경』의 오장과 오관의 증상

오장		폐장	간장	비장	심장	신장
오관과 증상	오관	코	눈	입과 입술	혀	귀
	증상	숨을 헐떡이고 코가 벌렁거림	눈이 감기고 눈자위가 푸르러짐	입과 입술이 누렇게 되고 마름	혀가 말리고 얼굴이 붉어짐	광대뼈와 얼굴이 검고 누렇게 되며 귀가 먹음

❖ 『황제내경영추경』「오열오사五閱五使」에 "岐伯曰 鼻者肺之官也 目者肝之官也 口脣者脾之官也 舌者心之官也 耳者腎之官也 黃帝曰 以官何候 岐伯曰 以候五臟 故肺病者喘息鼻張 肝病者眥青 脾病者口脣黃 心病者舌卷短顏赤 腎病者觀與顏黑"이라고 되어 있다.

◆ 甲乙經云 鼻爲肺之官 目爲肝之官 口脣爲脾之官 舌爲心之官 耳爲腎之官 故肺病喘息鼻張 肝病目閉眥青 脾病口脣黃乾 心病舌卷短顏赤 腎病權與顏黑黃耳聾 此名五官 相書亦名五候 以鼻人中爲一官 主心 餘竝同 候者以五藏善惡色出五官 可占候吉凶也 鼻人中猶是口之分也

여기서는 오관五官이라고 하나 관상을 보는 책에서는 또한 오후五候라고 하여, 코와 인중으로 첫번째 기관으로 삼아 심장이 주관하는 것으로 하니, 나머지도 모두 이와 같다. '후候'라는 것은 오장의 좋고 나쁨이 오관에 색으로 나타나서, 길하고 흉한 것을 점쳐서 알 수 있는 것이니, 코와 인중을 입의 분신으로 보는 것이다.

❖ 관상을 보는 책 : 『수서』「경적지」에는 『상서相書』 46권과 『상경요록相經要錄』 2권을 이 책을 지은 소길이 지었다고 하나 전해지지는 않는다.

ⓛ 효경원신계의 설 ◆ 『효경원신계』에 이르기를 "간장이 어질기 때문에 눈으로 보고, 폐장이 의롭기 때문에 코로 냄새를 맡으며, 심장이 예의롭기 때문에 귀로 듣고, 신장이 신실하기 때문에 소·대변이 나오며, 비장이 지혜롭기 때문에 입으로 말한다"고 했다.

ⓒ 춘추원명포의 설 ◆◆ 『춘추원명포』에 말하기를 "눈은 간의 사자니, 간의 기운이 어질면 바깥으로 쏘아본다"고 했다.

ⓔ 관자의 설 ◆◆◆ 『관자』에 말하기를 "비장의 발동은 코로 하고, 간장의 발동은 눈으로 하며, 신장의 발동은 귀로 하고, 폐장의 발동은 입으로 하며, 심장의 발동은 밑구멍으로 한다"고

◆ 孝經援神契云 肝仁 故目視 肺義 故鼻候 心禮 故耳司 腎信 故竅寫 脾智 故口誨

◆◆ 元命苞曰 目肝使 肝氣仁而外照

◆◆◆ 管子曰 脾發爲鼻 肝發爲目 腎發爲耳 肺發爲口 心發爲下竅

했다.

❖ 『관자管子』「수지水地」에 "신맛은 비장에 관계하고, 짠맛은 폐장에 관계하며, 매운맛은 신장에 관계하고, 쓴맛은 간에 관계하며, 단맛은 심장에 관계한다. 오장이 갖추어진 뒤에 오육五肉을 생하는데, 비장은 막膈을 생하고, 폐장은 뼈를 생하며, 신장은 뇌를 생하고, 간장은 피부를 생하며, 심장은 속살을 생한다. 오육이 갖추어진 뒤에 아홉구멍이 발동하는데, 비장의 발동은 코로 하고, 간장의 발동은 눈으로 하며, 신장의 발동은 귀로 하고, 폐장의 발동은 입으로 하며, 심장의 발동은 밑구멍으로 한다(酸主脾 鹹主肺 辛主腎 苦主肝 甘主心 五臟已具 而後生肉 脾生隔 肺生骨 腎生腦 肝生革 心生肉 五肉已具 而後發爲九竅 脾發爲鼻 肝發爲目 腎發爲耳 肺發爲口 心發爲下竅)"라고 되어 있다.

ⓜ 태평경太平經의 설 ◆ 도가의 『태평경』에 이르기를 "간장에 신神이 없으면 눈에 밝은 빛이 없고, 심장에 신이 없으면 입술이 푸르고 희며, 폐장에 신이 없으면 코가 통하지 않고, 신장에 신이 없으면 귀가 먹으며, 비장에 신이 없으면 혀가 맛을 모른다"고 했다.

❖ 태평경太平經 : 도가의 경전 이름으로, 후한後漢의 순제順帝때 낭야琅琊가 그의 스승인 우길于吉로 부터 받았다는 신서神書이다. 갑·을·병·정·무·기·경·신·임·계의 10부로 나누고 각 부를 17권으로 하여 총 170권으로 편제되어 있다.

ⓑ 도가道家의 설 ◆◆ 또 일설에 이르기를 "눈은 간장을 주관하고, 귀는 신장을 주관하며, 코는 심장을 주관하고, 혀는 비장을

◆ 道家太平經云 肝神不在 目無光明 心神不在 脣青白 肺神不在 鼻不通 腎神不在 耳聾 脾神不在 舌不知甘味

◆◆ 又一說云 目主肝 耳主腎 鼻主心 舌主脾 口主肺 肝腎二藏 諸經竝同

주관하며, 입은 폐장을 주관한다"고 하였다. 따라서 간장과 신장의 두 장기에 대한 설명은 모든 경문이 같다.

❖ 『오행대의』의 저자인 소길蕭吉은 "일설에 이르기를"의 내용으로 도가의 설을 삼았다. 따라서 뒤에 '도가의 설'이라고 하는 것도 『태평경』의 설이 아님을 밝힌다.

❖ 간장과 신장의 두 장기에 대한 설명은 모든 경문이 같다 : 『효경원신계』에서만은 신장의 오관을 밑구멍이라고 하였다.

❖ 『포박자抱朴子』의 내편 하람遐覽에는 『태평경』이 50권이라고 하였다.

6 오장과 오관에 대한 여러 학설의 차이

① 간장과 신장에 대한 학설은 같다

㉠ 간장 ◆ 간장이 눈을 주관한다 함은, 간장은 목木의 장기이고, 목은 양이며 동방은 밝은 곳인데, 눈도 또한 빛나고 훤히 보는 것이기 때문에 눈과 통한다.

도가의 『대식경大式經』에 이르기를 "하늘을 통시洞視라고 하니, 눈을 주관하고 눈은 간장을 주관한다"고 했다. 하늘은 양이고, 간장 또한 양이며, 눈의 정기가 밝은 것 또한 양으로, 눈빛이 훤하게 보며 아울러 항상한 법칙이 있으니, 해의 양정기陽精氣가 이지러짐 없이 항상 밝은 것과 같다.

㉡ 신장 ◆◆ 신장이 귀를 주관한다 함은, 신장은 수水의 장기이

◆ 肝主目者 肝木藏也 木是陽 東方顯明之地 眼目亦光顯照了 故通乎目 道家大式經云 天曰洞視 主目 目主肝 天陽也 肝亦陽 目精明亦陽 目光顯見 兼有常法 如日陽精無缺而明也

고, 수는 음이며, 북방은 그늘지고 어두운 곳이다. 귀는 소리를 들을 수 있고, 소리는 음이며, 은미한 상이기 때문에 귀와 통한다.

『대식경』에 말하기를 "땅을 통청洞聽이라고 하니, 귀를 주관하고 귀는 신장을 주관한다"고 했다. 땅은 음이고, 비어 있으면 소리를 받아들일 수 있음을 귀가 본받았기 때문이다. 수水는 주로 빈 곳을 채우고 음도 빈 것을 주관하며, 음은 그윽하고 그늘진 것을 주관하는데 소리도 또한 항상하지 않으니, 달이 찼다가 비었다가 하는 것과 같다.

❖ 『효경원신계』에서는 신장의 오관은 밑구멍이라고 하였다.

② 비장 · 심장 · 폐장에 대한 설은 차이가 있다

◆ 비장·심장·폐장의 세 장기와 그 후候는 각각 그 설이 다르다. 『갑을경』은 코를 폐장에 대응하고, 도가에서는 코를 심장에 대응하며, 『관자』는 코를 비장에 대응한다.

㉠ 코

갑을경 : ◆◆ 『갑을경』이 코를 폐장에 대응시킨 것은, 코는 빈 구멍으로 기를 받아들이고, 폐장 또한 비어서 기를 받아들이기 때문이다.

◆◆ 腎主耳者 腎水藏 水陰也 北方陰暗之地 耳能聽聲 聲是陰微之象 故通乎耳 大式經曰 地曰洞聽 主耳 耳主腎 地陰也 耳法虛則納聲 水主虛 陰主虛 陰主幽陰 聲又非恒 如月盈虛也

◆ 脾心肺三藏及候 各有異說 甲乙以鼻應肺 道家以鼻應心 管子以鼻應脾

◆◆ 甲乙應肺者 鼻以空虛納氣 肺亦虛而受氣故也

도가 : ◆ 도가에서 "코가 심장을 주관한다"고 한 것은 양이기 때문이다. 『도덕경)』에 이르기를 "하늘의 오행의 기운은 코를 따라 심장에 들어가고, 코는 빈 것으로 나고드는 숨을 통하게 한다. 높은 것은 하늘을 상징하기 때문에, 코가 하늘과 통하고 기를 심장에 저장하는 것이다"라고 했다.

관자 : ◆◆ 『관자』는 비장은 토고, 코는 얼굴의 중앙에 있기 때문에 코를 비장의 후로 삼은 것이다.

❖ 『도덕경』의 하상공장구에 "天食人以五氣 從鼻入藏於心 五氣精微 爲精神聰明音聲五性 其鬼曰魂 魂者雄也 主出入於人 鼻與天通 故鼻爲玄也"라고 되어 있다.

ⓛ 입 ◆◆◆ 『갑을경』은 비장을 입에 대응하고, 도가에서는 폐장을 입에 대응하니 『관자』와 같다.

갑을경 : ◆◆◆◆ 『갑을경』이 비장을 입에 대응한 것은, 입은 물건을 내고 들이는 문이고 비장은 받아들이는 곳이며, 입은 말을 할 수 있고 비장은 소화를 할 수 있기 때문에 서로 통하는 것이다.

도가/관자 : ◆◆◆◆◆ 도가에서 폐장을 입에 대응한 것은, 폐장은 금이

◆ 道家鼻主心者陽也 老子經云 天以五行氣 從鼻入藏於心 鼻以空通出入息 高象天 故與天通 而氣藏於心也

◆◆ 管子以脾是土 鼻在面之中 故爲其候

◆◆◆ 甲乙以脾應口 道家以肺應口 與管子同

◆◆◆◆ 甲乙以脾應口者 口是出納之門 脾爲受盛之所 口能論說 脾能消化 故以相通

◆◆◆◆◆ 道家以肺應口者 肺金也 金能斷割 口有牙齒 亦能決斷 是金象也 管子之意 恐亦然也

니 끊고 벨 수 있고, 입은 어금니와 이가 있어서 또한 끊을 수 있으니, 이것도 금의 상이다. 『관자』의 뜻도 또한 그렇지 않은가 한다.

ⓒ 혀와 밑구멍 ◆『갑을경』은 혀를 심장에 대응하고, 도가는 혀를 비장에 대응하며, 『관자』는 심장을 밑구멍(소변과 대변 구멍)에 대응한다.

갑을경 : ◆◆『갑을경』이 혀를 심장에 대응한 것은, 몸과 목숨을 보하고 기르는 것에 다섯가지 맛(五味)만한 것이 없는데, 이러한 것의 지식과 분별을 함에는 심장만한 것이 없으며, 다섯가지 맛의 들어오는 것을 혀만이 분별하고, 만사의 시비는 심장(마음)만이 감식하며, 심장(마음)이 진술할 것이 있으면 반드시 혀가 말을 한다. 그러므로 심장을 혀와 대응한 것이다.

도가 : ◆◆◆ 도가에서 혀를 비장에 대응한 것은, 비장이 음에 속한 장기이기 때문이다. 『노자도덕경』에 이르기를 "땅이 사람에게 다섯 가지 맛을 먹여서, 입으로부터 위胃에 들어가며, 혀로 받아들이면 진액과 실물이 있게 된다. 땅의 본체도 이러한 실체를 가지고 있어서, 여러가지 맛이 모두 땅의 산물이

◆ 甲乙以舌應心 道家以舌應脾 管子以心應下竅

◆◆ 甲乙以舌應心者 凡資身養命 莫過五味 辨了識知 莫過乎心 五味之入 猶舌知之 萬事是非 猶心鑒之 心欲有陳 舌必言之 故心應舌

◆◆◆ 道家以舌應脾者 脾者陰也 老子經云 地飴人以五味 從口入藏於胃 舌之所納 則有津實 地體旣是質實 品味皆地所産 故舌與地通也

기 때문에 혀와 땅이 통하는 것이다"라고 했다.

❖ 『도덕경』의 하상공장구에는 "地食人以五味 從口入藏於脾 五味濁辱 爲形體骨肉血脈六精 其鬼曰魄 魄者雌也 主出入於人 口與地通"이라고 되어 있다.

관자 : ◆ 『관자』에 심장을 밑구멍에 대응한 것은, 심장(마음)이 착하고 악한 것을 분별할 수 있기 때문에, 밑구멍이 더러운 찌꺼기를 제거하는 것과 통하는 것이다.

③ 소길蕭吉의 평

◆◆ 오장의 징후는 오관에 있는데, 입과 혀의 두 기관은 한 곳에 함께 있으나, 나머지는 같이 있지 않다. 입은 비장에 대응되는 후로 비장은 토에 해당되는 장이고, 혀는 심장에 대응되는 후로 심장은 화에 속한 장기이다. 그러므로 입과 혀가 같이 있다는 것은, 토가 화의 집에 붙어사는 것이다.

혀가 입 안에 숨어있는 이유는, 화가 오행의 운행에서 항상 보이는 것은 아니니, 필요하면 있고 쓰지 않으면 숨어있는 것이다. 마치 혀가 입안에 있는 것과 같아서, 입을 열면 보이고 입을 닫으면 감춰지는 것과 같다. 또한 심장은 몸의 주인이고 귀하기 때문에 안에 있는 것이며, 토는 사계四季에 왕하기 때문에 입이 나머지 네 기관을 합하는 것이다.

◆ 管子心應下竅者 以心能分別善惡 故通下竅 除滓穢也

◆◆ 五藏候在五官 口舌二官 共在一處 餘不共者 口是脾候 脾土也 舌是心候 心火也 共處者 土寄治於火鄉也 舌在口內者 火於五行不常見也 須之則有 不用則隱 如舌在口內 開口卽見 閉口則藏 又心爲身之主貴 故在內也 土王四季 故口四合也 甲乙素問 是診候之書 故從行實而辨 道經管子 各以一家之趣

『갑을경』과 『황제소문』은 징후를 진찰하는 글이기 때문에 행실을 따라 구분했고, 『도덕경』과 『관자』는 각각 한 계파의 학설(一家) 취향으로써 구분했다.

❖ 각 전적의 오장과 오관

오장		간장	폐장	심장	신장	비장
오관	갑을경	눈	코	혀	귀	입과 입술
	효경	눈	코	귀	밑구멍	입
	춘추원명포	눈	·	·	·	·
	관자	눈	입	밑구멍	귀	코
	도가태평경	눈	코	입술	귀	혀
	도가	눈	입	코	귀	혀

7 육부의 역할

◆ 육부六府라는 것은, 『하도』에 이르기를 "폐장은 대장과 합이 되니 대장은 전해서 보내는 부府가 되고, 심장은 소장과 합이 되니 소장은 받아서 담는 부며, 간장은 담膽과 합이 되니 담은 정기를 모으는 부가 되고, 비장은 위와 합이 되니 위는 오곡의 부가 되며, 신장은 방광과 합이 되니 방광은 진액의 부가 되고, 삼초는 고립되어 있는 부로, 속에서 도랑 구실을 하는 부가 된

◆ 六府者 河圖云 肺合大腸 大腸爲傳道之府 心合小腸 小腸爲受盛之府 肝合膽 膽爲中精之府 脾合胃 胃爲五穀之府 腎合膀胱 膀胱爲津液之府 三焦孤立爲內瀆之府 甲乙素問說同

다"고 하니, 『갑을경』과 『황제소문』의 설도 같다.

❖ 『황제내경영추경』의 본유本論에 나오는 "肺合大腸 大腸者傳道之府 心合小腸 小腸者受盛之府 肝合膽 膽者中精之府 脾合胃 胃者五穀之府 腎合膀胱 膀胱者津液之府也 少陽屬腎 腎上連肺 故將兩藏 三焦者中瀆之府也 水道出焉 屬膀胱是孤之府也"의 내용을 뜻한다.

❖ 육부의 역할

육부	대장	소장	담	위	방광	삼초
육부와 짝이 되는 오장	폐장	심장	간장	비장	신장	
육부의 역할	음식물을 전해서 보냄	음식물을 받아서 담음	속에 정기를 쌓음	오곡을 받아들임	진액을 처리함	기운을 통하게 함

① 대장大腸은 전해서 보내는 부이다

• 대장이 전해서 보내는 부라는 것은 폐는 코와 통해서 코는 기를 내보내고 들이게 하며, 대장은 오곡의 기를 전해서 보내는 길이 되기 때문에 전해서 보내는 부가 된 것이다.

② 소장은 받아서 담는 부이다

•• 소장이 받아서 답는 부라는 것은 심장은 혀와 통하고, 혀가 다섯 가지 맛을 들여서 소장이 받기 때문에 받아 담는 부가 된 것이다.

• 大腸爲傳道之府者 肺通於鼻 鼻出入氣 大腸傳道五穀氣之道 故爲其府

•• 小腸爲受盛之府者 心通於舌 舌進五味 小腸納之 故爲受盛之府也

③ 담은 정기를 모으는 부이다

[*] 담이 정기를 모으는 부라는 것은 간은 눈과 통하고, 눈은 정기있고 밝은 물건이며 또한 정신의 주인이기 때문에 정기를 모으는 부가 된 것이다.

④ 위는 오곡의 부이다

[**] 위가 오곡의 부라는 것은, 비장은 입과 통하고, 입으로 오곡을 받아서 위가 저장하기 때문에 오곡의 부가 되는 것이다.

⑤ 방광은 진액의 부이다

[***] 방광이 진액의 부라는 것은, 신장은 수의 장기이고 방광은 공허해서 수를 받아들이는데, 수의 기가 맑으면 진액이 되고 기가 탁하면 눈물과 침이 되기 때문에 진액의 부가 되는 것이다.

⑥ 삼초는 속에서 도랑구실을 하는 부이다

[****] 삼초는 속에서 도랑구실을 하는 부라는 것은, 오장이 각각 하나의 부와 합하나, 삼초는 홀로 합하는 바가 없기 때문에 '고

◆ 膽爲中精府者 肝通於目 目是精明之物 又精神之主 故曰爲中精府也

◆◆ 胃爲五穀府者 脾通於口 口入五穀 而胃受之 故爲其府

◆◆◆ 膀胱爲津液之府者 腎是水藏 膀胱空虛受水 水清氣則爲津液 濁氣則爲涕唾 故以爲其府

◆◆◆◆ 三焦爲中瀆府者 五藏各合一府 三焦獨無所合 故曰孤立 處五藏之中 通上下行氣 故爲中瀆府也

립되어 있다'고 말하며, 오장의 속에 있으면서 상하로 행하는 기운을 통하게 하기 때문에 속에서 도랑구실을 하는 부가 되는 것이다.

8 육부의 기관 및 오장과의 관계

◆ 오장에 육부가 있는 것이 또한 육기六氣가 오행으로 인해서 나오는 것과 같고, 또한 오성五性이 육정六情을 낳는 것과 같다.

『황제내경소문』에 이르기를 "피부는 대장과 응하니, 터럭을 좋게 하고 심장이 주관한다. 맥은 소장과 응하니, 빛깔을 좋게 하고 신장이 주관한다. 힘줄은 담과 응하니, 손톱을 좋게 하고 폐장이 주관한다. 속살은 위와 응하니, 입술을 좋게하고 간장이 주관한다. 모공毛孔(주리腠理)과 가는 털은 삼초와 방광과 응하니, 모발을 좋게 하고 비장이 주관한다"고 했다.

❖ 『황제내경소문』「오장생성편五臟生成篇」과 『황제소문영추경』「본장本藏」에 출전.

육부	대장	소장	담	위	삼초와 방광
육부의 짝 주관하는 오장	심장	신장	폐장	간장	비장
징후	피부 터럭	맥 피부빛깔	힘줄 손톱	속살 입술	모공 가는 털

◆ 五藏而有六府 亦如六氣因五行生也 又如五性生六情也 素問云 皮應大腸 其榮毛 主心 脉應小腸 其榮色 主腎 筋應膽 其榮爪 主肺 肉應胃 其榮脣 主肝 腠理毫毛 應三焦膀胱 其榮髮 主脾

① 대장大腸

◆ '피부(皮)는 대장과 응하니, 터럭을 좋게 하고 심장이 주관한다'는 것은, 심장은 몸의 주인이고, 피부는 몸의 성곽이며, 모발은 몸의 호위자와 같은데, 대장은 기의 도로이기 때문에 모두 서로 통하는 것이다. 심장은 화에 속한 장기이며, 대장은 금에 속한 부다. 그러므로 짝을 한 것이니, 병丙·신辛이 주관한다.

❖ 오장과 육부를 짝하는 방법은, 오장이 육부를 극하는 관계로 성립되므로, 387쪽에서 말한 장과 부의 합合과는 다르다. 장과 부의 합은 같은 오행이 됨을 말하는 것이고, 짝(配)은 부부관계가 되어서 일을 주관하고 협력하는 관계를 말한다.

❖ 심장의 화로 대장의 금을 극해서 주관하는 것이다. 병은 화이고 신은 금이다.

② 소장小腸

◆◆ '맥은 소장과 응하니, 빛깔을 좋게 하고 신장이 주관한다'는 것은, 신장은 수의 장기이고, 맥은 피의 도랑이니 수의 기운을 유통시킨다. 색은 사람의 광채이므로, 만약 혈기가 성하면 색이 좋아지고 씩씩하며 기쁜 얼굴이 되고, 혈기가 쇠퇴하면 얼굴이 마르고 초췌해진다.

신장腎臟은 수의 장기가 되니, 소장이 이미 받아 담아서 수기

◆ 皮應大腸 其榮毛 主心者 心是身之君 皮是身之城墎 毛是身之羽衛 大腸是氣之道路也 故竝相通 心是火藏 大腸是金府 故以配焉 丙辛之所主也

◆◆ 脉應小腸 其榮色 主腎者 腎水也 脉是血之溝渠 通流水氣 色是人之光采 血氣若盛 則榮色壯悅 血氣若衰 則容顔枯悴 腎爲水藏 小腸旣能受盛 容著水氣 又是火府 故以配之 丁壬所主也

를 포용하고 나타내며, 또한 소장은 화에 속한 부다. 그러므로 짝을 한 것이니, 정丁·임壬이 주관한다.

❖ 신장의 수로 소장의 화를 극해서 주관하는 것이다. 정은 화이고 임은 수이다.

③ 담膽

◆ '힘줄은 담과 응하니, 손톱을 좋게 하고 폐장이 주관한다'고 하였다. 힘줄은 피부 속의 강한 것이고, 손톱은 피부 밖의 강하고 예리한 것이다. 폐장은 금에 속한 장기이고, 담은 강하고 정미로운 성질이 있고 또 목에 속한 부이다. 그러므로 서로 짝을 한 것이니, 을乙·경庚이 주관한다.

❖ 폐장의 금으로 담의 목을 극해서 주관하는 것이다. 을은 목이고 경은 금이다.

④ 위胃

◆◆ '속살은 위와 응하니, 입술을 좋게하고 간장이 주관한다'고 하였다. 위는 오곡을 소화시켜서 정기精氣와 속살을 만들며, 오곡이 입으로부터 들어오기 때문에 입술이 빛나고 윤기가 있는 것이다. 간장은 목에 속한 장기로 어질어서 생해줄 수 있고, 위는 토에 속한 부이다. 그러므로 짝을 한 것이니, 갑甲·기己가 주관한다.

◆ 筋應膽 其榮爪 主肺者 筋是皮內之剛强 爪是皮外之剛利 肺是金藏 膽有剛精之性 又是木府 故以相配 乙庚所主也

◆◆ 肉應胃 其榮脣 主肝者 胃能消化五穀 精氣爲肉 五穀從口而入 故榮潤在脣 肝是木之藏 仁而能生 胃是土府 故以相配 甲己所主也

❖ 간장의 목으로 위의 토를 극해서 주관하는 것이다. 갑은 목이고 기는 토이다.

⑤ 삼초三焦와 방광膀胱

◆ '모공과 가는 털은 삼초 및 방광과 응하니, 모발을 좋게 하고 비장이 주관한다'고 하였다. 가는 털은 진액을 빌어서 나온 것이고, 모공은 본래 개통되어 열린 곳이며, 비장은 맛있는 것을 받는 곳이니, 맛있는 음식을 먹고 진액을 얻어 개통하며, 진액이 개통한 것으로 인해서 모발이 난다. 『서경』에 이르기를 "터럭은 피의 남은 것이다"라고 했다.

비장은 토에 속한 장기이고, 삼초와 방광은 모두 수에 속한 부이다. 그러므로 서로 짝을 한 것이니, 무戊·계癸가 주관한다.

❖ 비장의 토로 삼초와 방광의 수를 극해서 주관하는 것이다. 무는 토이고 계는 수이다.

◆◆ 비장은 두 개의 부府에 배속하고, 나머지 네 장기는 각각 하나의 부에 배속시킨 것은, 다음과 같은 이유에서다. 비장은 토의 장기이고, 토는 임금의 도가 된다. 임금은 곧 양이고, 양의 수는 하나이기 때문에 장藏이 둘이 아니다. 그러나 삼초와 방광은

◆ 腠理毫毛 應三焦膀胱 其榮髮 主脾者 毫毛因籍津潤 腠理本自開通 脾受資味之所 因資味 而得津潤開通 因津潤開通 而生毛髮 書云 髮是血之餘 脾是土之藏 三焦膀胱 竝爲水之府 故以相配 戊癸所主也

◆◆ 脾配二府 餘四藏各配一府者 脾是土藏 土爲君道 君卽陽也 陽數一 故藏不二也 三焦膀胱 竝是水府 水爲臣道 臣卽陰也 陰水偶故府有二也

모두 수水의 부이고, 수는 신하의 도가 된다. 신하는 곧 음이고, 음의 수는 짝수이기 때문에 부府는 둘이 되는 것이다.

❖ 비장에 삼초와 방광의 두 부를 배속시킨 이유를 설명한 것이다. 오장과 육부는 상극관계(장이 부를 극하는 관계)로 각기 짝을 삼는데, 비장은 임금에 해당하는 장기이기 때문에 둘이 될 수 없고, 방광과 삼초는 신하에 해당하는 부이기 때문에 두 부가 있으므로, 비장 하나에 방광과 삼초의 두 부가 배속된 것이다.

9 오장의 역할 1(기관을 생함)

① 관자管子의 설

◆ 『관자』에 말하기를 "비장은 뼈를 생하고, 신장은 힘줄을 생하며, 폐장은 피부를 생하고, 심장은 속살을 생하며, 간장은 손톱과 털을 생한다"고 했다.

❖ 『관자管子』 『수지水地』에는 "비장이 횡경막을 생하고, 폐장이 뼈를 생하며, 신장이 뇌를 생하고, 간장이 피부(革)를 생하며, 심장이 속살을 생한다(脾生隔 肺生骨 腎生腦 肝生革 心生肉)"라고 되어 있다.

② 춘추원명포의 설

㉠ 비장이 뼈를 생한다 ◆◆ 『춘추원명포』에 이르기를 "'비장이 뼈를 생한다'는 것은, 비장은 토에 속하니 토는 목을 생할 수 있으며, 뼈는 몸의 근본이니 나무를 땅 위에 세워서 집을 짓는 것과 같기 때문에, 비장이 뼈를 생하는 것이다.

◆ 管子曰 脾生骨 腎生筋 肺生革 心生肉 肝生爪髮

◆◆ 元命苞云 肝生筋 脾生骨者 脾土也 土能生木 骨是身之本 如木立於地上 能成屋室 故脾生之

❖ 비장은 뼈를 생한다는 것은 : 원문에는 "간장은 힘줄을 생하고 비장은 뼈를 생한다는 것은(肝生筋 脾生骨者)"으로 되어 있으나, 문맥과 이치상 '간장은 힘줄을 생하고(肝生筋)'를 뺐다. 다음 단락의 ㉥에 '간장은 힘줄을 생하고(肝生筋)'에 대한 설명이 따로 있다.

㉡ 신장이 힘줄筋을 생한다 ◆ 힘줄은 뼈의 경락으로 맥이 흐르며, 힘줄이 뼈마디를 서로 연결해서 혈기血氣와 신장의 수기(腎水)를 함께 통하게 하기 때문에, 신장이 힘줄을 생하는 것이다.

㉢ 폐장이 가죽을 생한다 ◆◆ 폐장은 금의 장藏이고 금은 마름질하고 끊을 수 있으며, 가죽(피부 껍질)도 또한 일정하게 끊어지기 때문에, 폐장이 가죽을 생하는 것이다.

㉣ 심장이 속살을 생한다 ◆◆◆ 심장은 화의 장기이고, 속살은 몸의 땅(土地)에 해당하기 때문에, 심장이 속살을 생하는 것이다.

㉤ 간장이 손톱과 터럭을 생한다 ◆◆◆◆ 간장은 목의 장기이고, 손톱은 뼈의 나머지며 터럭은 피의 나머지이니, 다 수와 목의 기운이기 때문에 간장이 생하는 것이다"라고 했다.

㉥ 간장이 힘줄을 생한다 ◆◆◆◆◆ 『춘추원명포』에는 "간장이 힘줄을

◆ 腎生筋者 筋是骨之經絡 脉以流注 筋以相連節 竝通血氣 腎水故生之

◆◆ 肺生革者 肺金也 金能裁斷 革亦限斷 故肺生之

◆◆◆ 心生肉者 心火也 肉是身之土地 故心生之

◆◆◆◆ 肝生爪髮者 肝木也 爪是骨之餘 髮是血之餘 皆水木之氣 故肝生之

◆◆◆◆◆ 元命苞云以肝生筋 亦木氣之義 筋有枝條 象於木也

생한다"고도 했으니, 또한 목木의 기운에 대한 뜻으로, 힘줄이 가지와 줄기가 있어서 목의 상을 하고 있는 것이다.

❖ 간장은 "손톱과 터럭을 생한다"고 했고, 이제 다시 신장이 생한다고 한 힘줄도 간장과 관련이 있다고 한 것이다.

❖ 오장이 생하는 기관(『춘추원명포』의 설)

오장	비장	신장	폐장	심장	간장
생하는 기관	뼈	힘줄	가죽피부	속살	손톱과 터럭, 또는 힘줄

③ 하도河圖의 설

㉠ 간장 ◆『하도』에 이르기를 "어질고 사랑하며 은혜를 베푸는 것은 간장의 정기이니, 슬퍼함이 정도를 지나치면 간장을 상하게 되고, 간장이 상하면 눈이 어지러워 잘 보이지 않는다.

㉡ 심장 ◆◆ 예의 바르고 지조가 있으며 진리를 찾는 것은 심장의 정기니, 기뻐하고 성냄이 격하고 간절하면 심장을 상하게 되고, 심장이 상하면 코피나며 토하고 구역질한다.

㉢ 비장 ◆◆◆ 화합하고 후중하며 독실하고 신실한 것은 비장의 정기이니, 마음대로 노닐고 탐하면서 즐기면 비장을 상하게 되고, 비장이 상하면 음식이 소화되지 않아서 비색하고 막히는 병이 있게 된다.

◆ 河圖云 仁慈惠施者 肝之精 悲哀過度 則傷肝 肝傷則令目視芒芒

◆◆ 禮操列眞 心之精 喜怒激切傷心 心傷則疾衄吐逆

◆◆◆ 和厚篤信者 脾之精 縱逸貪嗜 則傷脾 脾傷則畜積不化 致否結之疾

ㄹ 폐장 • 의롭고 은혜를 베풀며 강하게 결단하는 것은 폐장의 정기이니, 근심걱정하고 성을 발끈 내면 폐장을 상하게 되고, 폐장이 상하면 기침하고 구역질하며 헛소리를 한다.

ㅁ 신장 •• 지혜로 분별하고 꾀내어 경영하는 것은 신장의 정기이니, 피로하고 욕심내며 성을 많이 내면 신장을 상하게 되고, 신장이 상하면 총명한 정기를 잃게 되고 명을 덜게 된다"고 했다.

❖ 오장의 정기가 하는 일

오장의 정기	간장	심장	비장	폐장	신장
역할	어질고 사랑하며 은혜를 베풂음	예의 바르고 지조가 있으며 진리를 찾는 일	화합하고 후중하며 독실하고 신실함	의롭고 은혜를 베풀며 강하게 결단함	지혜로 분별하고 꾀내어 경영함
다치는 이유	슬퍼함	기뻐하고 성냄이 격하며 간절한 마음	마음대로 노닐고 탐하면서 즐김	근심걱정하고 성을 발끈 냄	피로하고 욕심내며 성을 많이 냄
다쳤을 때의 현상	눈이 어지러워 잘 보이지 않음	코피나며 토하고 구역질함	음식이 소화되지 않아서 비색하고 막히는 병이 생김	기침하고 구역질하며 헛소리함	총명한 정기를 잃게 되고 수명을 덜게 됨

••• 이것이 어찌 다섯 가지 상도五常를 어겨 수명을 덜게 한 것이

• 義惠剛斷 肺之精 患憂憤勃 則傷肺 肺傷則致欬逆失音

•• 智辨謀略 腎之精 勞欲憤滿 則傷腎 腎傷則喪精損命

••• 此豈直違五常 而損年命 亦破六情 以亡家國也 至如桀紂兩帝竝貪縱 而喪厥邦 梁竇二臣 亦皆奢逸而傾其家 雖彭子以色延命 齊王因怒祛病 如此異轍 皆有調節之宜 節之則四大獲安 縱之則五藏

아니며, 또한 여섯 가지 정(六情)을 깨뜨려서 집안과 나라를 망하게 한 것이 아니겠는가? 걸(桀王)과 주(紂王)의 두 임금은 모두 탐내고 욕심에 방종하여 나라를 잃었고, 양(양기梁冀, 양통梁統)과 두(두헌竇憲, 두융竇融)의 두 신하는 또한 모두 사치하고 즐겨서 집을 망하게 한 것이다. 비록 팽자彭子가 색으로 명을 연장하고, 제齊나라 왕王이 성냄으로 인해서 병을 낫게 했다고 하나, 이와 같은 기이한 행적은 모두 마땅하게 조절을 했기 때문이니, 조절하고 절제하면 온 몸(四大)이 편안하고, 방종하면 오장에 병이 나는 것이다.

10 오장의 역할2 (맡은 성품)

◆『황제내경소문』에 이르기를 "간장은 장군의 기관이니 꾀와 생각이 나오고, 심장은 임금의 기관이니 신명神明함이 나오며, 비장은 창고의 기관이니 다섯 가지 맛이 나오고, 폐장은 정승과 스승의 기관이니 다스리는 절차가 나오며, 신장은 굳셈을 만드는 기관이니 기교가 나온다"고 했다.

❖『황제내경소문』「영란비전론靈蘭秘典論」에 출전.

오장	간장	심장	비장	폐장	신장
직책	장군	임금	창고	정승 · 스승	굳셈
역할	꾀와 생각	신명	다섯가지 맛	다스리는 절차	기교

成患

◆ 素問云 肝者爲將軍之官 謀慮出焉 心者爲君主之官 神明出焉 脾者倉廩之官 五味出焉 肺者相傳之官 治節出焉 腎者作强之官 伎巧出焉

① 간장

◆ '간장이 장군의 기관이 되고 꾀와 생각이 나온다'는 것은, 목의 성질은 어질고, 어진 것은 반드시 깊이 생각하고 멀리 생각해서, 항상 만물을 이롭고 편안히 하려고 한다. 또 장군은 군사를 행하는데 주인이 되니, 반드시 꾀와 생각을 먼저해야 한다.

그러므로 『병서』에 말하기를 "군사를 인仁으로써 출병하면 따르지 않는 이가 없으며, 인으로써 나누면 기뻐서 따르지 않는 이가 없다"고 했으며, 또 말하기를 "장수가 꾀가 없으면 병사가 근심스럽고, 장수가 생각이 없으면 군사들이 떠나간다"고 했다. 그렇기 때문에 간장이 장군이 되어서 꾀와 생각을 하는 것이다.

❖ 『오자吳子』에는 "장수가 생각이 없으면 일을 꾸미는 참모가 떠나간다(無慮則謀士去)"고 하였다.

② 심장

◆◆ '심장이 주인과 수령의 기관(임금의 기관)이 되고 신명이 나온다'는 것은, 화는 남방의 양에 해당하는 것으로 빛이 나니 임금의 상이고, 정신은 몸의 주인이니 임금이 남쪽으로 향해서 다스리는 것과 같으며, 『역경』에서 리괘☲를 화로 삼아서 태양의 자리에 있게 하니 임금의 상이다.

◆ 肝者爲將軍之官 謀慮出者 木性仁 仁者必能深思遠慮 恒欲利安萬物 將軍爲行兵之主 必以謀慮爲先 故兵書曰 兵以仁擧 則無不從得之 以仁分 則無不從悅 又曰 將無謀 則士卒憂 將無慮 則士卒去 故肝爲將軍 出謀慮也

◆◆ 心爲主守之官 神明出者 火南方陽光暉 人君之象 神爲身之君 如君南向以治 易以離爲火 居大陽之位 人君之象 人之運動 情性之作 莫不由心 故爲主守之官 神明所出也

사람의 운동하는 것과 성품과 인정의 움직임이 모두 마음에서 연유하기 때문에, 심장이 주인과 수령의 기관이 되고 신명이 나오는 것이다.

③ 비장

• '비장이 창고의 기관이 되고 다섯 가지 맛이 나온다'는 것은, 만물이 흙에서 나오고 또한 죽어서는 흙으로 돌아가듯이, 오곡이 입으로 들어가면 비장이 받는다. 그러므로 다섯 가지 맛이 나오는 것도 또한 비장에서 나오는 것이다.

④ 폐장

•• '폐장이 정승과 스승의 기관이 되고 다스리는 절차가 나온다'는 것은, 금은 마름질하고 끊을 수 있는 것이다. 또 정승과 스승의 소임은 다스리는 도에 밝은 까닭에 위와 아래를 순하게 가르쳐서 모두 예절이 있게 하는 것이니, 폐장 역시 나머지 장기를 다스리고 절제하게 되는 것이다.

『악위』에 이르기를 "상성商聲은 빛나는 것이니, 신하가 임금의 덕을 빛나게 해서 위와 아래를 가지런히 한다"고 했으니, 정승과 스승(相傳)이 되는 폐장이 신장을 생하게 되는 것이다.

• 脾爲倉廩之官 五味出者 萬物生則出土 死亦歸之 五穀之入 脾以受之 故五味之出 亦由於此也

•• 肺爲相傳之官 治節出者 金能裁斷 相傳之任 明於治道 上下順教 皆有禮節 肺於五藏 亦治節所生 樂緯云 商者章也 臣章明君德以齊上下 相傳腎所由也

⑤ 신장

◆ '신장이 굳셈을 만드는 기관이 되고 기교가 나온다'는 것은, 수의 성질은 지혜이며, 지혜는 반드시 능한 것이 많기 때문에 기교가 있게 된다. 또 기교가 있으면 스스로 굳건히 해서 쉬지 않게 되는 것이다.

⑥ 신장이 둘인 이유

◆◆ 『황제팔십일난경』에 말하기를 "오장이 각각 하나씩 있는데, 신장만 홀로 둘인 것은 어째서인가? 왼쪽에 있는 것은 신장이고 오른쪽의 것은 명문이니, 명문은 정신이 모이는 곳이다"라고 했다.

❖ 『황제팔십일난경』의 36난에 "오장이 각각 하나씩 있는데, 신장만 홀로 둘인 것은 어째서인가? 신장이라고 하는 두개가 모두 신장은 아니다. 왼쪽에 있는 것은 신장이고 오른쪽의 것은 명문이니, 명문은 정신이 모이는 곳이자 원기가 근거하는 곳이다. 그러므로 남자는 명문으로 신장에 포함해서 쓰고, 여자는 포태하는 데 쓰는 것이다(藏各有一耳 腎獨有兩者何也 然腎兩者 非皆腎也 其左者腎 右者爲命門 命門者 諸精神之所舍 原氣之所繫也 故男子以藏經 女子以擊胞)"고 되어 있다.

『하도』에 이르기를 "간장과 심장은 왼쪽으로 나오고, 비장과 폐장은 오른쪽으로 나오며, 신장과 명문은 척부尺部(尺澤)에서

◆ 腎爲作强之官 伎巧出者 水性是智 智必多能 故有伎巧 巧則自强不息也

◆◆ 八十一問曰 藏各有一 腎獨兩者何也 左者腎 右者命門 命門者精神之所會也 河圖云 肝心出左 脾肺出右 腎與命門 竝出尺部 此脉候也

아울러 나오는데, 척부란 맥의 징후다"고 하였다.

◆ 묻기를 "앞의 풀이는 신장이 음이기 때문에 둘이라고 했는데, 지금은 왼쪽은 신장이고 오른쪽은 명문이라고 하니, 말이 왜 서로 어긋납니까?"

대답하기를 "명문과 신장은 이름은 틀리나 형상은 같아서, 둘 다 수水에 속한 장기로 체질이 다르지 않기 때문이다. 두 개라고 한 것은 음수陰數를 주로 한 것이고, 이름은 왼쪽 오른쪽이 다르기 때문에 각각 주관하는 바가 있으니, 마치 삼초와 방광이 모두 수의 장부이나 두 가지 이름인 것과 같다."

11 오장의 역할 3신, 정, 뜻, 혼, 백

① 심장은 신神을 감춘다

◆◆ 『도덕경』과 『황제소문』에 이르기를 "'심장은 신을 감춘다'에서, '신神'은 정신이 밝게 비추는 것으로써 뜻을 삼으니, 마음(心)이 만사萬事를 밝게 비춤을 말한 것이다. 정신은 몸의 주인으로, 심장이 화로 상징되는 것은 앞의 해석과 같다.

② 신장은 정精을 감춘다

◆◆◆ '신장은 정精을 감춘다'에서, '정'은 정령과 예지를 말한 것

◆ 問曰 前解云腎陰故雙 今言左腎右命門 此豈不自乖張乎 答曰 命門與腎 名異形同 水藏則體質不殊故 雙主陰數爲名 則左右兩別 故各有所主 猶如三焦膀胱 俱是水府 不妨兩號

◆◆ 老子經及素問云 心藏神者 神以神明照了爲義 言心能明了萬事 神是身之君 象火已如前解

이다. 또한 '정'은 지혜의 기로써, 신장의 수水가 지혜롭고 교묘하기 때문에 정이 감추어진 것이다.

③ 비장은 뜻을 감춘다

◆ '비장은 뜻을 감춘다'에서, '뜻(志)'은 토에 속하고, 토는 나머지 사행을 총괄하므로 나아가는 곳이 많으며, 뜻은 마음이 원하고 취향하는 것으로 절목을 삼는다. 그러므로 뜻을 비장에 감추는 것이다.

④ 간장은 혼을 감춘다

◆◆ '간장은 혼을 감춘다'에서, '혼魂'은 운동하는 것으로써 이름을 붙인 것이다. 간장은 소양少陽으로 양의 성질은 운동을 하고, 목의 성질은 인仁하며 혼도 또한 선善을 주관하기 때문에 간장에 감추어지는 것이다.

⑤ 폐장은 백을 감춘다

◆◆◆ '폐장은 백을 감춘다'에서, '백魄'은 서로 부착되는 것으로 이름한 것이다. 폐장은 소음으로 음의 성질은 고요하고 편안하

◆◆◆ 腎藏精者 精以精靈叡智爲稱 亦是精智氣 腎水 智巧 故精藏焉

◆ 脾藏志者 志土 土總四行 多所趣向 志以心願趣向爲目 故藏於脾

◆◆ 肝藏魂者 魂以運動爲名 肝是少陽 陽性運動 木性仁 故魂亦主善 故藏於肝焉

◆◆◆ 肺藏魄者 魄以相著爲名 肺爲少陰 陰性恬靜 金主殺 魄又主惡 故以藏之

며, 금의 성질은 죽이는 것을 주관하고, 백도 또한 악惡한 것을 주관하기 때문에 폐장이 백을 감추는 것이다"라고 했다.

❖ 오장이 주관해 감추는 것

오장	심장	신장	비장	간장	폐장
감추는 것	신神	정精	뜻志	혼魂	백魄

12 혼과 백(오장과 육부가 주관하는 것을 음양으로 나눔)

◆ 오장이 주관하는 바는 곧 신神, 정精, 뜻志, 혼魂, 백魄의 다섯 가지다. 음양으로 나누어 논하면 단 두 가지로 나누어지니, 양은 혼이고 음은 백이다.

① 노자도덕경의 설

◆◆ 『도덕경』의 하상공 장구에 이르기를 "다섯 가지 기운은 맑고 은미해서 정과 신과 총명함과 음성 및 다섯 가지 성품이 된다. 그 귀신을 혼이라고 하니, 혼은 수컷으로 코를 통해 출입하며 하늘과 통한다.

다섯 가지 맛은 혼탁해서 형체와 뼈와 속살이 되고, 피와 맥

◆ 五藏所主 乃以神精志魂魄五種 就陰陽論 唯有二別 陽曰魂 陰曰魄

◆◆ 河上公章句云 五氣清微 爲精神聰明 音聲五性 其鬼曰魂 魂者雄也 主出入於鼻 與天通 五味濁溽 爲形骸骨肉 血脉六情 其鬼曰魄 魄者雌也 出入於口 與地通

그리고 여섯 가지 정情이 되니, 그 귀신을 백이라고 한다. 백은 암컷이니 입을 통해 출입하며 땅과 통한다"고 했다.

❖ 여섯 가지 정 : 희喜·노怒·애哀·락樂·애愛·오惡의 여섯 가지 감정을 말한다.

② 공자가어의 설

• 『공자가어』에 말하기를 "재아宰我가 공자님께 묻기를, '귀신의 이름은 들었으나 무엇이 귀신인지 모르겠습니다'라고 하니, 공자께서 말씀하시기를, '사람이 태어나면 기가 있으니, 혼의 기운은 신神이 담긴 것이고, 백의 기운은 귀鬼가 담긴 것이다.

사람이 태어나면 죽게 되고, 죽으면 반드시 흙으로 돌아가니, 이것을 귀라고 한다. 혼의 기운은 반드시 하늘로 돌아가니, 이것을 신이라고 한다. 귀와 신을 합해서 제사지내는 것은 가르침 중에 지극한 것이다. 뼈와 살은 죽어서 흙이 되지만 그 기운은 위로 펴오르니, 이것이 바로 신이 나타나는 것이다. 성인이 사람의 정情을 따라서 귀와 신으로 분명히 이름지어서 백성들에게 법칙을 삼게 만드니, 화톳불을 놓고 비린내 나는 소의 창자를 태우는 것은 기氣에 보답하는 것이고, 기장을 드리고 폐와 간을 익히며 울금주를 더하는 것은 백에 보답하는 것이다'"고 했다.

❖ 『공자가어孔子家語』「애공문정哀公問政」에 나오는 말이다.

• 家語曰 宰我問孔子曰 聞鬼神之名 而不知其所謂 孔子曰 人生有氣 魂氣者 神之盛也 魄氣者 鬼之盛也 人生有死 死必歸土 此謂之鬼 魂氣歸乎天 此謂之神 合鬼與神而享之 教之至也 骨肉斃乎下化爲野土 其氣發揚乎上 此神之著也 聖人因人物之情 而明命鬼神以爲民則 燔燎羶薌 所以報氣也 薦黍稷 脩肺肝 加以鬱暢 所以報魄也

③ 한서漢書의 설

◆『한서』「오행지」에 이르기를 "사람이 목숨이 다하면 형체는 없어지고 정신은 흩어져 날아가니, 성인이 종묘를 만들어서 혼의 기운을 모으고, 봄 가을로 제사를 지내게 해서 효도를 하게 한다"고 했다.

④ 시자尸子의 설

◆◆『시자尸子』에 말하기를 "귀鬼는 돌아가는 것이니, 옛날에 죽은 사람을 '돌아간 분(귀인歸人)'이라고 했다"고 했다.

⑤ 회남자의 설

◆◆◆『회남자』에 말하기를 "사람의 정신은 하늘의 것이고, 뼈는 땅의 것이니, 정기는 본래의 하늘 문으로 들어가고, 뼈는 그 근본으로 돌아간다"고 했으며, 또 이르기를 "하늘의 기운이 혼이 되고, 땅의 기운이 백이 된다"고 했다.

❖『회남자』「주술훈主術訓」에 "번잡한 기운은 벌레가 되고, 정미로운 기운은 사람이 된다. 이런 까닭에 정신은 하늘의 것이고, 뼈는 땅의 것이니, 정신은 본래의 문으로 들어가고, 뼈는 그 근본으로 돌아간다.…하늘의 기운이 혼이 되고, 땅의 기운이 백이 된다(煩氣爲蟲 精氣爲人 是故精神者 天之有也 而骨骸者 地之有也 精神入其門 而骨骸反其根…

◆ 漢書五行志云 人命終而形藏 精神散越 聖人爲之宗廟 以收魂氣 春秋祭祀 以修孝道

◆◆ 尸子曰 鬼歸也 古者謂死人爲歸人

◆◆◆ 淮南子曰 人精神者 天之有也 骸骨者 地之有也 精氣入其門 而骸骨反其根 又云 天氣爲魂 地氣爲魄

天氣爲魂 地氣爲魄)"고 했다.

⑥ 예기의 설 1

◆『예기』「교특생」에 이르기를 "모든 제사는 삼가하는 마음으로 해야 혼의 기운은 하늘로 돌아가고, 형체와 백은 땅으로 돌아가니, 제사는 음양의 뜻에서 구하는 것이다. 그러므로 기운의 맑은 것을 신神이라고 하니 곧 양에 해당하는 혼이고, 기운의 탁한 것을 귀鬼라고 하니 곧 음에 해당하는 백이다"라고 하였다.

❖『예기』「교특생」에는 "故氣之清者曰神 卽陽魂也 氣之濁者曰鬼 卽陰魄也" 대신에 "은나라 사람은 양을 먼저 제사지내고, 주나라 사람은 음을 먼저 제사지냈다(殷人先求諸陽 周人先求諸陰)"로 되어 있다.

⑦ 예기의 설 2

◆◆ 연릉계자延陵季子가 아들을 영嬴땅과 박博땅 사이에 제사지내고 이르기를 "뼈와 살이 흙으로 돌아가는 것은 명이나, 혼의 기운은 가지 않는 곳이 없다"고 했다.

❖『예기』「단궁檀弓」하下에 연릉계자가 제나라로 갔다가 돌아오는 길에 그의 맏아들이 죽자 영과 박 사이에 제사지낸 것을 보고, 공자께서 평을 하신 말씀 중에 연릉계자의 말을 인용한 내용이다.

⑧ 월절서越絶書의 설

◆◆◆『월절서』에 "왕이 범자(범려)에게 묻기를, '과인이 들으니,

◆ 禮記郊特牲云 凡祭愼諸此 魂氣歸乎天 形魄歸乎地 故祭求諸陰陽之義 故氣之清者曰神 卽陽魂也 氣之濁者曰鬼 卽陰魄也

◆◆ 延陵季子葬其子於嬴博之間云 骨肉歸乎土 命也 魂氣無不之

혼과 백을 잃은 것은 죽고, 혼과 백을 얻은 것은 산다고 합니다. 물건에 혼과 백이 다 있다고 하니, 사람도 있습니까?'라고 하니, 범려范蠡가 대답하기를, '백은 주머니고 혼은 생기生氣의 근원입니다'고 했으며, 또 이르기를 '혼은 생기의 정精이고, 백은 사기死氣의 집입니다'"고 했다.

❖ 『월절서越絶書』「월절외전침중越絶外傳枕中」에 출전. 그 원문은 "越王問於范子曰 寡人聞 人失其魂魄者死 得其魂魄者生 物皆有之 將人也 范子曰 人有之萬物亦然 天地之間 人最爲貴 物之生 穀爲貴 以生人與魂魄無異 可得豫知也 越王曰 其善惡可得聞乎 范子曰 欲知八穀之貴賤 上下衰極 必察其魂魄 視其動靜 觀其所舍 萬不失一 問曰 何謂魂魄 對曰 魄者囊也 魂者生氣之源 又云 魂者生氣之精 魄者死氣之舍"이다.

⑨ 한시韓詩의 설

• 『한시韓詩』에 이르기를 "진수溱水와 유수洧水의 두 물이 있으니, 삼월 상사일上巳日에 정鄭나라에서는, 항상 이 물 위에서 혼을 부르고 백을 불러 잇는다"고 했다.

❖ 3월 상사上巳일 : 음력 3월의 첫번째 사일巳日로, 후에 3월 3일로 바뀌었다. 이날 동쪽의 흐르는 물가에 가서 재앙을 떨어버리는 풍속이 있다.

⑩ 춘추좌전의 설

•• 『춘추좌전』「소공」25년에 송공이 연회하며 술을 마실 때

••• 越記云 王問范子曰 寡人聞 失其魂魄者死 得其魂魄者生也 物皆有之 將人乎 范蠡對曰 魄者囊也 魂者生氣之源 又云 魂者生氣之精 魄者死氣之舍

• 韓詩云 溱洧有二水 三月上巳 鄭國常於此水上 招魂續魄

소자숙을 오른쪽에 앉게 하고 말하며 서로 울었다. 악기좌가 보고 말하기를 "임금과 소자숙이 다 죽은 것이 아닌가? 마음의 정기를 혼백이라고 하는데, 혼백이 나갔으니 어떻게 오래 가겠는가?"라고 하였다. 이것은 모두 사람의 몸에 혼과 백의 두 가지가 있다는 것을 밝힌 것이다.

❖ 『춘추좌전』「소공」 25년조에는 악기좌의 "임금과 소자숙이 다 죽은 것이 아닌가?"의 말 다음에 "슬퍼하다가 즐거워하거나 즐거워하다가 슬퍼하는 것이 모두 마음을 잃은 것이라고 들었다(吾聞之 哀樂而樂哀 皆喪心也)"가 더 있다.

⑪ 도덕경의 설

◆ 『도덕경』에 이르기를 "'혼이 간장에 숨어있고, 백이 폐장에 숨어있다'는 말은, 혼은 하늘에 속하니, 하늘의 기운은 양이 되고, 양은 착한 것을 주관하며 왼쪽을 숭상한다. 그래서 간장에 거처하고 동방목東方木의 자리에 있다. 백은 땅에 속하니, 땅의 기운은 음이 되고, 음은 악한 것을 주관하며 오른쪽을 숭상한다. 그러므로 폐장에 거처하고, 서방금西方金의 자리에 있다"고 했다.

노자(『도덕경』)가 말하기를 "길한 일은 왼쪽을 숭상하고, 흉한 일은 오른쪽을 숭상한다"고 했다.

◆◆ 左傳昭二十五年 宋公讌飮 使昭子叔右坐 語相泣 樂祁佐曰 今君與子叔皆死乎 心之精爽 是謂魂魄 魂魄去之 何以能久 此竝明人身有魂魄二別

◆ 老子經云魂藏肝 魄藏肺者 魂旣屬天 天氣爲陽 陽主善尙左 居肝在東方木位 魄旣屬地 地氣爲陰 陰主惡尙右 故居肺在西方金位 老子云 吉事尙左 凶事尙右

❖『도덕경』「언무偃武」에 출전.

◆ 또 이르기를 "'다섯 기운이 심장에 숨어있고, 다섯 맛이 위장에 숨어있다'는 말은, 기는 양이니 장藏으로 받고, 심장은 화에 속한 장이니 양기가 있는 곳이다. 맛은 음이니 부府로 받고, 위는 오곡의 부가 되니 맛이 있는 곳이다.

심장은 정신을 주관하고, 위장은 받아들이는 것을 주관하니, 혼백과 음양의 이치에 어긋나지 않는다"고 했다.

◆◆ 또 이르기를 "'혼이 세 가지가 있고, 백이 일곱 가지가 있다'는 말은, 양의 숫자는 홀수고 음의 숫자는 짝수다. 홀수는 하나에서 시작되나 하나는 곧 원기니, 혼이 비록 양이나 첫 번째 시작되는 원기를 뜻하지는 않으며, 하나 다음 양수는 셋이기 때문에 혼의 수는 셋이다. 또 한편으로는 하늘과 땅의 두 기운을 합쳐서 사람을 낳으나, 사람도 또한 하나의 기운이 있다. 삼재가 각각 하나의 기가 있기 때문에 혼이 셋인 것이다.

음수는 둘이니, 둘은 또한 음의 시작이다. 백이 비록 음이나 또한 처음 시작을 뜻하지는 않는다. 둘 다음의 짝수는 넷이나, 음은 혼자 자립하지 못하고 반드시 양의 힘을 입어야 하기 때문

◆ 亦云五氣藏於心 五味藏於胃者 此論氣則是陽 以藏受之 心爲火藏 陽氣所處 味則是陰 以府受之 胃爲五穀之府 味之所處 心主精神 胃主受納 不乖魂魄陰陽之理

◆◆ 又云魂有三 魄有七者 陽數奇 陰數偶 奇數始於一 一則元氣 魂雖是陽 非曰元始 一後次三 故魂數三 又云 因天地二氣合 而生人 人又一氣 三材各一氣 故魂有三 陰數二 二亦陰之始 魄雖是陰 又非元始 次二後四 陰不孤立 必資於陽 就魂之三 合而成七

에, 혼의 셋과 합쳐서 일곱을 이룬다"고 했다.

◆ 또 한 해석에 이르기를 "혼은 동방에 있으니 진괘(☳)의 수 셋을 취하고, 백은 서방에 있으니 태괘(☱)의 수 일곱을 취한 것이다. 혼 셋과 백 일곱을 합해서 열이 되는 것은, 하늘의 오행과 땅의 오행이 합하여 열이 되어서 사람을 이루는 것과 합치된다. 다섯은 하늘의 다섯 기운과 땅의 다섯 맛이다"라고 했다.

❖ 문왕후천팔괘로 본 괘의 수이다. 즉 감(☵)은 1이고, 곤(☷)은 2이며, 진(☳)은 3이고, 손(☴)은 4이며, 건(☰)은 6이고, 태(☱)는 7이며, 간(☶)은 8이고, 리(☲)는 9이다.

⑫ 춘추위春秋緯의 설

◆◆『춘추위』에 이르기를 "사람은 열 가지 기를 느껴서 태어나기 때문에, 열 달만에 태어나는 것이다"라고 했다. 또 백이 여섯이라는 설이 있다. 이것은 도가의 『삼황경三皇經』으로, "오장의 신神으로 다섯 혼을 삼고, 육부의 신으로 여섯 백을 삼는다"라고 하니, 이것도 또한 오행과 육기의 뜻이다. 혼백은 사람의 근본으로 이미 장부藏府에 배속시켰기 때문에 풀이했다. 『갑을경』에는 "혼은 정精에 속하고, 백은 신神에 속한다"고 했다.

◆ 又一解云 魂在東方 取震數三 魄居西方 取兌數七 三魂七魄 合而爲十 是應天五行地五行 兩五合爲十 共成人也 五是天五氣 地五味也

◆◆ 春秋緯云 人感十而生 故十月方生也 又云有六魄者 此乃道家三皇經 以五藏神爲五魂 六府神爲六魄 此亦五行六氣之義也 魂魄人之本 旣配府藏 故釋之 甲乙云 魂屬精 魄屬神

5장. 오상論五常

1 오상과 오덕五德

◆ 오상은 인仁 의義 예禮 지智 신信의 다섯으로, 오래도록 행해서 항상 빠뜨릴 수 없는 것이기 때문에, '항상해야 한다는 상常'이라고 이름하였다. 또한 오덕五德이라고도 하니, 이것을 항상 행해서 그 덕을 이루기 때문에 오덕이라고 말한 것이고, 이 오덕을 오행에 배속한 것이다.

① 오상에 대한 설들

㉠ 정현과 시위詩緯의 설 ◆◆ 정현이 『예기』와 『중용』을 주석하여 이르기를 "목의 신神은 어질고, 금의 신은 의로우며, 화의 신은 예절바르고, 수의 신은 신의가 있으며, 토의 신은 지혜롭다"고 했다. 『시위詩緯』 등의 말도 또한 같다.

㉡ 모공毛公과 경방 등의 설 ◆◆◆ 그러나 모공毛萇이 훈고訓詁한

◆ 五常者 仁義禮智信也 行之終久 恒不可闕 故名爲常 亦云五德 以此常行 能成其德 故云五德 而此五德配於五行

◆◆ 鄭玄注禮記中庸篇云 木神則仁 金神則義 火神則禮 水神則信 土神則智 詩緯等說亦同

◆◆◆ 毛公傳說 及京房等說 皆以土爲信 水爲智

『시경(毛傳)』의 설과 경방京房의 설은 모두, 토로써 신의(信)를 삼고 수로써 지혜로움(智)을 삼았다.

❖ 오행에 오상을 배속한 설들의 차이

오행		목	화	금	토	수
오상	정현과 시위詩緯 등	인仁	예禮	의義	지智	신信
	모공毛公과 경방 등	인仁	예禮	의義	신信	지智

ⓒ 한서漢書의 설

목성은 인 : ◆ 『한서』의 「천문지」에 이르기를 "세성歲星(목성)은 사람의 오상으로는 인仁이고, 오사五事로는 모습(貌)이다. 인이 이지러지고 모습이 훼손되면, 봄의 월령月令을 거스르는 것이어서 목의 기운이 상하니, 벌(罰)이 세성에 나타난다.

❖ 벌罰 : ① 서방칠수 중의 하나인 삼수參宿에 딸린 세 개의 별(伐 또는 罰)을 말한다. 벌이 밝으면 중국 변방의 나라가 융성하게 된다. 오성이 주천하는 길에 자리한다. ② 동방칠수 중 방수房宿의 옆에 세 개의 누런색으로 이루어진 별자리가 벌罰이다. 오성이 주천하는 길에 자리잡고 있는데, 돈을 받고 죄를 사해주는 역할을 맡는다. ③ 금성과 화성을 뜻하며, ④ 안 좋은 조짐을 뜻하기도 한다.

화성은 예 : ◆◆ 형혹성熒惑(화성)은 사람의 오상으로는 예禮이고, 오사로는 보는 것(視)이다. 예가 무너지고 보지 못하게 되면, 여름의 월령을 거스르는 것이어서 화의 기운이 상하니,

◆ 漢書天文志云 歲星於人 五常仁也 五事貌也 仁虧貌失 逆春令 傷木氣 罰見歲星

◆◆ 熒惑於人 五常禮也 五事視也 禮虧視失 逆夏令 傷火氣 罰見熒惑

벌이 형혹성에 나타난다.

금성은 의 : ◆ 태백太白(금성)은 사람의 오상으로는 의義고, 오사로는 말(言)이다. 의가 허물어지고 말이 없게 되면, 가을의 월령을 거스르는 것이어서 금의 기운이 상하니, 벌이 태백에 나타난다.

수성은 수 : ◆◆ 진성辰星(수성)은 사람의 오상으로는 지智이고, 오사로는 듣는 것(聽)이다. 지혜가 없고 듣지 못하게 되면, 겨울의 월령을 거스르는 것이어서 수의 기운이 상하니, 벌이 진성에 나타난다.

토성은 토 : ◆◆◆ 진성鎭星(토성)은 사람의 오상으로는 신信이고, 오사로는 생각하는 것思이다. 인仁·의義·예禮·지智는 신信으로써 주인을 삼고, 모貌·언言·시視·청聽은 생각(思)으로써 바름을 삼으니, 네 가지 일을 모두 잃게 되면 진성(토성)이 움직이게 된다"고 했다.

② 소길蕭吉의 평

㉠ 오상의 뜻으로 살핌 ◆◆◆◆ 모공毛公(毛傳)과 경방 그리고 『한서

◆ 太白於人 五常義也 五事言也 義虧言失 逆秋令 傷金氣 罰見太白

◆◆ 辰星於人 五常智也 五事聽也 智虧聽失 逆冬令 傷水氣 罰見辰星

◆◆◆ 鎭星於人 五常信也 五事思也 仁義禮智 以信爲主 貌言視聽 以思爲正 四事皆失 鎭星乃爲之動

◆◆◆◆ 按毛公及京房漢史 皆以土爲信 可謂其當 所以然者 夫五常

漢書』를 살펴보면, 모두 토로써 신信을 삼았으니 마땅하다고 할 수 있다. 오상의 뜻으로 그 까닭을 살피면 다음과 같다.

인仁 : 인仁은 측은한 것으로 본체를 삼고, 널리 베푸는 것으로 작용을 삼는다.

예禮 : 예禮는 분별하는 것으로 본체를 삼고, 법을 실천하는 것으로 작용을 삼는다.

지智 : 지智는 밝은 지혜로 본체를 삼고, 밝게 지혜를 쓰는 것으로 작용을 삼는다.

의義 : 의義는 의에 합치되는 것으로 본체를 삼고, 결단하는 것으로 작용을 삼는다.

신信 : 신信은 속이지 않는 것으로 본체를 삼고, 신의 있게 실행하는 것으로 작용을 삼는다.

ⓛ 오행의 뜻으로 살핌 ◆ 오행의 뜻으로 그 까닭을 살피면 다음과 같다.

목木 : 목木은 덮어씌우고 커나가며 번성하니, 이것은 인仁의 측은히 여기고 널리 베푸는 것이다.

화火 : 화火는 밝게 비추고 어둡게 꺼짐이 있으니, 이것은 예禮의 분별하고 법을 실천하는 것이다.

之義 仁者以惻隱爲體 博施以爲用 禮者以分別爲體 踐法以爲用 智者以了智爲體 明叡以爲用 義者以合義爲體 裁斷以爲用 信者以不欺爲體 附實以爲用

◆ 其於五行 則木有覆冒滋繁 是其惻隱博施也 火有滅暗昭明 是其分別踐法也 水有含潤流通 是其了智明叡也 金有堅剛利刃 是其合義裁斷也 土有持戴含容 以時生萬物 是其附實不欺也

수水 : 수水는 윤택하게 불려주고 유통되게 하니, 이것은 밝은 지혜(智)를 밝게 쓰는 것이다.

금金 : 금金은 굳고 강하며 예리한 칼날이 있으니, 이것은 의義에 합치되고 결단하는 것이다.

토土 : 토土는 떠받치고 포용함이 있어서 때에 맞춰 만물을 생하니, 이것은 신의 있게 실행하고 속이지 않는 것이다.

ⓒ 정현과 시위詩緯의 설에 대한 비평 • 정현의 주석과 『시위』에서 토土로써 지智를 삼은 것은, 만 가지 일을 마칠 수 있는 것이 지혜보다 나은 것이 없고, 만물을 생하는 것이 토보다 나은 것이 없기 때문에, 토를 지혜라고 한 것이다.

수水로써 신信을 삼은 것은, 물의 조수가 때에 맞추어 오기 때문에 수로써 신을 삼은 것이다. 그러나 이러한 주장은 이치와 증거가 협소하고 적어서 본 뜻에는 어긋난다.

• 鄭玄及詩緯 以土爲智者 以能了萬事 莫過於智 能生萬物 莫過於土 故以爲智 水爲信者 水之有潮 依期而至 故以水爲信 此理寡證狹 於義乖也

2 오상과 오경五經

◆ 오상이 오경五經으로는, 인仁을 『역경易經』에 배속하고 자리는 동쪽이며, 예禮(예기)를 화火에 배속하고 자리는 남쪽이며, 의義를 『춘추전』에 배속하고 자리는 서쪽이며, 지智를 『시경詩經』에 배속하고 자리는 북쪽이며, 신信을 『상서(서경)』에 배속하고 자리는 중앙이다.

❖ 예禮를 화火에 배속하고 : 여기서 '화火'는 『예기』를 뜻하는 것 같다.

❖ 『백호통덕론』의 「오경五經」에는 "경이 다섯 가지인 까닭은 무엇인가? 경은 상도常度이니 오상의 도가 있는 까닭에 다섯 경이 있는 것이다. 『악경樂經』을 인에 배속하고, 『서경』을 의에 배속하며, 『예기』를 예에 배속하고, 『역경』을 지에 배속하며, 『시경』을 신에 배속한다(經所以有五何 經常也 有五常之道 故曰五經 樂仁 書義 禮禮 易智 詩信也)"고 되어 있다.

❖ 또 『한서』의 「예문지」에는 "육예의 글은 『악경』으로써 정신을 조화롭게 하니 인의 표상이고, 『시경』으로써 말을 바르게 하니 의의 쓰임이다. 『예기』로써 본체를 밝게 하니 밝은 자는 드러나게 되므로 훈계하는 말이 없다. 『서경』으로써 덕을 넓히니 지혜의 방책이고, 『춘추』로써 일을 판단하니 믿음의 부절이 된다. 다섯 가지 경에 모두 오상의 도를 갖추고 있으되, 모두 『역경』에 근원을 두고 있는 까닭에 『역경』에 대해서는 말하지 않았다(六藝之文 樂以和神 仁之表也 詩以正言 義之用也 禮以明體 明者著見 故無訓也 書以廣德 知之術也 春秋以斷事 信之符也 五者皆五常之道 相須而備 而易爲之原 故曰易不可見)"고 하였다.

① 역경易經을 인에 배속한 이유

◆ 其於五經 則仁以配易 其位東方 禮以配火 其位南方 義以配傳 其位西方 智以配詩 其位北方 信以配尙書 其位中央

◆『역경』으로 동방의 인에 배속한 것은, 『역경』은 창제하는 글로, 만 가지를 포괄하고 바꾸게 하는 뜻이 있다. 또 동쪽은 사시四時의 시작으로, 인으로 화합시켜 생하여서 옛 것을 바꾸어 새 것으로 만든다. 또한 제帝가 진방에서 나와서 팔괘를 처음으로 만들기 때문에 인으로 배속한 것이다.

❖ 『역경』「설괘전說卦傳」에 "임금이 진방에서 나와서(帝出乎震)"라고 하였다.

② 예기禮記를 예에 배속한 이유

◆◆『예기』를 남방에 배속한 것은, 예절은 상하의 법도를 고르게하고 귀천의 차등을 분별해서, 임금과 신하, 아버지와 아들 등의 모든 관계 예로써 절차를 만든다. 마치 화가 다섯 가지 맛을 익히고 만물을 밝게 비추는 것과 같기 때문에, 남쪽을 『예기』에 배속한 것이다.

③ 춘추전春秋傳을 의에 배속한 이유

◆◆◆『춘추전』으로 서방의 의에 배속한 것은, 『춘추』는 노魯나라 역사로 잘한 것을 칭찬하고 잘못한 것을 책망했으니, 이때는

◆ 易配東方仁者 易是創制之書 苞括萬有 有變易之義 東方四時之始 仁化能生 易故就新 又帝出震 始作八卦 故以配仁

◆◆ 禮配南方者 禮能齊上下之法 別貴賤之差 君臣父子 莫不以禮節之 如火能成就五味 明照萬物 故以南方配禮

◆◆◆ 傳配西方義者 春秋是魯史 褒貶得失 是時王道旣衰 諸侯力爭戰伐之事 靡不書之 合義者褒 失德者貶 如金以義斷 裁制萬物 故以配義

왕도가 이미 쇠퇴해서 제후들끼리 힘을 겨루는 때였다. 전쟁의 일을 모두 기록해서 의에 합당한 것은 드러내어 칭찬하고, 덕을 잃은 것은 책망했다. 마치 금이 의리로써 결단해서 만물을 제재하는 것과 같기 때문에 의에 배속한 것이다.

④ 시경詩經을 지智에 배속한 이유

◆『시경』을 북방의 지에 배속한 것은,『시경』은 그 뜻을 풍자해서 말하고, 은미한 말로 인정人情을 화합하고 흡족하게 하며, 귀신을 움직이고 천지를 감동시킨다. 착하고 악한 일을 음악으로 읊어서 듣는 사람으로 하여금 행동에 유익하게 하고, 일하는 사람으로 하여금 허물이 없게 한다. 마치 물이 가만히 흐르지만 적시지 않는 것이 없는 것과 같기 때문에 지智로써 배속한 것이다.

⑤ 서경書經을 신에 배속한 이유

◆◆『서경』을 중앙의 신信에 배속한 것은,『서경』은 가장 오래된 옛날의 글로, 제왕들의 말을 기록하고 믿음으로 맹서하는 일을 다 기록했으니, 높이고 숭상할 수 있다. 마치 토에 신信이 있어서, 때에 맞춰 만물을 생함으로써 사시에서 높이 받들어지는 것과 같다. 그러므로 신으로써 배속한 것이다.

◆ 詩配北方智者 詩言其志 以爲風刺 有陰微之辭 和潤人情 動鬼神感天地 以善惡之事 吟咏於聲樂 使聞者有益於行 作者無咎於身 如水潛流無所不潤 故以智配

◆◆ 尙書配中央信者 此是上古之書 傳述帝王之言 信誓之事 靡不存焉 可宗尙 故如土有信 以時生物 四時所宗 故以信配

• 오경의 '경經'은 곧 항상하다(常)는 것이고, 또한 유래(由)라고도 하며, 또한 법法이라고도 한다. 경을 기술하는 것은 일에서 유래하기 때문에 '유래(由)'라고 한 것이고, 이치를 본받을 수 있기 때문에 '법法'이라고 한 것이며, 항상함이 교훈과 법이 되기 때문에 '상常'이라고 한 것이다.

그러나 경의 본체가 이미 항상한 법이 있으니, 그 본체가 각각 오상을 갖추고는 있으나, 경마다 따로 주장함이 있다. 그러므로 한 쪽의 방향만을 주로해서 말했고, 여기서는 오경의 글 뜻을 말하는 것이 아니기 때문에 더 이상 논하지 않는다.

오상이 행해지는 것은 경으로 해서 밝혀지기 때문에, 오상이 경에 배속되는 것을 풀이했다.

• 經卽常也 亦云由也 亦云法也 述經由事 故云由也 理可法則 故云法也 常爲訓典 故卽常也 然經體旣爲常法 其當體各備五常 事有所專 但以一方爲主 未論文義 故不備說 五常之行 由經而明 故以配釋

6장. 오사論五事

1 오행과 오사

◆ 『서경』 「홍범洪範」에 이르기를 "공경해서 오사五事를 쓴다"고 했으니, 사람의 일로써 오행에 배속한 것이다. 첫 째는 모습(貌)이니 목으로써 배속하고, 둘 째는 말(言)이니 금으로써 배속하며, 셋 째는 보는 것(視)이니 화로써 배속하고, 넷 째는 듣는 것(聽)이니 수로써 배속하며, 다섯 째는 생각(思)이니 토로써 배속한다.

❖ 『서경』 「홍범」에 "初一曰五行 次二曰敬用五事 次三曰農用八政 次四曰協用五紀 次五曰建用皇極 次六曰乂用三德 次七曰明用稽疑 次八曰念用庶徵 次九曰嚮用五福 威用六極 … 一曰貌 二曰言 三曰視 四曰聽 五曰思"라고 되어 있다.

❖ 오행에 오사를 배속함

오행	목	금	화	수	토
오사	모습(貌)	말(言)	보는 것(視)	듣는 것(聽)	생각(思)

◆ 五事者 尚書洪範云 敬用五事 蓋以人事配五行也 一曰貌 以配木 二曰言 以配金 三曰視 以配火 四曰聽 以配水 五曰思 以配土

① 모습貌

ㄱ 모습의 뜻 ◆『서경』「홍범」에 말하기를 "모습은 공손해야 하고, 말은 따라야 하며, 보는 것은 밝아야 하고, 듣는 것은 귀밝아야(총명해야) 하며, 생각은 슬기로워야 한다. 공손함은 엄숙함을 만들고, 따름은 다스림을 만들며, 밝음은 명철함을 만들고, 귀밝음은 (일의) 꾀를 만들며, 슬기로움은 성인聖人을 만든다"고 했다.

◆◆ '모습이 공손하다'는 것은, 천자의 공손함은 목목穆穆함이니, 윗사람이 공손하고 엄숙하면 아랫사람이 공경하는 것이다. 공자께서 말씀하시기를 "자기 몸의 행동을 공손하게 하고, 윗사람 섬기기를 공경으로 하는 것이다"라고 하셨으며, 또 말씀하시기를 "자기 몸에는 공손하고 사람들과 일에는 공경하는 것이며, 모습이 공손하지 못한 것을 엄숙하지 못하다고 하는 것이다"라고 하셨으니, 엄숙하다는 것은 공경하는 것이다.

❖『예기』에 "天子穆穆 諸侯皇皇"이라고 되어 있다. 여기서 '목목'은 온화하면서도 위의威儀가 바르고 성대한 모양을 말한다.

❖『논어』「공야장公冶長」에 "공자께서 자산에게 말씀하시기를 '군자의 도가 넷이 있으니, 자기 몸에는 공손하고, 윗사람의 일에는 공경하며, 백성을 보살핌에는 은혜로와야 하고, 백성을 부림에는 의롭게 해야 한다'고 하셨다(子謂子産 有君子之道四焉 其行己也恭 其事上也敬 其養民也惠 其使民也義)"라 했다.

◆ 尚書洪範曰 貌曰恭 言曰從 視曰明 聽曰聰 思曰叡 恭作肅 從作乂 明作哲 聰作謀 叡作聖

◆◆ 貌曰恭者 天子之恭 曰穆穆 上恭肅則下敬矣 孔子曰 其行己也恭 其事上也敬 又曰 在體曰恭 加於人 施於事曰敬 貌之不恭 是謂不肅 肅敬也

ⓛ 모습을 오사에서 첫번째로 놓은 이유 • 『서경』「홍범」에서 오사를 말할 때 '모습(貌)'으로 처음을 삼은 것은, 『역경』에서는 모습이 진☳이 되고, 진은 목木이 되니, 목은 볼 수 있는 것이다. 그러므로 경에 세 덕을 열거했으나, 복종이 제일 윗질이 된다.

❖ 『한서』「오행지」에 "『역경』에서 땅 위에 나무가 있는 것이 관괘䷓가 되니, 임금의 일에 있어서는 위엄있는 거동과 용모가 또한 '우러러 볼 관觀'이 되는 것이다. … 『역경』에 있어서는 진은 동방이고, 봄이 되며, 목木이 된다(於易地上之木爲觀 其於王事 威儀容貌 亦可觀者也 … 於易震在東方 爲春 爲木也)"고 하였다.

❖ 관괘는 땅 위에 나무가 있는 상이다. 단전彖傳에서 '순하고 공손하며 중정함'이라 하니 이 세 덕으로 위의威儀를 지켜 나가니, 백성들이 진심으로 복종한다. 특히 진목震木은 양목陽木으로 높이 자랄 수 있으니, 모든 사람이 우러러보고 배우는 것이다.

『시경』에 이르기를 "위의威儀를 공경하고 삼가해서 사람들의 본보기가 된다"고 하니, 위엄이 있어 두려워하는 것을 '위威'라고 하며, 거동에 의식이 있어 본받을 만한 것을 '의儀'라고 한다. 임금이 위의가 있으면, 신하가 두려워하고 사랑해서 본받기 때문에 나라의 어른 노릇을 할 수 있고, 신하가 위의가 있으면 그 직책을 오래 지킬 수 있는 것이다.

❖ 『시경』「대아」탕지십蕩之什에 출전.

◆ 夫洪範所陳五事 貌爲首者 於易貌爲震 震爲木 木可觀也 故經列三德 而服爲其上 詩云 敬愼威儀 惟人之則 有威而可畏 謂之威 有儀而可象 謂之儀 君有威儀 其臣畏而愛之 則而象之 故能長有其國 臣有威儀 故能長守其職

• 군자는 지위에 있으면 외경할 만하며, 베풂은 사랑으로 하고, 나아가고 물러남은 법도로 하며, 두루 베푸는 것은 본받을 만하고, 행동거지는 본받을 만하며, 일을 하는 것은 본(法)받을 만하고, 덕행은 본받을 만하며, 음성과 기색氣色은 즐겁고, 동작에는 문채가 있으며, 언어에는 빛이 있음으로써, 아랫사람에게 임하는 것을 위의라고 한다.

❖ 언어에는 빛이 있음으로써 : 언어를 씀에 있어서, 이치에 맞고 군더더기 없이 요점을 간추려 쓰는 것을 말한다.

•• 공자께서 말씀하시기를 "의관을 바르게 하고 바라보는 시선을 높게 하면, 엄숙하고 위엄스러워서 사람들이 바라보고 두려워 할 것이니, 위엄이 있으면서도 사납지 않은 것이 아니겠는가?"라고 하셨으며, 또 말씀하시기를 "엄숙하게 임하지 않으면, 사람들이 공경하지 않을 것이다"라고 하셨으니, 그렇게 되면 위의의 절도도 잃게 될 것이다.

❖ 『논어』「요왈堯曰」에는 "君子正其衣冠 尊其瞻視 儼然人望而畏之 斯不亦威而不猛乎"로 되어 있다.

❖ 『논어』「위령공衛靈公」에 "엄숙하게 임하지 않으면, 백성들이 공경하지 않을 것이다(不莊以莅之 則民不敬)"라고 하였다.

• 君子在位可畏 施舍可愛 進退可度 周旋可則 容止可觀 作事可法 德行可象 聲氣可樂 動作有文 言語有章 以臨其下 謂之威儀

•• 孔子曰 正其衣冠 尊其瞻視 儼然人望而畏之 不亦威而不猛 又曰 不嚴以莅之 則人不敬 故失威儀之節

ⓒ 모습의 덕을 잃었을 경우 ◆ 태만하고 교만방자한 것을 미쳤다(광狂)고 하니, 미치면 아랫사람이 엄숙하게 대하지 않을 것이다. 아랫사람이 공경하지 않으면 윗사람이 위엄이 없게 될 것이고, 임금을 공경하지 않고 그 정치를 따르지 않으면 음기가 성해질 것이니, 음기가 성해지면 수水의 상象이 이르기 때문에 "그 벌은 항상 비가 오는 것이다"라고 했다.

❖ "그 벌은 항상 비가 오는 것이다" : 『서경』「홍범」의 내용 중 "이른 바 허물이 되는 징조는 미친 것에 항상 비가 오는 것 같으며(曰咎徵曰狂 恒雨若)"에 대한 주석이다.

비가 오면 굶주림과 추위가 오게 되고, 굶주림과 추위가 이르면 위 아래가 서로 믿지 않아서, 대신은 간적(姦軌)의 우두머리가 되고, 백성은 도적이 되니, 백성들이 형벌을 많이 받게 되고 복장이 요사스럽게 될 것이다. 복장이 요사스럽다는 것은, 경망스럽고 강하며 들떠있고 사나우며 거만한 복장이니, 교화의 풍기가 잘못되었음을 상징하는 것이다.

❖ "태만하고 교만방자한 것을 미쳤다(狂)고 하니"부터는 『한서』「오행지」에 출전.

◆ 怠慢驕恣 謂之狂 狂則下不肅矣 下不敬 則上無威 夫不敬其君不從其政 則陰氣勝 陰氣勝 則水象至 故曰 厥罰常雨也 雨則飢寒至 飢寒至 則上下不相信 大臣姦軌 民爲寇盜 民多被刑 則其服妖 服妖者 輕剛漂泆暴慢之服 以象風氣之化也

② 말言

㉠ 말의 뜻 • 말은 『역경』에서는 태괘☱에 속하고, 태괘는 말(言)과 입(口)의 상이니, 임금이 말을 내서 명령을 하면 따르는 것이다.

그러므로 『역경』에 말하기를 "기뻐하는 일로써 백성을 부리면 백성이 그 수고로움을 잊고, 기뻐하는 일로써 어려운 일을 하도록 하면 백성이 그 죽음을 잊는다"고 했다. 이 때문에 밝은 임금은 세금을 적게 하고 녹은 두텁게 하며, 상賞은 많이 주고, 벌罰은 적게 주니, 백성이 마음으로 따르기 때문에 가르침이 엄하지 않아도 이루어지고, 정사가 엄하지 않아도 다스려진다.

❖ 『역경』「태괘」 단전彖傳, 또는 「설괘전」 9장에 출전.

❖ 상賞은 많이 주고, 벌罰은 적게 주니(상賞이 의심스러우면 무거운 것을 따르고 벌罰이 의심스러우면 가벼운 것을 따르니) : 『서경』「대우모大禹謨」에는 "죄가 의심스러우면 가벼운 벌을 택하고, 공이 의심스럽거든 무거운 상을 택한다(罪疑惟輕 功疑惟重)"로 되어 있다. 상은 받는 사람에게 좋은 것이니 될 수 있으면 주고, 벌은 받는 사람에게 나쁜 것이니 될 수 있으면 가볍게 주어야 민심을 얻는다는 뜻이다.

이렇게 하면 민심을 얻을 것이니, 민심을 얻게되면 모든 사람이 마음으로부터 복종하여 돌아온다. 모든 사람이 마음으로부터 복종하여 돌아오면 죽더라도 은혜를 잊지 못하는 것이니, 그 명령을 따르는 것쯤이야 말할 것이 있으랴?

◆ 言者 於易之道曰兌 兌曰口言之象 人君言出 令行則從 故易曰 悅以使民 民忘其勞 悅以犯難 民忘其死 是以明君 薄斂而厚祿 賞疑從重 罰疑從輕 則順民心 故其教不肅而成 其政不嚴而治 此得民心 民心得 則衆歸之 衆歸之 則民死沒 且不忘之 況乎從其令也

㉡ 말의 덕을 잃었을 경우 ◆ 만약 임금이 백성의 마음을 잃게 되면, 정치와 명령을 따르지 않으며, 양陽이 너무 지나치게 되어 스스로 소멸되니 음陰들이 복속하지 않는다. 그러면 아랫사람은 임금의 무거운 형벌을 두려워하고, 양기陽氣는 기승을 부리게 된다. 양기가 기승을 부리면 날이 가물기 때문에 "그 벌은 항상 볕이 나는 것이다"라고 했다.

❖ 그 벌은 항상 볕이 나는 것이다 : 『서경』「홍범」의 내용 중 "이른바 허물이 되는 징조는 … 참람하고 어긋남에 항상 볕이 나는 것 같으며(曰咎徵 … 曰僭 恒暘若)"에 대한 주석이다.

항상 볕이 나서 가물면 굶주리고, 가난하면 부족하게 된다. 부족하게 되면 아랫사람이 바른 말을 감히 하지 못하게 될 것이니, 먼저 노래로 풍자하게 될 것이다. 기운이 거슬러지면 악한 말이 나오게 되고, 황충蝗蟲 등의 벌레가 난동을 부릴 것이니, 모두 입(口)에 관한 일의 현상이다.

③ 보는 것視

㉠ 보는 것의 뜻 ◆◆ 보는 것은 남쪽이고 눈의 상이다. '보는 것은 밝아야 한다'는 것은, 밝은 것은 사람을 알아보는 것을 근본으로 삼고, 『역경』에서는 리괘☲가 되니, 리괘는 화火가 되고 눈이 된다.

❖ 『역경』「설괘전」 9장에 출전.

◆ 若君失衆心 政令不從 亢陽自消 羣陰不附 而下畏君之重刑 則陽氣勝 陽氣勝則旱 故曰 厥罰常陽 常陽則飢貧 飢貧不足 不足不敢正言 則先發於歌謠之口也 氣逆則惡言至 虫蝗生 皆口事也

◆◆ 視者南方 目之象 視曰明 明以知人爲本 於易爲離 離爲火爲目

㉡ 보는 것의 덕이 잘못되었을 경우 ◆ 보는 것이 밝지 못하면 희미하고 약해져서 믿을 바를 알지 못하니, 반드시 기회를 엿보는 무리가 커지게 될 것이고, 원수와 친척을 구별 못하고 같게 볼 것이다.

이와 같이 하면 어진 사람이 나아가 뜻을 펴지 못하니, 어진 사람이 나아가지 못하면 악한 사람이 물러나지 않는다. 악한 사람이 물러나지 않으면, 윗사람을 범한 사람을 죽이지 않고 오히려 죄없는 사람을 벌주게 될 것이다.

그러면 모든 직책이 폐해지고 허물어지며, 모든 일이 막히고 지체되어서 교육과 정치가 늘어지게 된다. 그러므로 "그 벌은 항상 따스하다"고 했다.

❖ 그 벌은 항상 따스하다 : 『서경』「홍범」의 내용 중 "이른바 허물이 되는 징조는 … 태만함에 항상 따스한 것 같으며(曰咎徵 … 曰豫 恒燠若)"에 대한 주석이다.

따스하면 겨울의 기운이 새게 되고, 겨울 기운이 새면 춥지 않아서 봄과 여름의 기운이 어긋나게 되고 돌림병(疾疫)이 일어난다. 윗사람을 범한 이를 베지 않으면 풀이 서리를 맞아도 죽지 않으며, 관리가 백성의 재물을 탐내서 취하면 황충과 나방이 사람이 먹어야 할 곡식을 먹을 것이다. 이것은 모두 보는 것(視)에 의한 현상이다.

◆ 夫視不明 微弱不知所信 必長伺黨 仇親同類 如此賢者不進 賢者不進 則不肖者不退 不肖者不退 則犯上者不誅 無罪者橫罰 百職廢壞 庶事滯塞 教政舒緩 故曰 厥罰常燠 燠則冬泄 冬氣泄則不寒 春夏氣錯 疾疫起矣 犯上者不誅 則草犯霜而不死 貪取百姓之財 則蝗螟亦食人之食矣 此皆視之所象也

④ 듣는 것聽

㉠ 듣는 것聽의 뜻 ◆ 듣는 것(聽)은 귀에 있으니, 귀는 『역경』에서 감괘☵에 해당한다. 옛날에 성스러운 임금(聖王)이 다스릴 때에는 착한 이를 천거할 수 있는 깃발이 있었고, 간할 수 있는 북이 있었으며, 풀 베고 나무하는 농사꾼에게도 상의를 했으니, 이렇게 함으로써 널리 듣고자 하는 것이다.

❖ 요堯임금 때는 착한 이를 천거할 수 있는 깃발과, 임금에게 간하는 북을 설치하였다. 또 스스로 판단해도 알 수 있었지만, 민의를 모으기 위해 일일이 아랫사람의 의견을 들어가며 정치를 했다는 기록이 『서경』「요전」, 『사기』「오제본기」, 『여씨춘추』, 『대대례』 등에 보인다.

㉡ 듣는 것聽의 덕이 잘못되었을 경우 ◆◆ 임금이 상의하는 것을 좋아하지 않으면 아랫사람이 감히 말을 하지 못하니, 아랫사람이 감히 말하지 못하면 윗사람이 듣는 것이 없게 된다. 윗사람이 듣는 것이 없다는 것은 즉 듣지 못하는 것이니, 듣지 못하게 되는 것은 정사를 의논하려 하지 않기 때문이다. 그러므로 "듣지 못한다"고 한 것이다.

들어서 아는 것이 없으면 모든 일이 막히고 잘못되며, 마음과 입에 원망이 있게 되어서, 기뻐하고 성냄에 절도가 없어지기 때문에 조급하게 된다. 춥다는 것은 물건을 급하게 하는 것이니,

◆ 聽者在耳 耳者於易坎也 古者聖王有進善之旌 欲諫之鼓 謀於蒭蕘 所以博延而廣聽也

◆◆ 人君不好謀 則下莫敢言 下莫敢言 則上無所聞 上無所聞 則不聽 不聽者 由不謀政事 故曰不聽 無所聞知 庶事擁屈 怨在心口 喜怒不節 故曰急也 夫寒者急物 冬物皆枯急 枯急 故曰 厥罰常寒 常寒則不生百穀 不生百穀 則民貧窮矣 故妖生於耳 以類相動 則有鼓妖聲音之類 坎爲彘 耳氣傷有彘禍 水色黑 有黑灾 此皆聽也

겨울에는 물건이 마르고 얼어붙게 된다. 마르고 얼어붙게 되기 때문에 "그 벌은 항상 춥다"고 했다.

❖ 그 벌은 항상 춥다 : 『서경』「홍범」의 내용 중 "이른바 허물이 되는 징조는 … 급박히 함에 항상 추운 것 같으며(曰咎徵 … 曰急 恒寒若)"에 대한 주석이다.

항상 추우면 모든 곡식이 나지 못하고, 곡식이 나지 못하면 백성이 가난하고 궁핍해진다. 그러므로 요사스러운 소리가 귀에서 들려서 끼리끼리 서로 움직이면, 요사한 음성들이 고동쳐 나가게 된다.

감괘☵는 돼지가 되니, 귀의 듣는 기운이 상하면 돼지에게 화禍가 있게 되고, 물水의 색은 검으니 검은 것으로 인한 재해가 있게 된다. 이것은 모두 듣는 것에 해당한 것이다.

⑤ 생각하는 것思

㉠ 생각하는 것의 뜻 ◆ 생각하는 것(思)은, 마음이 다섯 가지 일(五事)의 주인이 되는 것이 토가 오행의 주인이 되는 것과 같다. 『역경』에서는 곤괘☷에 해당한다. 여덟 가지 바른 기운이 또한 여덟 가지 바람(八風)에서 일어나니, 바람은 사시四時의 주인이다.

생각하여 마음으로 얻는 것을 포용(容)한다고 하니, 포용한다는 것은 신하들을 포용하여 받아들이는 것이다. 그러므로 성스럽다고 한다.

◆ 思者 心爲五事之主 猶土體爲五行主也 於易爲坤 八正之氣 亦起於八風 風者四時之主 思心得謂之容 容者能容畜臣子 故謂之聖也

ⓛ 생각하는 것思의 덕을 잃을 경우 ◆ 생각하여 마음으로 얻지 못해서 네 가지(모습·말·보는것·듣는것)를 모두 잃으면, 신하들을 포용하여 기르지 못하기 때문에, "생각하는 마음이 포용하지 못한다"고 한 것이고, 이것을 성스럽지 못하다고 한다. 그렇게 되면 안개 끼고 어지러워져 법도를 잃게 된다.

바람을 『역경』에서는 손괘☴라 하고, 손괘는 3월과 4월의 순양☰으로 다스릴 때에 해당하니, 양으로 할 때는 음으로 하고 음으로 할 때는 양으로 하는 대신大臣의 상이다.

❖『한서』「오행지」에 "유향이 『역경』에서는 '손☴이 바람이 되고, 나무가 된다'고 하니, 손괘가 3월과 4월에 있으면서 양陽을 이어 다스려서, 나무의 꽃과 열매를 주관한다. 바람의 기운이 성해져서 가을과 겨울에 이르면, 나무가 다시 꽃피기 때문에 꽃에 대한 재앙이 있는 것이다. 일설에는 '지기地氣가 성해져서 가을과 겨울에 꽃이 다시 핀 것이다'고 한다. 또 일설에는 '꽃은 색깔이고, 토土는 안의 일의 되므로, 여자에게 재앙이 있게 된다'고도 한다. 『역경』에서는 '곤☷은 토가 되고, 소가 된다'고 하니, 소는 심장이 크면서도 생각을 하지 못한다. 생각하는 심장의 기운이 훼손된 까닭에 소에게 화가 있게 된다(劉向以爲於易巽爲風 爲木 卦在三月四月 繼陽而治 主木之華實 風氣盛至秋冬 木復華 故有華孽 一曰 地氣盛 則秋冬復華 一曰 華者色也 土爲內事 爲女孽也 於易坤爲土 爲牛 牛大心而不能思慮 思心氣毁 故有牛禍)"고 하였다.

임금이 안개 끼듯 뿌옇고 생각이 어지러우면, 대신이 방자해지고 제멋대로 할 것이다. 대신이 방자해서 멋대로 하면 음기가

◆ 思心不得 四者皆失 則不能容畜臣子 故曰 思心不容 是謂不聖 過在霧亂失紀 故風者於易巽 在三月四月純陽而治 於陽則爲陰 於陰則爲陽 大臣之象 君旣霧亂 則大臣專恣 大臣專恣 而陰氣盛 陰氣盛則應 故厥罰常風 陰氣多者 陰而不雨 其甚也 常陰暗者 芭承於心 心氣傷 則爲暗妖 易曰 坤爲牛 坤土也 土氣傷 則牛多死 又曰 土爲內事 內事亂 則有華孽 此皆思之事也

성해지고, 음기가 성해지면 곧 상응한 조짐이 온다. 그러므로 "그 벌은 항상 바람부는 것이다"라고 했다.

❖ 그 벌은 항상 바람부는 것이다 : 『서경』「홍범」의 내용 중 "이른바 허물이 되는 징조는 … 몽매함에 항상 바람이 부는 것 같으며(曰咎徵 … 曰蒙 恒風若)"에 대한 주석이다.

음기가 많으면 그늘만 지고 비오지 않는다. 그중 심한 것은 항상 그늘지고 어두운 것으로 심장에 영향을 주게 되니, 심기가 상하면 어둡고 요사스럽게 된다.

『역경』에 말하기를 "곤☷은 소가 된다"고 하니, 곤은 토이기 때문에 토의 기운이 상하면 소가 많이 죽는다. 또 말하기를 "토는 안의 일이 된다"고 하니, 안의 일이 어지러워지면 박으로 꽃이 제대로 못파는 재앙이 있게 된다. 이것은 모두 생각(思)의 일이다.

• 다섯 가지 일(五事)의 감응됨은 그 예가 심히 많으나, 대략 이와 같이 열거된다.

◆ 五事所感 其例甚多 略擧如此

五行大義

제 15편 율려

論律呂

1장. 율려律呂의 뜻

1 율律

◆『춘추원명포』에 이르기를 "율律자는 이끈다(率, 導)는 뜻이다"라고 했으며,『속한서續漢書』에 말하기를 "율律은 기예를 부리는 것이다"라고 했다.

2 려呂

◆◆『사기』「율서律書」에 이르기를 "려呂는 차례대로 하는 것이니, 사시의 기운을 차례대로 서술해서 열두 달의 자리를 정하는 것이다"라고 했다.

3 율과 려

◆◆◆『사기』「율서」에 이르기를 "음과 양이 각각 여섯이므로 합

◆ 春秋元命苞云 律之爲言率也 續漢書云 律術也

◆◆ 律書云 呂序也 序述四時之氣 定十二月之位也

◆◆◆ 陰陽各六 合有十二 陽六爲律 陰六爲呂 律六者 黃鐘大簇姑洗蕤賓夷則無射也 呂六者 林鐘南呂應鐘大呂夾鐘仲呂也 史記云 律歷者 天所以運五行八正之氣 成熟萬物也

하면 열둘이니, 양의 여섯은 율이 되고, 음의 여섯은 려가 된다. 율律은 황종黃鐘·태주太簇(大蔟)·고선姑洗·유빈蕤賓·이칙夷則·무역無射의 여섯이고, 려呂는 임종林鐘·남려南呂·응종應鐘·대려大呂·협종夾鐘·중려仲呂의 여섯이다"라고 했다. 또 『사기』에 "율력律歷이라는 것은, 하늘이 오행과 팔정八正의 기운을 운행해서 만물을 성숙시키는 것이다"라고 했다.

2장. 율려의 기원

1 영윤伶倫이 율려를 정함

◆ 『제왕세기』에 이르기를 "황제黃帝의 명을 받은 영윤伶倫이, 대하의 서쪽에 있는 곤륜산의 응달 해곡이라는 곳에서 구멍이 고르고 두꺼운 대나무를 베어서, 두 마디 사이를 잘라 황종의 관을 만들어 불며 봉황새의 울음을 흉내내니, 암수가 각각 여섯이다. 이것으로써 율과 려를 정하고, 별의 자리를 분류했다"고 했다.

❖ 영윤伶倫 : 황제 때 음악을 관장했던 관리로, 황제의 명에 의해 12율려를 처음 제정했다고 한다. 『한서漢書』에는 영윤伶綸으로 기록되어 있다. 영윤이 악관樂官이 된 이후로, 영씨伶氏가 대대로 악관이 되어 음악을 관장했으므로, 음악을 맡은 벼슬아치를 영관伶官, 악인樂人을 영공伶工 또는 영인伶人이라고 한다.

❖ 『여씨춘추』 「중하기仲夏紀 고악古樂」에 "옛날 황제씨가 영윤에게 명하여 율을 만들라고 하였다. 영윤이 대하의 서쪽에 있는 완유의 응달인 해계의 골짜기에서 대나무를 얻어서, 그 구멍이 고르고 두꺼운 것으로 두 마디 사이를 잘랐다. 길이가 3촌 9푼이 되게 하여 부니 황종의 관이 되었다. 불면서 말하기를 '조금씩 작게 해서 12개의 통을 만들었다"고 하였다. 완유의 아래로 내려가 봉황의 소리를 듣고, 봉황

◆ 帝王世紀云 黃帝使伶倫於大夏之西 崑崙之陰 取竹解谷 其竅厚均者 斷兩節間 吹之以爲黃鐘之管 以象鳳鳴 雌雄各六 以定律呂以分星次

의 소리로써 12율을 나누니, 수컷의 우는 소리가 여섯 가지이고, 암컷의 우는 소리가 여섯 가지로, 이것으로써 황종의 궁을 맞추었다. 황종의 궁에서 모든 소리가 나오기 때문에, 황종의 궁을 율려의 근본이라고 하는 것이다(昔黃帝令伶倫作爲律 伶倫自大夏之西 乃之阮隃之陰 取竹於嶰谿之谷 以生空竅厚均者 斷兩節間 其長三寸九分而吹之以爲黃鐘之管 吹曰舍少次制十二筒 以之阮隃之下 聽鳳凰之鳴 以別十二律 其雄鳴爲六 雌鳴亦爲六 以此黃鍾之宮適合 黃鍾之宮 皆可以生之 故曰黃鍾之宮律呂之本)"라고 했다.

2 영주구伶州鳩의 율려풀이

① 육률六律

• 영주구伶州鳩가 말하기를 "율律은 고르게 하고 법도에 맞게 하는 것이다. 그러므로 '셋으로써 벼리를 삼고, 여섯으로써 고르게 하며, 열둘로써 이룬다'고 한 것이니, 하늘의 도이다.

㉠ 황종黃鍾 •• 이것은 여섯 가지 중앙의 근원으로, 옛날의 신령스런 악사樂師(神瞽)가 가운데 소리를 살피고 헤아려서 율을 측정하고 종鐘을 고르게 했다. 그러므로 황종이라고 이름한 것이니, 여섯 기운을 펴고 기르는 것이다.

• 伶州鳩曰 律所以立均出度也 故云 紀以三 平以六 成以十二 天之道也

•• 此六中之元 古之神瞽 考中聲而量之以制 度律均鐘 故名黃鐘 所以宣養六氣 二曰太簇 所以金奏乃贊陽出滯 三曰姑洗 所以脩潔百物 考神納賓 四曰蕤賓 所以安靜神人 獻酬交酢 五曰夷則 所以詠歌九則 平民無貳 六曰無射 所以宣布哲人之令德 示民軌儀

ⓛ 태주太簇 두 번째는 태주太簇이다. 쇠붙이로써 연주하는 까닭은 양陽을 도와서 막힌 것을 뚫는 것이다.

ⓒ 고선姑洗 세 번째는 고선姑洗이다. 모든 물건을 청결하게 닦고, 신神을 부르며 손님을 맞이하는 것이다.

ⓔ 유빈蕤賓 네 번째는 유빈蕤賓이다. 신과 사람을 안정시켜서 잔을 올려서 사귀게 하는 것이다.

ⓜ 이칙夷則 다섯 번째는 이칙夷則이다. 아홉 가지 법칙을 노래해서 백성들이 의심하지 않도록 하는 것이다.

ⓑ 무역無射 여섯 번째는 무역無射이다. 명철한 이의 훌륭한 덕을 널리 알려서 백성의 모범이 되도록 하는 것이다.

② 육려六呂

◆ 여섯 사이음(間音)을 만들어서, 가라앉은 것은 부양시키고, 넘치고 흩어진 것은 내치는 것이다.

ㄱ 대려大呂 ◆◆ 첫 번째 사이음 대려大呂는 물건을 선양시키는 것이다.

◆ 爲之六間 以揚沈伏而黜散越

◆◆ 元間大呂 助宣物也 二間夾鐘 出四隙之細 三間中呂 宣中氣也 四間林鐘 和展百事 俾莫不任肅純恪也 五間南呂 贊陽秀也 六間應鐘 均利器用 俾應復也 律呂不易 無姦物也

ⓛ 협종夾鐘 두 번째 사이음 협종夾鐘은 사방의 틈새로 나오는 것이다.

ⓒ 중려中呂 세 번째 사이음 중려中呂는 중기中氣를 선양하는 것이다.

ⓔ 임종林鐘 네 번째 사이음 임종林鐘은 모든 일을 평화롭게 펼쳐서, 모두 엄숙하고 순수하며 공경스럽게 하는 것이다.

ⓜ 남려南呂 다섯 번째 사이음 남려南呂는 양이 빼어나게 뻗어 나가는 것을 돕는 것이다.

ⓑ 응종應鐘 여섯 번째 사이음 응종應鐘은 모든 악기의 작용을 이롭게해서, 응하고 회복하도록 하는 것이다.

따라서 율려가 바뀌지 않고 바르면 간사한 물건이 없게 된다" 고 했다.

❖ 『국어國語』「주어周語」에 출전한 내용으로, 다만 중간에 "此六中之元 古之神瞽 考中聲而量之以制 度律均鐘 故名黃鐘 所以宣養六氣"의 내용이 "무릇 육이란 중앙의 색이기 때문에, 황종이라고 이름한 것이다. 이로써 여섯 기운과 아홉 가지 덕을 펴고 기르는 것이다(夫六 中之色也 故名之曰黃鍾 所以宣養六氣九德)"로 되어 있다.

3 율과 려의 관계

• 『삼례의종』에 이르기를 "율은 법이라는 말이니, 양의 기운

◆ 三禮義宗云 律者法也 言陽氣施生 各有其法 呂者助也 助陽成功

이 피어남에 각각 법칙이 있다는 것이고, 려는 돕는다는 말이니, 양의 성공을 도와주는 것이다"라고 했다.

일설에는 "율은 거느리는 것이니, 양의 기운을 거느려서 통달하도록 하는 것이다. 려는 짝이라는 것이니, 양에 대가 되어 짝이 되는 것이며, 또한 려는 떨어져 있는 것이니, 음양의 기운을 조화시켜 때에 따라 서로 떨어지게 하는 것이다. 양이 나오면 음이 없어지고, 음이 올라가면 양이 적어지니, 서로 떨어지는 뜻이 있음을 밝힌 것이다"라고 했다.

❖ 『삼례의종三禮義宗』: 삼례는 의례儀禮, 주례周禮, 예기禮記를 말한다. 삼례의종은 양梁나라의 최영은崔靈恩이 지었다는 책으로, 삼례에 관한 주석서이나 현재는 전하지 않는다.

4 율려의 수

◆ 『속한서』에 이르기를 "양은 둥근 모양이고 성질은 움직이며, 음은 모난 것으로 성질은 고요하니, 움직이는 것은 숫자가 셋이고, 고요한 것은 숫자가 둘이다. 양이 음을 낳는 것은 배로 하고, 음이 양을 낳는 것은 반으로 하니, 모두 셋으로 하나를 삼는다. 양이 음을 낳는 것을 '아래에서 낳는다'고 하고, 음이 양을

一云 律帥也 帥導陽氣 使之通達也 呂者侶也 以對於陽 與之爲侶 亦呂距也 調陰陽之氣 有時相距 明陽出則陰除 陰昇則陽損 故有相距之意

◆ 續漢書云 陽以圜爲形 其性動 陰以方爲節 其性靜 動者數三 靜者數二 以陽生陰而倍之 以陰生陽半之 皆以三而一 陽生陰曰下生 陰生陽曰上生 皆參天兩地 圓蓋方覆 六偶承奇之道也

낳는 것을 '위에서 낳는다'고 하니, 하늘은 셋이고 땅은 둘로 하며, 둥근 것으로 덮고 모난 것으로 뒤집으며, 여섯 짝수가 홀수를 받드는 도이다"라고 했다.

❖ 『후한서』「율력지」에서 율술律術이 한 말씀이다.

① 율려의 상생

㉠ 황종黃鍾의 수 81 ◆ 『회남자』에 이르기를 "수가 하나에서 시작되나, 하나로는 생하지 못하기 때문에 음양으로 나뉜다. 또 음양이 만물을 낳기 때문에 '하나가 둘을 낳고 둘이 셋을 낳으며 셋이 만물을 낳는다'고 한 것이다. 그러므로 석달이 한 때(一時 : 한 계절)가 되고, 제사에 세 번 드리는 것이 있으며, 상사喪事에 세 번 껑충껑충 뜀이 있고, 병사들에게는 세 번 명령하는 법이 있으니, 모두 셋으로써 한 절을 삼는다.

셋을 세 번하면 아홉이기 때문에 황종의 율이 구촌九寸이고, 궁성의 음조가 아홉이 되어서, 아홉을 아홉 번 한 여든하나(81)로 황종의 수가 세워진다.

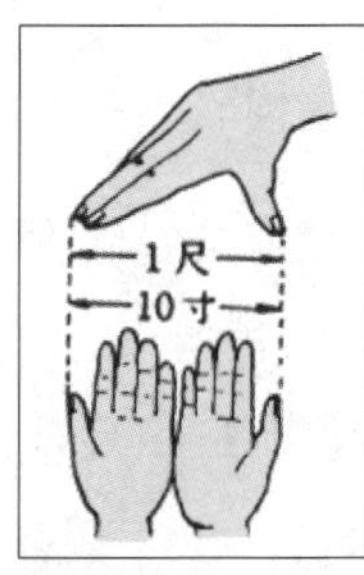

❖ 주周나라부터 전한前漢까지는 1촌이 대략 2.25cm에 해당된다.

❖ 옆의 그림과 같이 양손바닥을 펴서 붙였을 때, 손바닥 두개를 가로로 이은 길이를 10촌이라고 하여 그의 1/10을 1촌으로 썼었다.

◆ 淮南子云 數始於一 一而不能生 故分爲陰陽 陰陽合而生萬物 故一生二 二生三 三生萬物 故三月爲一時 所以祭有三飯 喪有三踊 兵有三令 皆以三爲節 三三如九 故黃鐘之律 九寸而宮音調 因而以九之 九九八十一 黃鐘之數立焉

ㄴ 황종이 임종林鐘을 낳는다 • 황종의 기운은 자에 있으므로 11월이 되며, 그 때의 별 분야는 성기星紀에 있으니 아래로 임종을 낳는다.

❖ 81(황종의 수)×2÷3=54(임종의 수)

❖ 황종은 자월子月의 소리에 해당하므로, 음력으로 보면 11월이다.

❖ 성기는 두수斗宿부터 우수牛宿까지에 해당하며, 일월과 오성이 운행을 마치고 시작하는 곳이므로 성기라고 한다.

ㄷ 임종이 태주太簇를 낳는다 •• 임종의 수는 54로, 기운이 미에 있으므로 6월이 되며, 그 때의 별 분야는 순화鶉火이니 위로 태주를 낳는다.

❖ 54(임종의 수)×4÷3=72(태주의 수)

❖ 임종은 미월未月의 소리에 해당하므로, 음력으로 보면 6월이다.

❖ 순화는 류수柳宿 9도부터 장수張宿 16도까지에 해당하며, 남방 주작朱雀의 정기를 머금고 있다 하여 순화라고 한다.

ㄹ 태주가 남려南呂를 낳는다 ••• 태주의 수는 72로, 기운이 인에 있으므로 정월이 되며, 그 때의 별 분야는 추자娵訾이니 아래로 남려를 낳는다.

❖ 72(태주의 수)×2÷3=48(남려의 수)

❖ 태주는 인월寅月의 소리에 해당하므로, 음력으로 보면 1월이다.

❖ 추자는 제곡帝嚳의 비妃의 성으로 미인을 뜻한다. 위수危宿 16도부

• 黄鐘之氣在子 十一月建焉 其辰在星紀 下生林鐘

•• 林鐘之數五十四 氣在未 六月建焉 其辰鶉火 上生大簇

••• 大簇之數七十二 氣在寅 正月建焉 其辰諏訾 下生南呂

터 규수奎宿 4도까지가 이에 해당한다.

ⓜ 남려가 고선姑洗을 낳는다 • 남려의 수는 48로, 기운이 유에 있으므로 8월이 되며, 그 때의 별 분야는 수성壽星이니 위로 고선을 낳는다.

* 48(남려의 수)×4÷3=64(고선의 수)
* 남려는 유월酉月의 소리에 해당하므로, 음력으로 보면 8월이다.
* 수성은 28수의 시작인 각수角宿와 항수亢宿에 해당한다. 28수 중의 어른에 해당하므로 '장수 수壽'자를 썼다. 복과 수명을 주관한다고 한다.

ⓑ 고선이 응종應鐘을 낳는다 •• 고선의 수는 64로, 기운이 진에 있으므로 3월이 되며, 그 때의 별 븐여는 대량大梁이니 아래로 응종을 낳는다.

* 64(고선의 수)×2÷3=42.666≒42(응종의 수)
* 고선은 진월辰月의 소리에 해당하므로, 음력으로 보면 3월이다.
* 대량은 묘수昴宿가 그 중심별로, 봄의 말미에 해와 달이 만나는 곳이다.

ⓢ 응종이 유빈蕤賓을 낳는다 ••• 응종의 수는 42로, 기운이 해에 있으므로 10월이 되며, 그 때의 별 분야는 석목析木이니 위로 유빈을 낳는다.

• 南呂之數四十八 氣在酉 八月建焉 其辰壽星 上生姑洗

•• 姑洗之數六十四 氣在辰 三月建焉 其辰大梁 下生應鐘

••• 應鐘之數四十二 氣在亥 十月建焉 其辰析木 上生蕤賓

❖ 42(응종의 수)×4÷3=56.888≒56또는 57(유빈의 수)

❖ 응종은 해월亥月의 소리에 해당하므로, 음력으로 보면 10월이다.

❖ 석목은 기수箕宿와 두수斗宿의 사이에 해당하며, 은하수의 나루터가 된다. 석목은 처음이라는 뜻으로, 석목의 초입(尾宿)의 10도, 기수의 초입에서 입동이 된다.

ⓞ 유빈이 대려太呂를 낳는다 ◆ 유빈의 수는 56으로, 기운이 오에 있으므로 5월이 되며, 그 때의 별 분야는 순수鶉首이니 위로 대려를 낳는다.

❖ 56(유빈의 수)×4÷3=76(대려의 수)

❖ 유빈은 오월午月의 소리에 해당하므로, 음력으로 보면 5월이다.

❖ 순수는 정수井宿 6도부터 류수柳宿 8도까지에 해당하며, 남방 주작의 머리부분에 해당하므로 순수라고 하였다.

ⓩ 대려가 이칙夷則을 낳는다 ◆◆ 대려의 수는 76으로, 기운이 축에 있으므로 12월이 되며, 그 때의 별 분야는 현효玄枵이니 아래로 이칙을 낳는다.

❖ 76(대려의 수)×2÷3=50.666≒51(이칙의 수)

❖ 대려는 축월丑月의 소리에 해당하므로, 음력으로 보면 12월이다.

❖ 현효는 북방 7수의 중심인 여수女宿·허수虛宿·위수危宿를 말한다. 현玄은 검고 고요함을 뜻하고, 효枵는 텅빈 것을 뜻하니, 북방의 어둡고 고요함을 상징한다.

◆ 蕤賓之數五十六 氣在午 五月建焉 其辰鶉首 上生太呂

◆◆ 太呂之數七十六 氣在丑 十二月建焉 其辰玄枵 下生夷則

ⓩ 이칙이 협종夾鐘을 낳는다 ◆ 이칙의 수는 51로, 기운이 신에 있으므로 7월이 되며, 그 때의 별 분야는 순미鶉尾이니 위로 협종을 낳는다.

❖ 51(이칙의 수)×4÷3=68(협종의 수)

❖ 이칙은 신월申月의 소리에 해당하므로, 음력으로 보면 7월이다.

❖ 순미는 장수張宿 17도부터 진수軫宿 11도까지에 해당한다. 남방 주작의 꼬리라는 뜻이다.

ⓚ 협종이 무역無射을 낳는다 ◆◆ 협종의 수는 68로, 기운이 묘에 있으므로 2월이 되며, 그 때의 별 분야는 강루降婁이니 아래로 무역無射을 낳는다.

❖ 68(협종의 수)×2÷3=45.333≒45(무역의 수)

❖ 협종은 묘월卯月의 소리에 해당하므로, 음력으로 보면 2월이다.

❖ 강루는 규수奎宿 5도부터 위수胃宿 6도까지에 해당한다. 특히 규수奎宿와 루수婁宿를 말하기도 한다. 규수는 도랑(溝瀆)의 뜻이 있으므로 '내릴 강, 물넘칠 강降'이라고 하였다.

ⓣ 무역이 중려中呂를 낳는다 ◆◆◆ 무역의 수는 45로, 기운이 술에 있으므로 9월이 되며, 그 때의 별 분야는 대화大火이니 위로 중려를 낳는다. 중려의 수는 60으로, 기운이 사에 있고 4월에 서며, 그 때의 별은 실침實沈이다.

◆ 夷則之數五十一 氣在申 七月建焉 其辰鶉尾 上生夾鐘

◆◆ 夾鐘之數六十八 氣在卯 二月建焉 其辰降婁 下生無射

◆◆◆ 無射之數四十五 氣在戌 九月建焉 其辰大火 上生中呂 中呂之數六十 氣在巳 四月建焉 其辰實沈

❖ 대화는 28수 중에 남방 주작에 해당하는 심수心宿가 제일 크고 붉으므로 대화큰 불, 또는 대진大辰이라고 한다.

❖ 45(무역의 수)×4÷3=60(중려의 수)

❖ 무역은 술월戌月의 소리에 해당하므로, 음력으로 보면 9월이다.

❖ 중려는 사월巳月의 소리에 해당하므로, 음력으로 보면 4월이다.

❖ 실침은 고신씨高辛氏의 둘째아들의 이름으로, 삼수參宿를 주관하는 신의 이름이다. 필수畢宿 12도부터 정수井宿 15도까지가 이에 해당한다.

율	이름	황종	태주	고선	유빈	이칙	무역
	수	81	72	64	56	51	45
	월	11(子)	1(寅)	3(辰)	5(午)	7(申)	9(戌)
	별 분야	성기	추자	대량	순수	순미	대화
려	이름	임종	남려	응종	대려	협종	중려
	수	54	48	42	76	68	60
	월	6(未)	8(酉)	10(亥)	12(丑)	2(卯)	4(巳)
	별 분야	순화	수성	석목	현효	강루	실침

12율려의 상생 : 황종 → 임종 → 태주 → 남려 → 고선 → 응종 → 유빈 → 대려 → 이칙 → 협종 → 무역 → 중려

• 12 별 분야와 달(月)을 세우는 것이 사귀고 섞여서 겉과 속이 되니, 합하여 서로 생해서 건☰·곤☷의 여섯 몸체가 되게 한다. 그러므로 황종의 초구가 아래로 임종의 초육을 낳고 또한 위로 태주를 낳는다"고 했다.

❖ 『회남자』「천문훈天文訓」에 나오는 말이다.

◆ 辰之與建交錯爲表裏 卽其合然相生 以乾坤六體爲之 黃鐘初九下生林鐘初六 又上生大簇

❖ 여섯 율은 건괘☰의 여섯효를 이루고, 여섯 려는 곤괘☷의 여섯 효를 이룬다는 말이다.

⑪ 율려의 수를 얻는 법칙 ◆ 『악위』에 이르기를 "중궁인 황종의 수가 81이니, 하늘 하나 땅 둘 사람 셋의 수로써 더하고 빼서 율이 다섯 음의 중화하는 기운을 이룬다. 더하는 것은 위로 낳는 것을 주관하고, 빼는 것은 아래로 낳는 것을 주관하니, 위로 낳는 것은 삼분의 일을 더하는 것이고, 아래로 낳는 것은 삼분의 일을 빼는 것이다. 따라서 더하는 것은 넷으로 곱하고 셋으로 나누며, 빼는 것은 둘로 곱하고 셋으로 나눈다"고 했다.

❖ 12율려의 상생 : 12율려의 수에서, '더하는 것'과 '빼는 것'을 종합하면 다음과 같다.

㉠ 더하는 것	① 54(임종의 수)×4÷3=72(태주의 수)
	② 48(남려의 수)×4÷3=64(고선의 수)
	③ 42(응종의 수)×4÷3=56.888≒56또는 57(유빈의 수)
	④ 56(유빈의 수)×4÷3=76(대려의 수)
	⑤ 51(이칙의 수)×4÷3=68(협종의 수)
	⑥ 45(무역의 수)×4÷3=60(중려의 수)
㉡ 빼는 것	① 81(황종의 수)×2÷3=54(임종의 수)
	② 72(태주의 수)×2÷3=48(남려의 수)
	③ 64(고선의 수)×2÷3=42.666≒42(응종의 수)
	④ 76(대려의 수)×2÷3=50.666≒51(이칙의 수)
	⑤ 68(협종의 수)×2÷3=45.333≒45(무역의 수)

◆ 樂緯云 黃鐘中宮 數八十一 以天一地二人三之數 以增減 律成五音中和之氣 增治上生 減治下生 上生者 三分益一 下生者 三分減一 益者以四乘之 以三除之 減者以二乘之 以三除之

5 12율려의 이름풀이

① 황종黃鍾

㉠ 양의 극수 9 ◆『삼례의종』에 이르기를 "황종의 관이 본바탕의 길이가 9촌寸이니, 9촌이 되는 까닭은 양수가 극한 것이다. 수를 일으키는 것은 셋으로부터 일으킨다. 삼재三才는 하늘·땅·사람의 도가 합해서 이루어진 수이기 때문에 삼재라고 하니, 하늘·땅·사람에 각각 세 수가 있다.

양은 셋을 다 얻었기 때문에 9이고, 음은 단지 둘만 얻었기 때문에 수가 6이다. 양은 세 기운을 다 얻었기 때문에 삼으로 곱해서 3×3=9가 되니, 양수는 9가 끝이 된다. 9촌으로 된 황종의 관을 써서 양기를 헤아린다는 것은, 양기가 때에 맞추어 발한다는 것이니, 이것은 자연의 신비한 효험이다"

❖ 동지에 양기가 발동하기 시작하는데, 황종은 그 기운을 받아 울리는 소리이다. 동지에 울리는 황종의 소리가 9촌으로 된 황종의 관과 주파수가 같아서 공명共鳴하므로, "9촌으로 된 황종의 관을 써서 양기를 헤아린다"고 한 것이다.

㉡ 황종이 다른 율려를 낳음 ◆◆ "황종이 아래로 임종의 초육을

◆ 三禮義宗云 範黃鐘之管 本長九寸 所以九者 陽數之極也 數之所起 起自於三 三才天地人之道 合成數 故曰三才 是以天地人各有三數 陽得兼三 故稱九 陰但兼二 故稱六 以陽得氣兼三 故因而三之 三三如九 故陽數九爲極 所謂管用九寸 以度陽氣 陽氣應時而發 此自然神驗者也

◆◆ 又上生大簇九二 又下生南呂六二 又上生姑洗九三 又下生應鐘六三 又上生蕤賓九四 又下生大呂六四 又上生夷則九五 又下生夾鐘六五 又上生無射上九 又下生中呂上六 所以同位象夫妻 異位象

낳으며, 또 위로 태주의 구이를 낳고, 또 아래로 남려의 육이를 낳으며, 또 위로 고선의 구삼을 낳고, 또 아래로 응종의 육삼을 낳으며, 또 위로 유빈의 구사를 낳고, 아래로 대려의 육사를 낳으며, 위로 이칙의 구오를 낳고, 아래로 협종의 육오를 낳으며, 위로 무역의 상구를 낳고, 아래로 중려의 상육을 낳는다. 같은 효위爻位는 부부를 상징하고 다른 효위는 모자를 상징하니, 율은 아내를 맞이하고 려는 아들을 낳는 것이다"라고 했다.

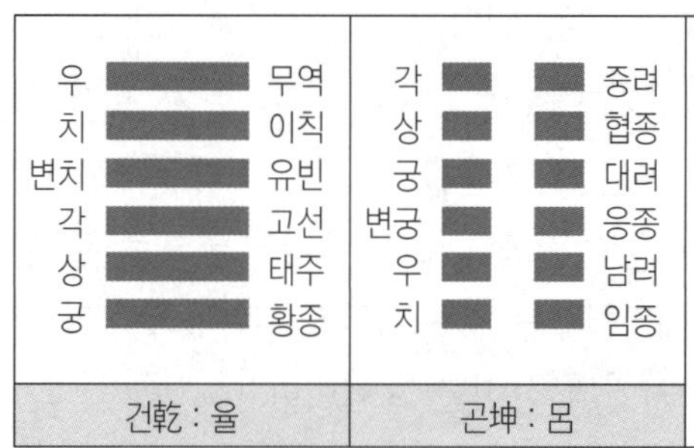

㉢ 황종의 이름풀이 • 『백호통』에 말하기를 "황종은 무엇인가? 황은 중화의 기운이고, 종은 움직이는 것이니, 양이 황천黃泉의 밑에서 만물을 움직이는 것이다"라고 했으며, 『회남자』에 말하기를 "황은 토색이고, 종은 기운이 움직이는 것이니, 황종은 임금이 되고 동지冬至에 얻어진다"고 했다. 『삼례의종』에 이르기를 "종은 응하는 것이니, 양기가 황천의 밑에서 가만히 움직여 만물을 기르니, 새싹이 나오려고 하는 것이다"라고 했다.

母子 所謂律娶妻 而呂生子者也

• 白虎通曰 黃鐘何 黃中和之氣 鐘者動也 言陽於黃泉之下 動萬物也 淮南子云 黃土色 鐘者氣之所動 黃鐘爲君 冬至得之 三禮義宗云 鐘應也 言陽氣潛動於黃泉之下 應養萬物 萌牙欲出

② 대려大呂

◆ 대려大呂의 '대'는 큰 것(太)이고 '려'는 거부하는 것距(拒)이니, 양기가 나오려고 함에 음기가 거부해서 어렵게 하는 것이다. 『회남자』에 이르기를 "려呂는 여행하는 것(旅)이니, 여행해서 갈라져 나가는 것이다"라고 했다.

『삼례의종』에 이르기를 "려呂는 돕는 것이니, 12월에 양기가 막 생장할 때, 음기가 도와서 생육되는 공이 넓고 큰 것이다. 그러므로 '려'를 짝(侶)이라고도 하니, 양과 짝이 되어서 만물을 내는 것이라고 한다"고 했다.

❖ 『백호통덕론』「오행五行」에는 "12월의 율을 대려라고 한 것은 어째서인가? '려呂'는 거부한다는 뜻이니, 양기가 나오려고 함에 음기가 허락하지 않는 것이다. '려呂'를 거부한다(拒)는 뜻으로 쓴 것은, 군사로 누르고 막아서 어렵게 한다는 뜻이다(十二月之律之謂之大呂何 大者太也 呂者拒也 言陽氣欲出陰不許也 呂之爲言拒者 旅抑拒難之也)"로 되어 있다.

❖ 『회남자』「천문훈」에는 "대려는 여행하는 것이니, 여행해서 떠나는 것이다(大呂者旅 旅而去也)"로 되어 있다.

③ 태주太簇

◆◆ 태주太簇는 만물이 처음으로 커져서 땅에 수북하게 나오는 것이다. 『회남자』에 이르기를 "만물이 떨기로 모였지만, 아직 나오지 못한 것이다"라고 했다. 『삼례의종』에 이르기를 "'주簇'는

◆ 大呂 大者太也 呂者距也 言陽氣欲出陰距難也 淮南子云 呂者旅也 旅而支也 三禮義宗云 呂助也 十二月陽方生長 陰氣助之 生育之功 其道廣大也 故一云 呂者侶也 與陽爲侶 對生萬物

◆◆ 大簇言萬物始大 湊地而出也 淮南子云 萬物簇而未出也 三禮義宗云 簇者湊之義也 正月之時 萬物始大 簇地而出

모인다는 뜻이니, 정월에 만물이 처음으로 커져서 땅에 모여 나오는 것이다"라고 했다.

❖『백호통덕론』「오행五行」에는 "정월의 율을 태주라고 한 것은 어째서인가? '태太'는 크다는 뜻이고, '주簇'는 모인다는 뜻이니, 만물이 처음으로 커져서 땅 밖에 수북하게 나오는 것이다(正月之律謂之太簇何 太亦大也 簇者湊也 言萬物始大 湊地而出也)"고 했다.

④ 협종夾鐘

◆ 협종夾鐘은 만물이 껍질에 싸여져서 종류별로 나오는 것이다. 『회남자』에 이르기를 "종자에 처음으로 껍질이 씌워지는 것이다"라고 했다. 『삼례의종』에 이르기를 "'협夾'은 돕는 것이니, 2월에는 물건이 아직 다 나오지 못하기 때문에, 음이 양의 기운을 도와 물건을 따라 나오는 것이다"라고 했으며, 일설에 말하기를 "'협'은 끼는 것이니, 만물에 껍질이 씌워졌다가, 여기에 와서야 벗어져서 나오게 되는 것이다"라고 했다.

❖『백호통덕론』「오행五行」에는 "2월의 율을 협종이라고 한 것은 어째서인가? '협夾'은 껍질이니, 만물에 껍질이 싸였다가 종류별로 나뉨을 말한 것이다(二月之律謂之夾鐘何 夾者孚甲也 言萬物孚甲種類分也)"고 하였다.

❖『회남자』「천문훈」에 "묘卯를 가리킨다. 묘는 무성한 모습이니, 율로는 협종이 받는다. 협종은 종자에 처음으로 꼬투리가 생기는 것이다(指卯 卯則茂茂然 律受夾鐘 夾鐘者 種始莢也)"고 하였다.

◆ 夾鐘者 言萬物孚甲 種類而出也 淮南子云 種始夾也 三禮義宗云 夾者佐也 二月之中 物未盡出 陰佐陽氣 應物而出 一云 夾者俠也 言萬物爲孚甲所俠 至此方解 鐘應而出

⑤ 고선姑洗

◆ 고선姑洗에서 '고'는 옛 것이라는 뜻이고, '선'은 깨끗하게 하는 것이니, 만물이 옛 것을 벗고 새롭게 되어서 깨끗하고 밝아지는 것이다. 『회남자』에 이르기를 "고선은 묵은 것이 가고 새 것이 오는 것이다"라고 했다. 『삼례의종』에 이르기를 "'고'는 마른 것이고, '선'은 씻어내는 뜻이다. 삼월에 물건이 생겨나니, 마른 것을 새롭고 깨끗하게 씻어내는 것이다"라고 했다.

❖ 『백호통덕론』「오행五行」에는 "3월의 율을 고선이라고 한 것은 어째서인가? '고'는 옛것이라는 뜻이고, '선'은 깨끗하게 하는 것이니, 만물이 옛것을 버리고 새로운 것을 취해서 깨끗하고 밝지 않음이 없는 것이다(三月謂之姑洗何 姑者故也 洗者鮮也 萬物去故就其新 莫不鮮明也)"고 하였다.

❖ 『회남자』「천문훈」에 "진을 가리킨다. 진은 떨쳐버리는 것이니, 율로는 고선이 받는다. 고선은 묵은 것은 가고 새 것이 오는 것이다(指辰 辰則振之也 律受姑洗 姑洗者 陳去而新來也)"고 하였다.

⑥ 중려中呂

◆◆ 중려中呂는 만물이 속에 있는 것도 다 나오는 것이다. 『회남자』에 이르기를 "속이 채워지는 것이다"라고 했다. 『삼례의종』에 이르기를 "'려'는 거부해서 어렵게 한다는 뜻이니, 음이 나오고자 함에 양기가 속에 있으면서 막고 잡는 것이다"라고 했으

◆ 姑洗者 姑者古也 洗者鮮也 萬物去故就新 莫不鮮明也 淮南子云 姑洗陳去而新來也 三禮義宗云 姑者枯也 洗濯之義 三月物生 新潔洗除其枯也

◆◆ 中呂者 萬物當中皆出也 淮南子云 中充也 三禮義宗云 呂者距難之義 言陰欲出 陽氣在於中 距執之 一云 呂者四月之時 陽氣盛長 陰助功微 故云爾

며, 일설에는 "'려'는 사월에 양기가 성하게 자라서 음의 돕는 공이 미미하기 때문이다"라고 했다.

❖『백호통덕론』「오행五行」에는 "4월의 율을 중려라고 한 것은 어째서인가? 양의 기운이 장차 극성해짐에 속이 차고 커짐을 말한 것이다. 그래서 음이 회복되기 어려운 것이다(四月謂之仲呂何 言陽氣將極 中充大也 彼故復中難之也)"고 했다.

❖『회남자』「천문훈」에 "사를 가리키니, 사는 생명이 이미 정해진 것이다. 율로는 중려가 받는다. 중려는 속이 차고 커진 것이다(指巳 巳則生已定也 律受中呂 中呂者 中充大也)"고 했다.

⑦ 유빈蕤賓

◆ 유빈蕤賓의 '유'는 내려가는 것이고, '빈'은 공경하는 것이니, 양기가 아래로 내려오기 때문에 공경한다고 한 것이다. 『회남자』에 이르기를 "유빈은 편안하게 복종하는 것이다"라고 했다. 『삼례의종』에 이르기를 "'유'는 아래로 처진다는 뜻이고, '빈'은 미미한 것이다. 오월에 양기는 아래로 내려가고 음기는 처음 일어나니, 함께 서로 공경하는 것이다"라고 했다.

❖『백호통덕론』「오행五行」에는 "오월을 유빈이라고 한 것은 어째서인가? '유'는 내려가는 것이고, '빈'은 공경하는 것이다. 양기가 올라가는 것이 궁극에 이르렀기 때문에 공경함을 말한 것이다(五月謂之蕤賓何 蕤者下也 賓者敬也 言陽氣上極 故賓敬之也)"고 하였다.

❖『회남자』「천문훈」에 "오午를 가리키니, 오는 거스르는 것이다. 율로는 유빈이 받으니, 유빈은 편안하게 복종하는 것이다(指午 午者忤也 律受蕤賓 蕤賓者 安而服也)"고 하였다.

◆ 蕤賓者 蕤下也 賓敬也 言陽氣下降 故敬之也 淮南子云 蕤賓安而服也 三禮義宗云 蕤者垂下之義 賓者微也 五月陽氣下降 陰氣始起 共相賓敬

⑧ 임종林鐘

◆ 임종林鐘의 '임'은 많은 것(衆)이니, 만물이 성숙해서 종류가 많은 것이다. 『회남자』에 이르기를 "임종은 이끌어 그치게 하는 것이다"라고 했다. 『삼례의종』에 이르기를 "'임'은 무성한 것이니, 6월에 물건이 모두 무성해서 들에 쌓이기 때문에 임林이라고 한다"고 했다.

❖ 『백호통덕론』 「오행五行」에는 "6월을 임종이라고 한 것은 어째서인가? '임'은 많은 것이니, 만물이 성숙해서 종류가 많은 것이다(六月謂之林鐘何 林者衆也 萬物成熟 種類衆多也)"고 했다.

❖ 『회남자』 「천문훈」에 "미를 가리키니, 미는 어두운 것이다. 율로는 임종으로 받으니, 임종은 이끌어 그치게 하는 것이다(指未 未昧也 律受林鐘 林鐘者 引而止之也)"고 했다.

⑨ 이칙夷則

◆◆ 이칙夷則의 '이'는 상하는 것이고 '칙'은 법이니, 만물이 처음 상해서 형벌을 받는 것이다. 『회남자』에 이르기를 "이칙은 그 법칙을 바꾸는 것이다"라고 했다. 『삼례의종』에 이르기를 "'이'는 평평하게 하는 것이고, '칙'은 법이니, 7월에 만물이 이루어져서 고르게 열매를 맺으니, 모두 법칙이 있고 덕이 훌륭한 것이다"라고 했다.

❖ 『백호통덕론』 「오행五行」에는 "7월을 이칙이라고 한 것은 어째서

◆ 林鐘者 林衆也 萬物成熟 種類衆多也 淮南子云 林鐘引而止之也 三禮義宗云 林茂盛也 六月之中 物皆盛茂 聚積於野 故爲林也

◆◆ 夷則者 夷傷也 則法也 言萬物始傷 被刑法也 淮南子云 夷則易其則也 三禮義宗云 夷平也 則法也 七月萬物將成 平均結實 皆有法則 德吉也

인가? '이'는 상하는 것이고, '칙'은 법이니, 만물이 상하기 시작함에 형벌을 받는 것이다(七月謂之夷則何 夷傷也 則法也 言萬物始傷 被刑法也)"고 했다.

❖ 『회남자』「천문훈」에는 "신을 가리키니, 신은 신음하는 것이다. 율은 이칙으로 받으니, 이칙은 법칙을 바꾸는 것으로, 덕이 사라진 것이다(指申 申者呻之也 律受夷則 夷則者 易其則也 德以去也)"고 했다.

⑩ 남려南呂

◆ 남려南呂에 '남'은 임신하는 것이니, 양기가 잉태하고 생겨나서 씨앗이 크는 것이다. 『회남자』에 이르기를 "남려는 회임해서 커지는 것이다"라고 했다. 『삼례의종』에 이르기를 "'남'은 회임하는 것이다. 8월에는 모든 물건이 빼어난 것을 머금으니, 회임하는 상과 성공하게 되는 뜻이 있다"고 했다.

❖ 『백호통덕론』「오행五行」에는 "8월을 남려라고 하는 것은 어째서인가? '남'은 회임하는 것이다. 양기가 아직도 남아 있어서, 회임하여 냉이와 보리를 생겨나게 하니, 음이 거부하는 것이다(八月謂之南呂何 南者任也 言陽氣尚有 任生薺麥也 故陰拒之也)"고 했다.

❖ 『회남자』「천문훈」에는 "유를 가리키니, 유는 배부른 것이다. 율은 남려로 받으니, 남려는 회임해서 커지는 것이다(指酉 酉者飽也 律受南呂 南呂者 任苞大也)"고 했다.

⑪ 무역無射

◆◆ 무역無射의 '역'은 마침이니, 만물이 양을 따라 마치나, 다

◆ 南呂者 南任也 言陽氣有任生 孳長也 淮南子云 南呂者 任苞大也 三禮義宗云 南任也 八月之中 物皆含秀 有懷任之象 助成功之義

◆◆ 無射者 射終也 言萬物隨陽而終 當復隨陰而起 無終已也 淮南

시 음을 따라 일어나서 끝남이 없음을 말한 것이다. 『회남자』에 이르기를 "무역은 사람이 싫어함이 없는 것이다"라고 했다. 『삼례의종』에 이르기를 "'역'은 싫어하는 것이니, 싫어하고 미워하는 뜻이다. 9월에는 모든 물건이 열매를 이루니, 싫어하고 미워함이 없는 것이다"라고 했다.

❖ 『백호통덕론』「오행五行」에는 "9월을 무역이라고 한 것은 어째서인가? '역'은 마침이니, 만물이 양을 따라 마치나, 다시 음을 따라 일어나서 끝남이 없음을 말한 것이다(九月謂之無射何 射者終也 言萬物隨陽而終也 當復隨陰起 無有終已也)"고 했다.

❖ 『회남자』의 천문훈에는 "술을 가리키니, 술은 멸하여 없애는 것이다. 율은 무역으로 받으니, 무역은 싫어함이 없는 것이다指戌 戌者滅也 律受無射 無射入無厭也"고 했다.

⑫ 응종應鐘

◆ 응종應鐘은 만물이 때에 맞추어 쌓여서 아래로 감추는 것이다. 『회남자』에 이르기를 "그 종소리에 응하는 것이다"라고 했다. 『삼례의종』에 이르기를 "10월에 한 해의 공적이 이루어져서, 음기의 작용이 양의 성공에 응하여 거두고 쌓기 때문에 '종鐘(모인다)'이라고 한 것이다"라고 했으며, 또 이르기를 "응은 응대하고 화답하는 뜻이니, 이 때에 장차 다시 양기에 응하기 위해서 아래에서 움직이는 것이다"라고 했다.

子云 無射者 人之無厭也 三禮義宗云 射厭也 厭惡之義 九月物皆成實 無可厭惡

◆ 應鐘者 言萬物應時而鐘下藏也 淮南子云 應其所鐘 三禮義宗云 十月之時 歲功皆成 陰氣之用 應陽之功 收而聚積 故云鐘也 亦云應者應和之義 言此時將復應陽氣 而動於下也

❖ 『백호통덕론』 「오행五行」에는 "10월을 응종이라고 한 것은 어째서인가? 종은 움직임이니 만물이 양에 응해서 움직여서 아래에 감추는 것이다(十月謂之應鐘何 鐘者動也 言萬物應陽而動 下藏也)"고 하였다.

❖ 『회남자』 「천문훈」에는 "해를 가리키는 것이니, 해는 문을 잠그는 것이다. 율은 응종으로 받으니, 응종은 종소리에 응하는 것이다(指亥 亥者閡也 律受應鐘 應鐘者 應其鐘也)"고 했다.

6 일곱음七音

• 『악위』에 이르기를 "황종은 궁음이 되고, 임종은 치음이 되며, 태주는 상음이 되고, 남려는 우음이 되며, 고선은 각음이 되고, 응종은 변한 궁음이 되며, 유빈은 변한 치음이 되니, 차례대로 배속하면 다섯 음(五音)이 갖추어진다.

황종이 아래로 임종을 낳기 때문에, 임종이 치음이 되어서 황종의 다음 차례가 된다. 임종이 위로 태주를 낳기 때문에, 태주가 상음이 되어서 임종에 다음한다. 태주가 아래로 남려를 낳기 때문에, 남려가 우음이 되어서 태주에 다음한다. 남려가 위로 고선을 낳기 때문에, 고선이 각음이 되어서 남려에 다음한다. 고선이 아래로 응종을 낳기 때문에, 응종이 변한 궁음이 되어서 고선에 다음한다. 응종이 위로 유빈을 낳기 때문에, 유빈이 변한

• 樂緯云 黃鐘爲宮 林鐘爲徵 太蔟爲商 南呂爲羽 姑洗爲角 應鐘爲變宮 蕤賓爲變徵 以次配之 五音備矣 黃鐘下生林鐘 故林鐘爲徵次黃鐘 林鐘上生太蔟 故太蔟爲商 次林鐘 太蔟下生南呂 故南呂爲羽 次太蔟 南呂上生姑洗 故姑洗爲角 次南呂 姑洗下生應鐘 故應鐘爲變宮 次姑洗 應鐘上生蕤賓 故蕤賓爲變徵 凡有七音 圜相爲宮七音者 蓋以相生數七故也 始黃鐘生林鐘 自十二月至六月 凡七月也

치음이 된다.

이 일곱 음이 돌아가면서 서로 궁음이 되니, 일곱 음이 되는 것은 대개 서로 생하는 수가 일곱이기 때문이다. 황종이 임종을 낳는 것을 시작으로 하니, 12월부터 6월까지로 모두 7개월이다"라고 했다.

❖ 일곱 음 : 궁상각치우의 다섯음과, 변한 궁음 그리고 변한 치음의 두 음을 합하면 일곱 음이 된다.

❖ 황종은 자子 : 음력 11월에 속하므로 제 1궁이 된다. 이로부터 여덟자리씩 뛰어넘어 좌선하되, 양률陽律은 음려陰呂를 생하고 음려는 양률을 생해 나간다. 따라서 자기 자신부터 세면 사이가 8개월이 되고, 자신을 빼고 세면 7개월의 사이가 된다. 그래서 황종의 달인 11월에서 임종의 달인 6월까지를 "12월부터 6월까지로 모두 7개월이다"라고 한 것이다.

❖ 율려상생도

• 복건服虔의 풀이에 이르기를 "일곱 율은 일곱 음이 된다"고

했으며, 외전外傳의 풀이에 이르기를 "무왕이 상나라를 정벌하니, 년(세歲)은 순화鶉火에 있었고 월(月)은 천사天駟에 있었다" 고 했으니, 순화부터 천사까지는 모두 일곱 별자리이다. 또 땅의 때(지지)에 있어서 날이 갑자일이면 자부터 오까지는 또한 일곱이니, 하늘의 상과 땅의 때가 그 수가 모두 일곱이다.

❖ 복건服虔 : 후한後漢의 영양榮陽 사람. 처음 이름은 중重 또는 지祇이고, 자는 자신子愼이다. 정현鄭玄이 『춘추』에 주석을 달던 중에 우연히 복건을 만났는데, 복건이 주석한 내용이 자신의 것과 많이 비슷한 점을 알고, 복건에게 자신이 가지고 있던 주석내용을 다 주었다. 복건이 이를 합해서 완성하니, 이를 『복씨주服氏注』라고 부른다.

성인聖人이 율을 그 수와 같은 소리로 부르기 때문에 일곱 음을 쓰고, 악은 일곱 율로써 일곱 시작(七始)과 짝하므로, 삼원三元과 사시四時가 정해진다. 그러므로 황종으로 하늘을 짝하며, 임종으로 땅을 짝하고, 태주로 사람을 짝하며, 고선으로 봄을 짝하고, 유빈으로 여름을 짝하며, 남려로 가을을 짝하고, 응종으로 겨울을 짝한다.

❖ 『주례』「춘관春官」에, 육률칠음六律七音에 대해서 복건이 주를 달고, 그 외전에 "무왕이 상나라를 정벌하니, 년(세歲)은 순화鶉火에 있었고 월月은 천사天駟에 있었으며, 일은 석목의 나루에 있었고, 진은 두병에 있었으며, 성은 천원에 있었다. 순화에서 천사까지는 일곱 별자리가 있다(武王克商 歲在鶉火 月在天駟 日在析木之津 辰在斗柄 星在天黿 鶉火及天駟七列也)"고 하였다.

◆ 服虔解云 七律爲七音 外傳解云 武王克商 歲在鶉火 月在天駟 鶉火去天駟 凡七宿 又地辰日在甲子 從子至午又七 天象地辰 其數皆七 聖人以律同其數 以聲招之 故以七音 樂以七律配七始 故以定三元四時 故黃鐘以配天 林鐘以配地 太蔟以配人 姑洗以配春 蕤賓以配夏 南呂以配秋 應鐘以配冬

3장. 삼원三元

1 삼정三正

① 주나라의 자월 천정天正

◆ 삼원三元이라는 것은, 주周나라는 자월로써 천정天正을 삼았기 때문에 황종의 관으로 배속했다.

② 은殷나라의 축월 지정地正

◆◆ 은殷나라는 축월로 지정地正을 삼았으니, 응당히 대려의 관으로 배속해야 하나, 다만 음수는 짝수이고 미토未土가 왕하며 또한 천사天社가 되기 때문에, 그 충하는 것을 취하고 땅의 기운에 응해서 임종의 관으로써 배속했다.

③ 하夏나라의 인월 인정人正

◆◆◆ 하夏나라는 인월로써 인정人正을 삼았기 때문에, 태주의 관으

◆ 凡三元者 周以建子月爲天正 故黃鐘之管配之

◆◆ 殷以建丑月爲地正 應以大呂之管配之 但陰數偶 未土王 又爲天社 故取其衡 應地之氣 以林鐘之管配之

◆◆◆ 夏以建寅月爲人正 故太蔟之管配之 夫陽德自處 故以卽位爲正 陰德在他 故取其衡

로 배속시켰다.

대개 양의 덕은 자립적으로 처신할 수 있기 때문에 바로 그 자리에 오는 것으로 정월을 삼고, 음의 덕은 다른 것에 의지하기 때문에 그 충되는 것을 취한 것이다.

❖ 『논어』「위정爲政」 주석에 "삼통이란, 하夏나라는 인을 정월로 삼았으니 인통이고, 상商나라는 축을 정월로 삼았으니 지통이며, 주周나라는 자를 정월로 삼았으니 천통이다(三統謂夏正建寅爲人統 商正建丑爲地統 周正建子爲天統)"고 했다.

2 삼원三元(천원, 지원, 인원)

① 천원天元과 황종

• 『한서』「율력지」에 이르기를 "삼원은 하늘의 베풂(天施), 땅의 조화(地化), 사람의 일(人事)에 대한 법이다. 11월은 건(重天乾卦)의 초구로, 양기가 땅 속에 엎드렸다가 처음 나타나서 하나가 되고, 만물이 싹터 움직여서 태음에 모인다. 때문에 황종이 천원天元이 되고 율의 길이가 9촌이다. 아홉의 의미는 중화中和의 기운이 극대해서 만물의 근본이 되는 것이니, 『역경』에 말하기를 '하늘의 도를 세우니 음과 양이다'라고 함이 이것이다.

❖ 괘로 나타내면 건☰의 초구가 땅 속에 있다가 처음 나타나는 것이니, 복☷이 된다.

❖ 『역경』「설괘전」 2장에 "이 때문에 하늘의 도를 세우니 음과 양이다(是以立天之道曰 陰與陽)"고 했다.

• 漢書律曆志云 三元者 天施地化人事之紀也 十一月乾之初九 陽氣伏於地下 始著爲一 萬物萌動 鐘於太陰 故黃鐘爲天元 律長九寸 九者所以窮極中和 爲萬物之元也 易曰 立天之道 曰陰與陽 是也

② 지원地元과 임종

◆ 6월은 곤(重地坤)의 초육으로, 음기가 태양의 맡김을 받아서 계속 자라서 부드럽게 되며, 만물이 생장하고 미未에서 무성해지니, 모든 종류를 강하고 크게 한다. 때문에 임종이 지원地元이 되고 율의 길이는 6촌이다.

여섯의 의미는 음이 양의 베풂을 받들어 육합六合 안에 심어서, 강하고 부드러움의 본체가 있게 하는 것이니, 『역경』에 말한 '땅의 도를 세우니 유와 강이다'는 것이고, '건은 크게 시작함을 주관하고, 곤의 작용은 물건을 이루게 한다'는 것이다.

❖ 괘로 나타내면 곤☷☷의 초육이 태양으로부터 기운을 받아 나타나는 것이니, 구☰☰가 된다.

❖ 『역경』「설괘전」2장에 "땅의 도를 세우니 유와 강이다(是以立地之道曰 柔與剛)"고 했으며, 「계사상전」1장에는 "(乾知大始 坤作成物)"이라고 했다.

③ 인원人元과 태주

◆◆ 정월은 건(重天乾)의 구삼으로, 만물이 익숙해지고 통하여 인寅에서 모여 나오면, 사람들이 받들고 키운다. 인仁으로 기르

◆ 六月坤之初六 陰氣受任於太陽 繼養化軟 萬物生長 楙之未 令種剛强大 故林鐘爲地元 律長六寸 六者 所以陰承陽之施 樹之於六合之內 令剛柔有體也 立地之道 曰柔與剛 是也 乾知太始 坤作成物

◆◆ 正月乾之九三 萬物棣通 蔟出於寅 人奉而成之 仁以養之 義以行之 令事物各得其理 寅木也 爲仁 其聲商也 爲義 故太蔟爲人元 律長八寸 八象於卦 庖羲氏之所以順天地通神明 類萬物之情也 立人之道 曰仁與義 是也 在天成象 在地成形 后以裁成天地人道 是爲三元 律之始也

고 의義로 행세를 해서, 일이나 물건이 각각 이치에 맞게 된다.

인寅은 목이며 인仁이 되고, 그 소리는 상성이며 의義가 되기 때문에, 태주가 인원人元이 되고 율의 길이는 8촌이다. 여덟의 수는 팔괘와 부합하니, 복희씨가 하늘과 땅을 순히 하고 신명과 통해서 만물의 정상情狀을 종류별로 나열한 것이다. 그러므로 『역경』에 말한 '사람의 도를 세우니 인과 의다'하는 것이다.

하늘에서는 상象을 이루고, 땅에서는 형상을 이루며, 임금은 본받아서 하늘 땅 사람의 도를 마름질하는 것이니, 이것이 삼원三元이 되고 율의 시작이다"라고 했다.

❖ 괘로 나타내면 건☰의 세 효가 모여서 나온 것이니 태☱가 된다.

❖『역경』「계사하전」2장에 "비로소 팔괘를 만들어 신령스럽고 밝은 덕을 통하며 만물의 정情을 분류하니(於是 始作八卦 以通神明之德 以類萬物之情)"라고 했다.

❖『역경』의「설괘전」2장에 "사람의 도를 세우니 인과 의이다(立人之道曰 仁與義)"라고 했으며,「계사상전」1장에는 "하늘에서는 상象을 이루고, 땅에서는 형상을 이루니 변화가 나타났다(在天成象 在地成形 變化見矣)"고 했다.

❖『역경』의「태괘」대상전에 "천지가 사귀는 것이 태괘니, 임금이 본받아서 천지의 도를 마름질하여 이루며, 천지의 마땅함을 도움으로써 백성을 다스리느니라(天地交泰 后以財成天地之道 輔相天地之宜 以左右民)"고 하였다.

3 삼통三統

◆ 『춘추감정부春秋感精符』에 이르기를 "11월인 자월은, 하늘이 베풂을 시작하는 단서이니 천통天統이라고 한다. 주周나라의 정월로, 복색은 붉은 것을 숭상하니, 물건이 싹틀 때의 색이 붉음을 상징한 것이다.

❖ 『춘추감정부春秋感精符』: 춘추위春秋緯의 하나로 현재 전하지 않는다.

12월인 축월은, 땅이 화육을 시작하는 단서이니 지통地統이라고 한다. 은殷나라의 정월로, 복색은 흰 것을 숭상하니, 물건의 치아가 흰 것을 상징한 것이다.

정월인 인월은, 사람이 화육을 시작하는 단서이니 인통人統이라고 한다. 하夏나라의 정월로, 복색은 검은색을 숭상하니, 물건이 태어나서 색이 점차 검게 됨을 상징한 것이다."

◆◆ 이 세 정월의 율도 또한 다섯 가지 덕으로 서로 이어받아, 옛날에 삼황의 정월도 천황 지황 인황이라고 했으니, 모두 하늘 땅 사람으로 법을 삼아서 한 바퀴를 돌면 다시 또 시작했다. 삼

◆ 感精符云 十一月建子 天始施之端 謂之天統 周正服色尙赤 象物萌色赤也 十二月建丑 地始化之端 謂之地統 殷正服色尙白 象物牙色白 正月建寅 人始化之端 謂之人統 夏正服色尙黑 象物生色黑也

◆◆ 此三正律者 亦以五德相承 以前三皇爲正 謂天皇地皇人皇 皆以天地人爲法 周而復始 其歲首所書 乃因以爲名 欲體三才之道 而君臨萬邦 故受天命而王者 必調六律 而改正朔 受五氣而易服色 法三正之道也

황이 해의 첫머리歲首(정월)를 써서 이름으로 삼은 것은, 삼재의 도를 본받아 만방에 군림코자 한 것이기 때문이다. 그러므로 하늘의 명을 받아 왕하는 이는, 반드시 육율六律을 고르게 하고, 정월 초하루를 고쳐서 다섯 가지 기운을 받고 복색을 바꾸니 삼정三正의 도를 법받는 것이다.

❖ 다섯 가지 덕은 목화토금수의 오덕을 말한다. 이 오덕이 상생하는 방향으로 세상이 운행되고, 따라서 왕조도 바뀐다고 생각했으므로, 왕조가 바뀔 때는 천지인의 기운에 맞게 정월 초하루를 고치고, 숭상하는 복색을 오덕의 기운에 맞게 바꿈으로써, 삼정과 오덕의 기운이 바뀔 때가 되었기 때문에 임금을 바꾼다는 명분을 세웠던 것이다.

① 주나라의 천통天統

◆ 주周나라는 천통을 쓰고, 복색은 붉은 것을 숭상했다. 양의 도는 왼쪽을 숭상하기 때문에 하늘은 왼쪽으로 돌고, 주나라는 목덕으로 왕을 했으니, 화가 그 아들이다(木生火). 화의 색깔이 붉으니, 왼쪽으로 행하면서 화의 붉은 색을 쓰는 것이다.

② 은나라의 지통地統

◆◆ 은殷나라는 지통을 쓰고, 복색은 흰 것을 숭상했다. 음의 도는 오른쪽을 숭상하니 음의 행함은 오른쪽으로 돌고, 은나라는 수덕으로 왕을 했으니 금이 수의 어머니다(金生水). 금의 색은 희기 때문에, 오른쪽으로 행하면서 금의 흰색을 쓰는 것

◆ 周以天統服色尙赤者 陽道尙左 故天左旋 周以木德王 火是其子 火色赤 左行用其赤色也

◆◆ 殷以地統服色尙白者 陰道尙右 其行右轉 殷以水德王 金是其母 金色白 故右行用其白色

이다.

③ 하나라의 인통人統

◆ 하夏나라는 인통을 쓰고, 복색은 검은 것을 숭상했다. 사람 또한 왼쪽을 숭상하고, 하나라는 금덕으로 왕을 했으니, 수는 금의 자식이다(金生水). 수의 색은 검기 때문에, 왼쪽으로 행하면서 수의 검은 색을 쓰는 것이다"라고 했다.

◆◆ 또 이르기를 "제왕이 일어날 때는 많은 상서로운 조짐이 따른다. 주나라는 붉은 새의 감응이 있었기 때문에 붉은 것을 숭상했고, 은나라는 하얀 이리가 왔기 때문에 흰 것을 숭상했으며, 하나라는 검은 구슬을 받았기 때문에 검은 것을 숭상했으니, 이것은 모두 먼저 조짐의 기운이 있었던 것이다"라고 했다.

4 오행과 세수歲首

◆◆◆ 왕이 될 조짐은 아들과 어머니의 관계처럼 서로 돕는 뜻이

◆ 夏以人統服色尚黑者 人亦尚左 夏以金德王 水是其子 水色黑 故左行用其黑色

◆◆ 又云 帝王之興 多從符端 周感赤雀 故尚赤 殷致白狼 故尚白 夏錫玄珪 故尚黑 此皆先兆氣

◆◆◆ 王之符 子母相助之義 如漢以火德 鎭星之精 降爲黃石 授子房以兵信 助沛公而滅楚 非五運之色 相扶爲用 孔子云 夏正得天 此謂得天道四時之氣 應八節生殺之期也 故云 行夏之時 乘殷之輅 服周之冕 兼三代而爲法 蓋取其可久者也 秦以建亥之月 而爲歲首 漢初因秦正朔 自魏已後 自用夏正 至今無改 以其得天氣也

있다. 한漢나라는 화덕으로써 왕을 했기 때문에, 진성鎭星의 정기가 내려와 누런 돌이 되어, 자방(장량張良)에게 병서를 줘서 패공을 도와 초나라를 멸했으니, 다섯 운의 색이 서로 돕는 작용이 아니겠는가?

공자께서 말씀하시기를 '하나라의 정월이 하늘을 얻었다'고 하시니, 이것은 하늘의 도道와 사시의 기운을 얻어서 8절의 생살生殺하는 기한과 응했음을 말한 것이다. 그러므로 '하나라의 때를 행하고, 은나라의 수레를 타며, 주나라의 면류관을 써야 한다'고 하셨다. 삼대의 법을 겸해서 쓰신 것이니, 대개 오래갈 수 있는 것을 취하신 것이다.

진秦나라는 해월亥月로 세수를 삼으니, 한나라 초엽에 진나라의 정월(亥月) 초하루를 따랐으나, 위魏나라 이후부터는 하나라의 정월(寅月)을 써서 지금까지 고치지 않았으니, 하늘의 기운과 합치되기 때문이다.

❖ 하나라(金德) → 은나라(水德) → 주나라(木德) → 한나라(火德)

❖ 황석공黃石公이 장량에게 『소서素書』를 주어 배우게 함으로써, 유방이 한나라를 세우는 데 결정적인 공을 세우게 하였다. 황석공이 장량에게 책을 주면서 "이 책을 읽으면 제왕의 스승이 될 수 있으며, 10년 후에는 그 뜻을 이룰 수 있을 것이다. 그리고 13년 뒤에 제수濟水의 북쪽에서 나를 만날 수 있을 것인데, 곡성산 아래의 누런 돌(黃石)이 바로 나이니라"고 하며 떠났다. 13년 후에 장량이 한漢 고조高祖를 따라 제북을 지나가다가, 곡성산 아래에서 누런 돌을 발견하고는 신기하게 여겨 보물처럼 받들며 제사까지 지냈는데, 후에 장량이 죽자 같이 안치되어 장량과 더불어 제사지내게 되었다. 그래서 책을 준 분을 누런 돌(黃石)의 화신이라는 뜻으로 황석공黃石公이라고 불렀다.

❖ 『논어』「위령공」에 "顔淵問爲邦 子曰 行夏之時 乘殷之輅 服周之冕"이라고 하였다.

5 삼원의 응용

◆ 또한 둔갑·태일·구궁·원진의 법에 모두 삼원이 있어서 모두 갑자甲子를 일으키니, 처음 갑자가 천원이 되어 육갑六甲을 다하면, 다음 갑자는 지원이 되며, 또 다음 갑자는 인원이 된다.

① 둔갑遁甲

◆◆ 둔갑은 동지와 하지 뒤의 갑기일 야반시로 갑자의 첫머리로 삼는다. 삼원이 각각 나뉘어 셋이 되기 때문에, 180일이 한 원元이 되어서 음양의 두 길을 마치면 한 해의 작용이 다한다.

❖ 둔갑의 법은 동지 이후의 첫 갑자일 자정(야반시)을 삼원의 첫머리로 삼아 천원·인원·지원이 각 60일씩 180일을 지나면 양의 길을 마치고(陽遁), 다시 하지 이후의 첫 갑자일 자정을 삼원의 첫머리로 삼아 천원·인원·지원의 180일을 지나면 음의 길을 마치게 된다(陰遁). 이 둘을 합하면 360일이 되어 한 해를 마치는 것이다.

② 태일太一

◆◆◆ 태일은 처음 원의 갑자 60년으로 1기紀를 삼고, 다음 갑자 60년으로 2기를 삼아서, 여섯 기 360년으로 1주周를 삼는다.

◆ 又遁甲太一九宮元辰 皆有三元 竝起甲子 初爲天元 盡六甲 次甲子爲地元 又次甲子爲人元

◆◆ 遁甲以冬夏二至後 甲己之日夜半時 爲甲子元首 三元各分爲三 故一百八十日爲元 卒陰陽兩道 盡一歲之用

◆◆◆ 太一以初元甲子六十年爲一紀 次甲子爲第二紀 滿六紀三百六十年爲一周

③ 구궁九宮

• 구궁은 특이하게 기해己亥로 원수元首를 삼아서 오원五元으로 나누어 만드니, 처음 기해 60년이 천원이 되고, 그 다음 기해 60년이 지원이 되며, 다음 기해 60년이 인원이 되고, 다음 기해 60년이 하원河元이 되며, 다음 기해 60년이 해원海元이 된다. 9년이 1주一周가 되고 4×9=36년 또한 주기가 되니, 36은 육갑의 대수大數다.

삼원의 정삭正朔이 모두 율려를 따르고, 역歷에 의해서 시를 정하는 것이, 모두 오행에 배속되기 때문에 이것을 같이 해석했다.

• 九宮別以己亥爲元首 分爲五元 初己亥六十年爲天元 次己亥六十年爲地元 次己亥六十年爲人元 次己亥六十年爲河元 次己亥六十年爲海元 九年一周 四九三十六 亦周六甲之大數也 三元正朔 竝從律呂 應歷定時 皆配五行 故同此釋

제 16편 칠정

論七政

◆ 칠정七政은 곧 하늘의 현묘한 상의 조짐으로 하늘의 법도이다. 임금이 보고 본받아서 정치를 하기 때문에 '정政'이라고 한 것이고, '칠七'은 숫자가 일곱이 있다는 뜻이다.

칠정에는 세 가지 풀이가 있다. 하나는 '해와 달과 오성을 합해서 칠정'이라는 것이고, 두 번째는 '북두칠성을 칠정'이라 하며, 세 번째는 '28수가 사방에 퍼져서, 방위별로 일곱 개의 별자리가 있는 것을 모두 칠정'이라고 하는 것이다. 이 세 가지의 칠정은 모두 오행에 배속되었고, 모두 삼진三辰의 머리에 해당한다.

❖ 삼진三辰 : 해日·달月·별星을 말한다.

◆ 夫七政者 乃是玄象之端 正天之度 王者仰之 以爲治政 故謂之政 七者數有七也 凡有三解 一云 日月五星 合爲七政 二云 北斗七星 爲七政 三云 二十八宿 布在四方 方別七宿 共爲七政 此三種七政 皆配五行 竝三辰之首也

1장. 해와 달 및 오성

◆ 해와 달과 오성이 칠정七政이 된다는 설은 다음과 같다. 『상서고령요尙書考靈曜』의 칠정에 말하기를 "해와 달은 때의 주인이고, 오성은 때의 벼리이다. 그러므로 '선기옥형이 칠정을 가지런히 한다'고 한 것이다"라고 하니, 칠정에서 오정五政은 오행의 정치를 뜻하므로, 칠정은 해와 달과 오성을 말한 것이다.

❖ 『상서고령요』: 『상서위尙書緯』의 하나로 현재는 전하지 않는다.

1 해日

◆◆ 『하도河圖』 「우광汙光」에 이르기를 "해는 양의 정기가 시작되는 것이니, 해는 실한 것이다"라고 했다. 『춘추원명포』에 이르기를 "양은 하나로써 일으키기 때문에 해는 하루에 1도를 가고, 양은 셋으로 이루어지기 때문에 발이 셋 달린 까마귀(三足烏)가 있으니, 까마귀는 양의 정기다. 그것을 누호僂呼라고 말하는 것

◆ 日月五星爲七政者 尙書考靈耀七政曰 日月者 時之主也 五星者 時之紀也 故曰 在璇璣玉衡 以齊七政 七政五政謂五行之政 七政卽日月五星也

◆◆ 日者 河圖汙光篇云 日爲陽精始 日實也 元命苞云 陽以一起 故日日行一度 陽成於三 故有三足烏 烏者陽精 其言僂呼 俗人見僂呼似烏 故以名之

은, 일반인들이 보기에 누호가 까마귀 같기 때문에 이름한 것이다"라고 했다.

❖ 해가 하루에 1도를 가기 때문에, 365¼일 만에 하늘을 한바퀴 돌아 1년을 이루는 것이다.

❖ 발이 셋 달린 까마귀(三足烏) : 빛의 삼원색을 모두 합하면 흰빛이 되지만, 색의 삼원색을 모두 합하면 검은색이 된다. 즉 세상의 모든 빛을 다 합하면 태양의 흰빛이 되고, 세상의 모든 색을 다 합하면 까마귀같이 검은색이 된다. 그래서 태양의 형이하학적인 상징물로 발이 셋 달린 까마귀를 삼은 것이다.

① 해의 주천도수

• 또 이르기를 "화의 정은 양기이기 때문에, 겉은 뜨겁고 안은 그늘지니 까마귀로 상징한 것이다. 해는 높이 있기 때문에 빛이 가득차고, 가득차기 때문에 모든 곳에 베풀어지며, 베풀기 때문에 어질고, 어질기 때문에 정기가 있으며, 정기가 밖에 있기 때문에 큰 것이다.

해는 밖이 더우니, 밖이 더우면 양의 정기가 바깥으로 토해진다. 하늘은 365¼도가 있어서 사방에 퍼져있고, 해는 하루에 하늘을 한바퀴 돌아 하늘의 운행도수와 어긋남이 없어서, 사방을 하나와 같이 합치하게 된다. 그러므로 그 글자가 '一'자를 사방에서 에워싼 형상이다(一+口=日)"라고 했다.

• 又云 火精陽氣 故外熱內陰 象烏也 日尊故滿 滿故施 施故仁 仁故精 精在外 在外故大 日外暑 外暑故陽精外吐 天有三百六十五度四分度之一 布在四方 日日一歷無差遲 使四方合如一 故其字四合一也

❖ 『태평어람』에서 『춘추원명포』를 인용하여 말하기를 "양수는 1에서 시작하여 2에서 이룬다. 그러므로 태양 속에 발이 셋 달린 까마귀가 있는 것이다. 또 말하기를, 1년에는 365¼도가 있으니, 양의 기운이 흩어져 분포되어 1이라는 양의 숫자를 세운 것이다. 그러므로 태양(日)이라는 글자가 「1(一)」자를 네 방향에서 에워싼 것으로 하였다(陽數起於一 成於二 故日中有三足烏 又曰 一歲三百六十五日四分度之一 言陽布散 立數其一 故立字四合其一)"고 하였다.

② 해와 사계절

• 『백호통』에 이르기를 "해는 지름이 천리이고 둘레가 삼천리며, 하늘 밑 칠천리에 있다"고 했으며, 『태현경』에 이르기를 "해가 한 번 남쪽으로 가면 만물이 죽고, 해가 한 번 북쪽으로 가면 만물이 생겨난다"고 했다.

❖ 북반구에서는 해가 남쪽으로 내려간 때가 겨울이고, 해가 북쪽으로 올라간 때가 여름이다.

『물리론』에 이르기를 "여름은 양이 성하고 음이 쇠하기 때문에 낮이 길고 밤이 짧으며, 겨울은 음이 성하고 양이 쇠하기 때문에 낮이 짧고 밤이 기니, 양도陽道의 긴 길을 가면 묘·유卯酉의 북쪽으로 나고 들며, 음도의 짧은 길을 가면 묘·유의 남쪽으로 나고 든다. 봄·가을은 음양이 같기 때문에 길지도 않고 짧지도 않은 중간 길이 되니 낮과 밤이 같다"고 했다.

• 白虎通云 日徑千里 圍三千里 下於天七千里 太玄經云 日一南萬物死 日一北萬物生 物理論云 夏則陽盛而陰衰 故晝長而夜短 冬則陰盛而陽衰 故晝短而夜長 行陽道長 出入卯酉之北 行陰道短 出入卯酉之南 春秋陰陽等 故行中道 晝夜等也

❖ 양도陽道 : 태양이 다니는 길 즉 황도黃道로, 여름에는 묘卯·유酉의 북쪽으로 태양이 지나가므로 양도가 길게 되고, 겨울에는 그 반대이다. 봄과 가을은 묘卯·유酉의 중앙을 통과하고, 특히 춘분과 추분에는 정 중앙을 통과하여 낮과 밤의 길이가 같게 된다. 여기서는 춘분점에서 추분점까지를 양도라 하고, 추분점에서 춘분점까지를 음도라고 한다.

◆ 『상서고령요』에 이르기를 "봄의 하루는 해가 묘방에서 나와서 유방으로 들어간다. 묘성昴星의 1도에서 남중을 하면 어두워지고, 두성斗星의 12도에서 남중을 하면 밝아진다.

한 여름(仲夏)의 하루는 해가 인방에서 나와서 술방으로 들어간다. 심성心星의 5도에서 남중을 하면 어두워지고, 영실성營室星의 10도에서 남중을 하면 밝아진다.

가을의 하루는 해가 묘방에서 나와서 유방으로 들어간다. 수녀성須女星의 4도에서 남중을 하면 어두워지고, 동정성東井星의 1도에서 남중을 하면 밝아진다.

한 겨울(仲冬)의 하루는 해가 진방에서 나와서 신방으로 들어간다. 규성奎星의 1도에서 남중을 하면 어두워지고, 저성氐星의 9도에서 남중을 하면 밝아진다.

묘방과 유방은 음양이 사귀어 만나는 곳이니, 해와 달이 여기

◆ 考靈耀云 春一日 日出卯入酉 昴星一度 中而昏 斗星十二度 中而明 仲夏一日 日出寅入戌 心星五度 中而昏 營室十度 中而明 秋一日 日出卯入酉 須女四度 中而昏 東井十一度 中而明 仲冬一日 日出辰入申 奎星一度 中而昏 氐星九度 中而明 卯酉陰陽交會 日月至此爲中道 萬物盛衰出入之所 故號二八之門 以當二八月也 故詩推度災云 卯酉之際爲改政

에 이르른 것이(묘에서 나서 유에서 들어가는 것이) 중간 길이 되며, 만물이 성하고 쇠하며 나고 드는 장소이다. 그러므로 2·8의 문이라고 해서 2월과 8월에 속한다. 그래서 『시추도재』에 이르기를 '묘와 유의 때에 정치를 고친다'고 한 것이다"라고 했다.

③ 해와 정치

• 『한서』 「천문지」에 이르기를 "해는 임금의 상이니, 임금의 행동이 급하면 해 가는 것이 빠르고, 임금의 행동이 느리면 해 가는 것이 더디며, 더디거나 빨라서 상도를 잃으면 일식을 한다"고 하니, 일식은 음양이 교차하는 길에 있는 것이고, 일식은 음이 양을 침범한 것이니 신하가 임금을 능멸하는 상이다. 그러므로 일식을 하면 임금이 덕을 닦음으로써 물리치는 것이다.

• 漢書天文志云 日者君之象 君行急則日行疾 君行緩則日行遲 遲疾失其常則蝕 蝕在交道也 蝕者陰侵陽 臣凌君之象也 故日蝕修德以攘之

2 달月

◆『춘추원명포』에 이르기를 “달은 음의 정기니, 달(月)은 이지러진다는 뜻이다. 가운데에 두꺼비와 토끼가 있는 것은, 음양이 함께 있으면서 서로 의탁하는 것으로, 억눌리고 굽힘으로써 양과 맺어져서 그 속이 빛나는 것이니, 가운데 기운이 마치 두꺼비와 토끼의 무늬와 같다”고 했다. 토끼는 잘 달아나니 양이 움직이는 것을 상징한다. 토끼는 희호僖呼라고 하니, 희호는 따스하다는 말이다.

달은 수水의 정기이기 때문에 안은 밝고 기운은 차다. 그늘이 생겨나서(이지러져서) 가득차지 않는 것은 신하가 임금에게 굽히는 것이고, 보름이 되어 가득 차는 것은 기가 합쳐지는 것이며, 찼다가 이지러지는 것은 높은 이를 향해서 굽히는 것이다.

그 기운이 낮기 때문에 지구를 감싸며 오른쪽으로 돌고, 음은 양의 정기를 받기 때문에 정기가 안에 있다. 그래서 음인 쇠(金)와 물(水)의 속이 빛나는 것이고, 속이 빛나기 때문에 음의 정기가 엉겨붙어 움직이지 않는 것이다.

달은 음의 정기가 되어서 본체에는 빛이 없으니, 해가 비추어

◆ 月者 春秋元命苞云 月者陰精 爲言闕也 中有蟾蜍與兎者 陰陽兩居相附託 抑詘合陽結治 其內光炬 中氣似文耳 兎善走象陽動也 兎之言僖呼 僖呼溫煖名也 月水之精 故內明而氣冷 陰生不滿者 詘於君也 至望而盈者 氣事合也 盈而缺者 詘嚮尊也 其氣卑 卑故脩表成緯 陰受陽精 故精在內 所以金水內景 內景故陰精沈執不動 月爲陰精 體自無光 籍日照之乃明 猶如臣自無威 假君之勢 乃成其威 月初未政對日 故無光缺 月半而與日相對 故光滿 十六日已後漸缺 亦漸不對日也

야 밝게 된다. 마치 신하가 자신에게는 위엄이 없으므로, 임금의 권세를 빌려야만 위엄을 이루는 것과 같다. 달이 처음에는 바로 해를 상대하지 못하기 때문에 빛이 없어 이지러지고, 보름에는 해와 서로 상대가 되기 때문에 빛이 가득차며, 16일 이후 점점 이지러지는 것은 또한 점점 해와 상대가 되지 못하기 때문이다."고 했다.

① 달의 주천도수

◆『한서』「천문지」에 이르기를 "달은 하루에 13¼을 행한다. 입춘·춘분에는 동쪽으로 청도靑道를 따라가고, 입추·추분에는 서쪽으로 백도白道를 따라가며, 입동·동지에는 북쪽으로 흑도黑道를 따라가고, 입하·하지에는 남쪽으로 적도赤道를 따라가며, 끝여름(季夏)에는 중도中道를 행한다.

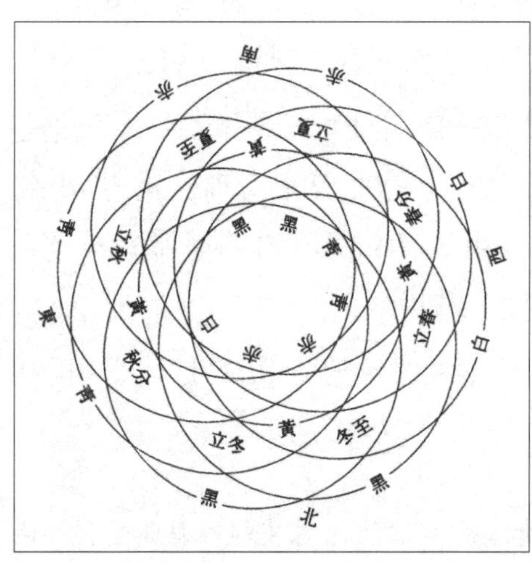

❖ 달과 구도九道

적도와 청도는 양도陽道로 나가고, 백도와 흑도는 음도陰道로 나가며, 그믐에 서쪽에 나타나는 것을 그믐달

◆ 漢書天文志云 月日行十三度四分度之一 立春春分 東從靑道 立秋秋分 西從白道 立冬冬至 北從黑道 立夏夏至 南從赤道 季夏行中道 赤靑出陽道 白黑出陰道 晦而見西方 謂之朓 朔而見東方 謂之朒

(조朓)이라고 하고, 초하루에 동쪽에 나타나는 것을 초승달(뉵朒)이라고 한다.

② 달과 정치

◆ 만약 임금이 느리고 더디면 신하가 교만해지듯이, 해가 더디게 가면 달이 빨리 간다. 또 임금이 엄하고 급하면 신하가 두려워하듯이, 해가 빨리 가면 달이 더디게 가서 임금의 자리에 다가서지 못한다"고 했다.

달의 더디거나 빨라서 법도를 잃으면 또한 월식을 하니, 월식은 해의 충衝을 받는 것으로 어둡고 허하게 된다. 달이 충을 받아 어둡고 허함을 당하면 월식을 하고, 별이 당하면 별이 없어지니(성식星蝕), 월식은 양이 음을 침범한 것이다.

동중서董仲舒가 말하기를 "사람으로는 왕비·왕후·대신·제후의 상이고, 달은 형벌에 해당되기 때문에, 월식을 하면 형벌을 닦아서(잘 처리하여) 물리친다"고 했다.

◆ 若君舒緩 臣驕慢 故日行遲 而月行疾 君肅急則臣恐懼 故日行疾 而月行遲 不敢迫近君位也 其行遲疾 失度亦蝕 蝕者當日之衝 有闇虛 闇虛當月 則月蝕 當星則星亡 月蝕者陽侵陰也 董仲舒云 於人 妃后大臣諸侯之象 月爲刑 故月蝕脩刑以攘之

3 오성五星

◆ 오성은 『설문해자』에 이르기를 "별은 만물의 정기다"고 했으며, 혹자는 말하기를 "해가 나뉘어서 별이 되었기 때문에, 그 글자(星)가 「날 일日」자 밑에 「날 생生」자를 한 것이다"고 했다.

『사기』에 이르기를 "별은 금金의 흩어져 있는 정기니, 별이 떨어지면 돌이 되는 것은 별이 금이기 때문이다"라고 했다. 『춘추』에 이르기를 "돌이 송나라에 떨어졌다"고 하니, 별이 떨어진 것이다. 또 이르기를 "별은 음의 정이다"라고 하니, 금도 또한 음이다. 구별해서 말하면 각각 오행에 배속되므로, 별이 금에만 해당하는 것은 아니다.

❖ 『사기』「천관서天官書」에 "별은 금의 흩어져 있는 기운으로, 근본은 불(火)이다. 별이 무리져 많으면 나라가 길하게 되고, 적으면 흉하게 된다(星者金之散氣 本曰火 星衆國吉 少則凶)"고 하였다.

① 세성歲星

㉠ 개괄 ◆◆ 세성歲星(목성)은 목의 정기로, 그 자리는 동쪽이며 봄을 주관한다. 창제蒼帝의 자식이며, 임금의 상이고, 오성五星의 어른이며, 농사를 주관하는 관리(司農)로, 복과 경사를 주관한다.

㉡ 별명 ◆◆◆ 모두 여섯 가지 이름이 있으니, 첫째는 섭제攝提이

◆ 五星者 說文云 星者萬物之精 或曰 日分爲星 故其字日下生 史記云 星金之散精 星隕爲石 此金是也 春秋云 隕石于宋 隕星也 又云 星者陰精 金亦陰也 別而言之 各配五行 不獨主金

◆◆ 歲星木之精 其位東方主春 蒼帝之子 人主之象 五星之長 司農之官 主福慶

고, 둘째는 중화重華이며, 셋째는 응성應星이고, 넷째는 전성纏星이며, 다섯째는 기성紀星이고, 여섯째는 수인성脩人星이다.

ⓒ 역할 ◆ 세성이 주관하는 나라는 오吳나라와 제齊나라이다. 별자리를 뛰어 넘어 앞으로 가는 것이 가득참(盈)이 되고, 별자리에 뒤처지는 것이 기울어짐(縮)이 된다. 사특한 일을 행하면 사특한 것을 주관하고, 바른 것을 행하면 바른 것을 주관하며, 정치가 급하면 빨리 가고, 정치가 느슨하면 늦게 가며, 정치가 혹독하면 음도로 가고, 화합하면 양도로 가며, 양도로 가면 가물고, 음도로 가면 홍수가 진다.

나라가 다스려지면 도수에 따라 순히 가고, 어지러워지면 거꾸로 가니, 한해를 주관하기 때문에 세성歲星이라고 이름했다.

② 형혹성熒惑星

㉠ 개괄 ◆◆ 형혹성熒惑星은 화의 정기로, 그 자리는 남쪽이며 여름을 주관한다. 적제赤帝의 자식이며 방백(지방의 패자)의 상으로, 오성의 패자(伯)노릇을 한다. 위로는 태일太一을 받들고, 아래로는 제후를 맡아 다스리니, 천자의 다스림이라고 이른다.

◆◆◆ 凡有六名 一名攝提 二名重華 三名應星 四名纏星 五名紀星 六名脩人星

◆ 其所主國曰吳齊 超舍而前爲盈 退舍爲縮 行邪則主邪 行正則主正 政急則行疾 政緩則行遲 酷則行陰 和則行陽 行陽則旱 行陰則水 治則順度 亂則逆行 以其主歲 故名歲星

◆◆ 熒惑火之精 其位南方主夏 赤帝之子 方伯之象 五星之伯 上承太一 下司人君 謂天子理也 伺無道 出入無常 爲天伺察 所往主兵亂賊喪飢疾

무도한 사람이 무상하게 출입하는 것을 살피니 하늘의 사찰(天伺察)이 되고, 머무는 곳마다 전쟁·난리·도적·초상·기아·질병을 주관한다.

ⓛ 별명 ◆ 모두 두 가지 이름이 있으니, 첫째는 벌성罰星이고, 둘째는 집법執法이다.

ⓒ 역할 ◆◆ 형혹성이 주관하는 나라는 형荊(楚)나라와 월越나라이니, 이것은 태백성을 이긴다. 남쪽으로 나가면 형혹성이 되고, 서쪽에 있으면 천리天理가 되며, 동쪽에 있으면 현식縣息이 되니, 나고 듬에 상도가 없기 때문에 형혹성이라고 이름했다.

❖ 이것은 태백성을 이긴다 : 형혹성은 화의 정기로 이루어졌으므로, 금의 정기로 이루어진 태백성을 이기는 것이다(火克金).

③ 진성鎭星

㉠ 개괄 ◆◆◆ 진성鎭星은 토의 정기로, 그 자리는 중앙이며 각 계절의 끝(사계四季)을 주관한다. 황후(여주女主)의 상이며, 덕을 주관하고 오성의 왕王이 된다.

ⓛ 별명 ◆◆◆◆ 일명 지후地候라고 한다.

◆ 凡有二名 一名罰星 二名執法

◆◆ 其所主國曰荊越 是太白之雄 出南爲熒惑 居西爲天理 在東爲縣息 以其出入無常 故名熒惑

◆◆◆ 鎭星土之精 其位中央主四季 女主之象 主德爲五星之王

◆◆◆◆ 一名地候

ⓒ 역할 ◆ 황후의 사특하고 바름을 살피며, 양도에 들어가면 바깥이 되고, 음도에 들어가면 안이 된다.

오성 중에 네 별이 모두 상도를 잃으면 진성이 움직이니, 진성은 진압하고 주재하면서 자리를 옮기지 않기 때문에 진성鎭星이라고 이름했다.

④ 태백성太白星

㉠ 개괄 ◆◆ 태백성太白星은 금의 정기로, 그 자리는 서쪽이며 입추立秋를 주관한다. 백제白帝의 자식이며 대장大將의 상으로, 전쟁과 흉사를 맡는다.

해가 남쪽으로 갈 때 태백이 그 남쪽에 거처하고, 해가 북방에 있을때 태백이 그 북쪽에 있는 것을 찼다(盈)고 하며, 해가 남쪽에 있을때 태백이 그 북쪽에 있고, 해가 북쪽에 있을 때 태백이 그 남쪽에 있는 것을 기울어졌다(縮)고 한다.

㉡ 별명 ◆◆◆ 동쪽으로 나올 수 없는데 동쪽으로 나오는 것을 중화重華라 이름하고, 동쪽으로 내려가지 못하는데 동쪽으로 내려

◆ 伺女主之邪正 入陽則爲外 入陰則爲內 四星皆失 鎭星乃爲動 以其鎭宿不移 故名鎭星

◆◆ 太白金之精 其位西方主立秋 白帝之子 大將之象 以司兵凶 日南方太白居其南 日北方太白居其北曰盈 日南方太白居其北 日北方太白居其南曰縮

◆◆◆ 未可出東方 而出東方 名重華 未可下東方 而下東方 名少歲 未可出西方 而出西方 名太白 未可下西方 而下西方 名白肖 凡有六名 一名天相 二名天政 三名大臣 四名大皓 五名明星 六名大囂 詩云 東曰啓明 西曰長更

오는 것을 소세少歲라고 이름하며, 서쪽으로 나올 수 없는데 서쪽으로 나오는 것을 태백太白이라고 이름하고, 서쪽으로 내려갈 수 없는데 서쪽으로 내려가는 것을 백초白肖라고 한다.

모두 여섯 가지 이름이 있으니, 첫 째는 천상天相이고, 둘 째는 천정天政이며, 셋 째는 대신大臣이고, 넷 째는 대호大皓이며, 다섯 째는 명성明星이고, 여섯 째는 대효大囂이다.

『시경』에 이르기를 "동쪽에 있는 것을 계명啓明이라 하고, 서쪽에 있는 것을 장경長更이라 한다"고 하였다.

ⓒ 역할 ◆ 태백이 주관하는 나라는 진秦나라와 진晉나라 그리고 정나라이다. 태백은 세성을 이긴다. 태백은 전쟁을 주관하니, 병장기가 서방금으로 색이 희기 때문에 태백이라고 한다.

❖ 태백성은 금의 정기로 이루어졌으므로, 목의 정기로 이루어진 세성을 이긴다(金克木).

⑤ 진성辰星

㉠ 개괄 ◆◆ 진성辰星은 수水의 정기로, 그 자리는 북쪽이며 겨울을 주관한다. 흑제黑帝의 자식이며 재상宰相의 상으로, 형벌을 주관한다. 정치가 혹독하면 들어가지 않고, 정치가 화합하면 나오지 않는다.

㉡ 별명 ◆◆◆ 여섯 가지 이름이 있다. 첫 째는 안조安調이고, 둘

◆ 其所主國曰秦晉鄭 太白是歲星之雄 太白主兵 兵西方金色白 故曰太白

◆◆ 辰星水之精 其位北方主冬 黑帝之子 宰相之象主刑 政酷則不入政和則不出

째는 세극細極이며, 셋 째는 웅성熊星이고, 넷 째는 구성鉤星(또는 鉤歲)이며, 다섯 째는 사농伺農이고, 여섯 째는 면성勉星이다.

ⓒ 역할 • 진성이 주관하는 나라는 조趙나라와 대代땅이다. 진성은 덕을 주관하니, 이것은 하늘의 집정執政으로, 평화로운 시대에만 나고 들기 때문에 진성辰星이라고 한다.

❖ 오성과 역할

오성	세성	형혹성	진성鎭星	태백성	진성辰星
오행	목	화	토	그	수
자리	동쪽	남쪽	중앙	서쪽	북쪽
계절	봄	여름	사계	입추(가을)	겨울
신	창제의 자식	적제의 자식	황제의 자식	백제의 자식	흑제의 자식
관리	사농	사찰, 패자	황후, 왕	대장	재상
주관	복과 경사	전쟁, 난리 도적, 초상 기아, 질병	덕	전쟁과 흉사	형벌
별명	섭제,중화, 응성,진성, 기성,수인성	벌성,집법 남 : 형혹 서 : 천리 동 : 현식	지후地候	중화, 소세 태백, 백초 천상, 천정 대신, 대호 명성, 대효 게명, 장경	안조, 세극 웅성, 구성 구세, 사농 면성
분야	오나라 제나라	형나라 월나라	황제 직할지	진秦나라 진晉나라 정나라	조나라 대땅

◆◆◆ 凡有六名 一名安調 二名細極 三名熊星 四名鉤星 五名伺農 六名勉星

◆ 其所主國曰趙代 辰星主德 是天之執政 出入平時 故曰辰星

4 오성의 조짐

① 오성의 본래 자리

◆ 『성경星經』에 이르기를 "오거성五車星의 서북쪽으로, 첫번째 별은 태백이라 하고, 다음의 북쪽 한 별을 진성辰星이라 하며, 다음의 동북쪽 한 별을 세성이라 하고, 다음의 동남쪽 한 별을 진성鎭星이라 하며, 다음의 서남쪽 한 별을 형혹성이라 한다"고 하니, 이것은 오성이 기운을 나누어 가진 것이다.

❖ 『성경星經』: 천문에 관한 책으로, 『감씨성경甘氏星經·석씨성경石氏星經』 등이 있다. 위의 내용은 "黃帝占曰五車者五帝之座" 외에는 확인할 수 없다.

② 오성의 요성妖星

㉠ 세성의 요성 ◆◆ 또 이르기를 "세성은 변해서 혜성彗星·참운欃雲·창운槍雲·천구天狗가 된다.

㉡ 형혹성의 요성 형혹성은 변해서 혜성彗星·치우기蚩尤旗·격택格澤이 된다.

㉢ 진성의 요성 진성鎭星은 변해서 옥한獄漢·천불天沸·순시旬始·홍예虹蜺가 된다.

◆ 星經云 五車西北 第一星曰太白 次北一星曰辰星 次東北一星曰歲星 次東南一星曰鎭星 次西南一星曰熒惑 此當五星分氣也

◆◆ 又云 歲星變爲彗星欃雲槍雲天狗 熒惑變爲彗星蚩尤旗格澤 鎭星變爲獄漢天沸旬始虹蜺 太白變爲彗星卽掃 辰星變爲狂矢天槍天棓 竝是五星氣 亂見妖星也 王者視之 以知得失

㉣ 태백의 요성 태백은 변해서 혜성彗星·즉소卽掃가 되며, 진성辰星은 변해서 광시狂矢·천창天槍·천부天棓가 된다.

모두 오성의 기운이 어지러워서 요성妖星이 나타난 것이니, 임금이 보면 정치의 잘되고 못됨을 아는 것이다.

③ 오성과 정치

◆ 『상서고령요』에 이르기를 "세성은 걸음쇠(規 : 컴파스)가 되고, 형혹성은 곡척(矩 : 자)이 되며, 진성鎭星은 먹줄이 되고, 태백은 저울대가 되며, 진성辰星은 저울추가 되니, 저울추·저울대·걸음쇠·곡척·먹줄이 모두 일어나서 한 바퀴를 돌고 다시 시작한다.

㉠ 다스려지지 못했을 때 ◆◆ 그러므로 봄의 정치가 잘못되면 세성歲星이 가득찬 상태로 가로눕게 되어 자기 자리에 거처하지 못하고, 여름의 정치가 잘못되면 형혹성이 거꾸로 가며, 계하季夏의 정치가 잘못되면 진성鎭星이 법도를 잃고, 가을의 정치가 잘못되면 태백이 길을 잃어서 나고 듬이 마땅치 않으며, 겨울의 정치가 잘못되면 진성辰星이 그 고향을 잃게 되고, 다섯 정치가 모두 잘못되면 다섯 별이 모두 밝지 못하다.

㉡ 잘 다스려졌을 때 ◆◆◆ 봄의 정치를 잘하면 오곡이 우거지고,

◆ 考靈耀云 歲星爲規 熒惑爲矩 鎭星爲繩 太白爲衡 辰星爲權 權衡規矩繩 竝皆有所起 周而復始

◆◆ 故政失於春 歲星滿偃 不居其常 政失於夏 熒惑逆行 政失於季夏 鎭星失度 政失於秋 太白失行 出入不當 政失於冬 辰星不效其鄕 五政俱失 五星不明

여름의 정치를 잘하면 단비가 때맞추어 오며, 계하의 정치를 잘하면 묵힌 밭이 없게 되고, 가을의 정치를 잘하면 백성이 번창하며, 겨울의 정치를 잘하면 질병과 상사喪事가 적게 되고, 다섯 정치를 다 잘하면 해와 달이 빛나고 밝아진다"고 했다.

이것은 해와 달은 오성과 함께 칠정의 도가 되며, 또한 칠요七耀라고 이름하니, 일곱 가지가 빛나게 운행하기 때문이다.

◆◆◆ 春政不失 五穀孳 夏政不失 甘雨時 季夏政不失 時無菑 秋政不失 人民昌 冬政不失 少疾喪 五政不失 日月光明 此則日月五星共爲七政之道 亦名七耀 以其是光耀運行也

2장. 북두칠성

◆ 북두北斗가 칠정이 된다는 설은 다음과 같다. 북두는 하늘의 문 지도리(천추天樞)이므로, 하늘에는 일곱 가지 법칙이 있고, 북두는 일곱 별이 있다. 북두의 첫 번째 별부터 네 번째 별까지가 괴魁가 되고, 다섯 번째 별부터 일곱 번째 별까지가 표瓢가 되니, 모두 합해 일곱이다.

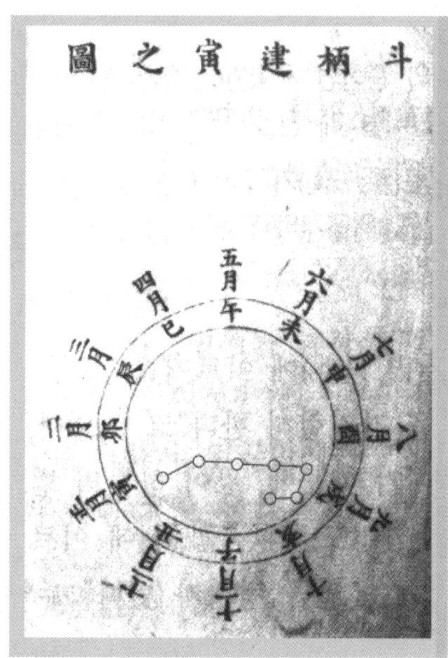

❖ 정월에는 북두칠성이 인방을 가리킨다. 즉 해질무렵에는 옆의 그림처럼 표杓가 인을 가리키고, 새벽에는 괴魁가 인을 가리킨다. 하늘이 자子에서 열리고, 땅은 축丑에서 열리며, 사람은 인寅에서 열리기 때문에, 이 세 달 중의 하나를 택해 세수歲首를 삼을 수 있는 것이다. 그래서 하나라에서는 인정人正이라 하여 인월을 정월로 썼고, 은나라에서는 지정地正이라 하여 축월을 정월로 썼으며, 주나라에서는 천정天正이라 하여 자월을 정월로 삼았던 것이다.

◆ 北斗爲七政者 北斗天樞也 天有七紀 斗有七星 第一至第四爲魁 第五至第七爲瓢 合有七也

1 선기璇璣와 옥형玉衡

① 개괄

◆ 『상서위』에 이르기를 "선기璇璣는 북두 앞의 괴성(魁) 네 별이고, 옥형玉衡은 가로로 구부러진 세 별(瓢)이다. 합해서 일곱으로 사계절과 오위五威를 고르는 것이다"라고 했다. 오위는 오행이니, 사람에 있어서는 오명五命이 되고, 칠성七星은 사람에 있어서는 칠단七端이 된다.

❖ 오명五命 : 다섯 명운이라는 뜻으로, 사람에게는 각기 목·화·토·금·수의 운이 있다고 한다.

❖ 칠단七端 : 칠서七瑞라고도 하며, 일곱 가지 조짐을 뜻한다.

② 역할

◆◆ 북두가 하늘의 가운데 있고 곤륜산의 위에 있어서, 운전해서 가리키는 바에 따라 24절기가 따르고, 열두 때를 바르게 하며, 열두 달을 세우고, 또한 주州와 나라를 나눔과 사람의 명운에 있어서 다스리지 않는 것이 없다. 그러므로 칠정이 된다.

❖ 북두는 하늘의 중심인 자미원紫微垣 안에 있고, 곤륜산崑崙山은 중국을 9주로 나눌 때 한 가운데 있는 산이다.

❖ 북두칠성의 표瓢(玉衡)가 가리키는 곳을 살피면, 절기와 달 및 시간을 알 수 있고, 일곱개의 별은 각자 맡은 지역이 있으며, 북두칠성은 사람의 생명을 관장하는 별이다.

◆ 尙書緯云 璇璣斗魁四星 玉衡拘橫三星 合七 齊四時五威 五威者五行也 五威在人爲五命 七星在人爲七端

◆◆ 北斗居天之中 當昆崙之上 運轉所指 隨二十四氣 正十二辰 建十二月 又州國分野年命 莫不政之 故爲七政

◆『서경』「우서虞書」'순전舜典'에 이르기를 "북두는 일곱 별로 선기옥형에 의거해서 칠정을 가지런히 한다"고 했으니, '정政'은 천자가 천하를 다스리는 것이기 때문에, 왕이 하늘의 법을 이어받아 법을 행하는 것이다. 『춘추합성도春秋合誠圖』에 이르기를 "북두에는 일곱 별이 있고, 천자에게는 일곱 정치가 있다"고 했다.

❖ 선기옥형이 가리키는 바에 따라 칠정(일월과 오성)이 움직이므로, 선기옥형으로 칠정을 가지런히 한다고 하였다.

2 북두칠성의 각 명칭

◆◆ 북두는 음의 자리에 있으면서 양기를 펴기 때문에 북두라고 하며, 그 일곱 개의 별은 각각 네 가지 이름이 있다.

① 춘추합성도春秋合誠圖의 명칭

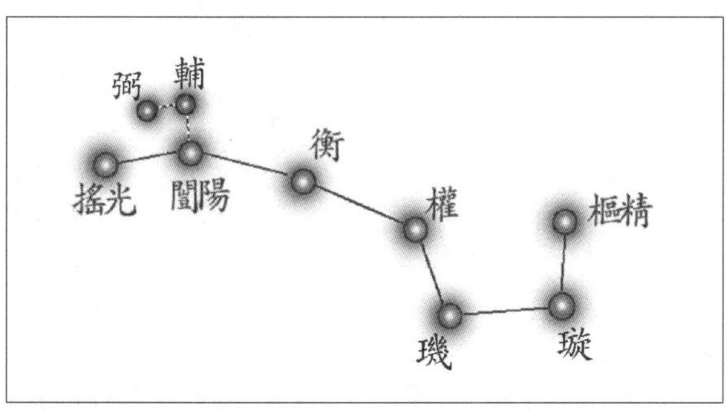

◆ 虞錄云 北斗七星 據璇璣玉衡 以齊七政 政者天子所治天下 故王者 承天行法 合誠圖云 北斗有七星 天子有七政

◆◆ 斗者居陰布陽 故稱北斗 其七星各有四名

◆『춘추합성도』에 이르기를 “북두의 제일 첫 번째 별은 추성樞星이고, 두 번째는 선성璇星이며, 세 번째는 기성璣星이고, 네 번째는 권성權星이다. 다섯 번째는 형성衡星이고, 여섯 째는 개양성開陽星이며, 일곱 째는 표광성標光星(요광搖光)이다”라고 했다.

② 황제두도黃帝斗圖의 명칭

◆◆『황제두도』에 이르기를 “첫 번째는 탐랑성(貪狼)이라고 하니 자子생의 사람이 속하고, 두 번째는 거문성(巨門)이라고 하니 축丑·해亥생의 사람이 속하며, 세 번째는 록존성祿存星이라고 하니 인寅·술戌생의 사람이 속하고, 네 번째는 문곡성文曲星이라고 하니 묘卯·유酉생의 사람이 속하며, 다섯 번째는 염정성廉貞星이라고 하니 진辰·신申생의 사람이 속하고, 여섯 번째는 무곡성武曲星이라고 하니 사巳·미未생의 사람이 속하며, 일곱 번째는 파군성破軍星이라고 하니 오午생의 사람이 속한다”고 했다.

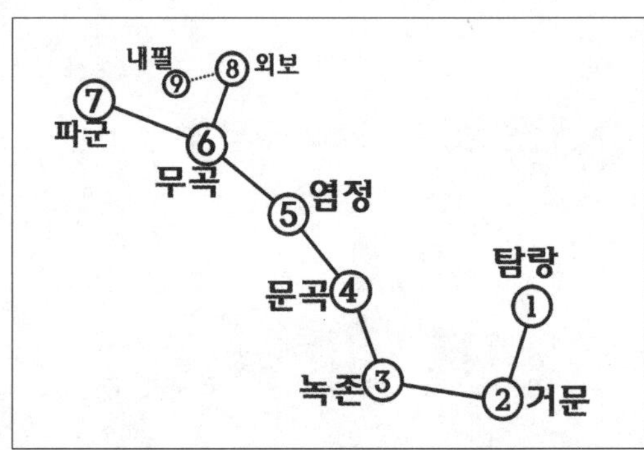

◆ 合誠圖云 斗第一星名樞 二名璇 三名璣 四名權 五名衡 六名開陽 七名標光

◆◆ 黃帝斗圖云 一名貪狼 子生人所屬 二名巨門 丑亥生人所屬 三名祿存 寅戌生人所屬 四名文曲 卯酉生人所屬 五名廉貞 辰申生人所屬 六名武曲 巳未生人所屬 七名破軍 午生人所屬

③ 공자원진경孔子元辰經의 명칭

◆ 『공자원진경』에 이르기를 "첫 번째는 양명성陽明星이라고 하고, 두 번째는 음정성陰精星이라고 하며, 세 번째는 진인성眞人星이라고 하고, 네 번째는 현명성玄冥星이라고 하며, 다섯 번째는 단원성丹元星이라고 하고, 여섯 번째는 북극성北極星이라고 하며, 일곱 번째는 천개성天開星이라고 한다"고 했다.

④ 둔갑경遁甲經의 명칭

◆◆ 『둔갑경』에 이르기를 "첫 번째는 괴진성魁眞星이고, 두 번째는 괴원성魁元星이며, 세 번째는 권구극성權九極星이고, 네 번째는 괴세성魁細星이며, 다섯 번째는 필강성魓剛星이고, 여섯 번째는 보기성魒紀星이며, 일곱 번째는 표현양성飄玄陽星이다"라고 했다.

❖ 북두칠성 각각의 네 이름

	1성	2성	3성	4성	5성	6성	7성
춘추합성도	추성	선성	기성	권성	형성	개양성	표광성
황제두도	탐낭성	거문성	록존성	문곡성	염정성	무곡성	파군성
공자원진경	양명성	음정성	진인성	현명성	단원성	북극성	천개성
둔갑경	괴진성	괴원성	권구극성	괴세성	필강성	보기성	표현양성

◆ 孔子元辰經云 一名陽明星 二名陰精星 三名眞人星 四名玄冥星 五名丹元星 六名北極星 七名天開星

◆◆ 遁甲經云 一名魁眞星 二名魁元星 三名權九極星 四名魁細星 五名魓剛星 六名魒紀星 七名飄玄陽星

3 북두와 육십갑자

• 제일 첫 번째 것은 수水이고, 두 번째 것은 수水·토土이며, 세 번째 것은 목木·토土이고, 네 번째 것은 금金·목木이며, 다섯 번째 것은 금金·토土이고, 여섯 번째 것은 화火·토土며, 일곱 번째 것은 화火이다.

❖ 앞서 설명한 『황제두도』에 "첫 번째 별은 자子생의 사람이 속하고, 두 번째 별은 축丑·해亥생의 사람이, 세 번째 별은 인寅·술戌생의 사람이, 네 번째 별은 묘卯·유酉생의 사람이, 다섯 번째 별은 진辰·신申생의 사람이, 여섯 번째 별은 사巳·미未생의 사람이, 일곱 번째 별은 오午생의 사람이 각각 속한다"고 했다.

❖ 따라서 자는 수이고, 축·해는 수水·토土이며, 인·술은 목木·토土이고, 묘·유는 금金·목木이며, 진·신은 금金·토土이고, 사·미는 화火·토土이며, 오는 화火라고 한 것이다.

자子와 오午만 각각 한 별에 속하고, 나머지는 모두 두 별에 함께 속한 까닭은, 자子·오午는 하늘과 땅의 날줄이다. 북두의 제일 첫 번째의 괴성魁(추성)과 일곱 번째의 강성剛(요광성) 또한 북두성의 날줄이므로, 작용하고 지휘하는 곳을 세운 것이며, 나머지는 지휘하는 것이 아니기 때문에 모두 둘씩 속한 것이다. 그러므로 육십갑자를 첫 번째부터 따라가면서 갑자를 일으켜 배속시키면서, 갔다 왔다하며 두루 돌면 그 수가 다하게 된다.

◆ 第一水 二水土 三木土 四金木 五金土 六火土 七火 所以子午各獨屬一星 其餘竝兩辰共屬者 子午爲天地之經 斗第一及第七魁剛兩星 亦是斗之經 建所用指也 自餘非所指者 故竝兩屬 故六十甲子從第一 起甲子以配之 往還周旋 盡其數矣

❖ 북두칠성과 육십갑자

북두칠성	괴성선기				표성옥형		
	1성	2성	3성	4성	5성	6성	7성
60갑자	갑자	을축	병인	정묘	무진	기사	경오
		을해	갑술	계유	임신	신미	
	병자	정축	무인	기묘	경진	신사	임오
		정해	병술	을유	갑신	계미	
	무자	기축	경인	신묘	임진	계사	갑오
		기해	무술	정유	병신	을미	
	경자	신축	임인	계묘	갑진	을사	병오
		신해	경술	기유	무신	정미	
	임자	계축	갑인	을묘	병진	정사	무오
		계해	임술	신유	경신	기미	

❖ 위의 도표처럼 자년에 태어난 사람은 제 1성의 영향을 받고, 축 또는 해년에 태어난 사람은 제 2성의 영향을 받으며 … 사 또는 미년에 태어난 사람은 제 6성의 영향을 받고, 오년에 태어난 사람은 제 7성의 영향을 받는다.

4 북두와 28수

◆ 북두는 28수를 거느리고 한 별이 네 별자리를 주관하니, 괴성은 28수 중에 실室에서 일으키고, 강성은 각角에서 일으켜서 차례로 나누어 소속시킨다. 만약에 사람의 나이가 실室에 이르고 오성五星도 실에 이른 경우의 사람은, 별의 길흉에 따라 길

◆ 北斗領二十八宿 一星主四宿 魁起室 剛起角 以次分屬 若人行年至室而五星行 到此宿者 隨星吉凶也

흉이 같게 된다.

북두칠성	괴성(선기)				표성(옥형)		
	1성	2성	3성	4성	5성	6성	7성
28수	실·벽 귀·루	위·묘 필·자	삼·정 귀·류	성·장 익·진	각·항 저·방	심·미 기·두	우·여 허·위

5 북두와 9주

◆『춘추합성도』에 이르기를 "추성은 옹주雍州가 되고, 선성은 기주冀州가 되며, 기성은 청주青州·연주青州 兗州가 되고, 권성은 서주徐州·양주楊州가 되며, 형성은 형주荊州가 되고, 개양성은 양주梁州가 되며, 표광성은 예주豫州가 된다"고 하니, 이것은 삼재의 도가 모두 북두의 정치하는 대로 되는 것이다.

북두칠성	괴성선기				표성옥형		
	1성(樞)	2성(璇)	3성(璣)	4성(權)	5성(衡)	6성(開陽)	7성(標光)
9주	옹주	기주	청주 연주	서주 양주	형주	양주 梁州	예주

◆ 合誠圖云 樞星爲雍州 璇星爲冀州 璣星爲青兗州 權星爲徐楊州 衡星爲荊州 開揚星爲梁州 標光星爲豫州 此爲三才之道 竝爲斗之所政也

3장. 28수

• 28수가 칠정이 된다고 함은, 28수가 나라를 나누어 정하고, 관직을 분류하며, 벼슬자리를 배열하기 때문이다.

『춘추운두추春秋運斗樞』에 이르기를 "하늘에는 장수와 정승의 자리가 있어서 별들이 열을 지어 돕고 호위하니, 모두 선기옥형에 의해서 칠정을 가지런히 하고, 사시로 덕을 펴서 삼도(天地人의 三道)의 기운을 바로 한다"고 했으며, 『상서고령요』에 이르기를 "28수가 하늘의 365¼도에 두루 퍼져 있기 때문에, 사시와 달의 운행(月行)을 합치시키고, 해와 별의 도수를 바로 한다"고 했다.

1 28수를 전체적으로 오행에 배속시킴

•• 28수가 오행에 배속되는 것은 두 가지가 있으니, 하나는 전체적으로 배속시키는 것이고, 두 번째는 개별로 배속시키는 것이다. 전체적으로 배속하면 다음과 같다.

• 二十八宿爲七政者 以其分定國邦 布官設位也 運斗樞云 天有將相之位 佐列宿爲衛 皆據璇璣玉衡 以齊七政 四時布德 三道正氣 尚書考靈耀云 二十八宿 周天三百六十五度四分度之一 故叶時月正日度星

•• 二十八宿配五行 有二別 一總配 二別配 總配者

① 동방 창룡칠수 목木

◆ 동방 창룡의 일곱 별자리인 각·항·저·방·심·미·기는 목木이니, 합해서 32성으로 75도가 된다.

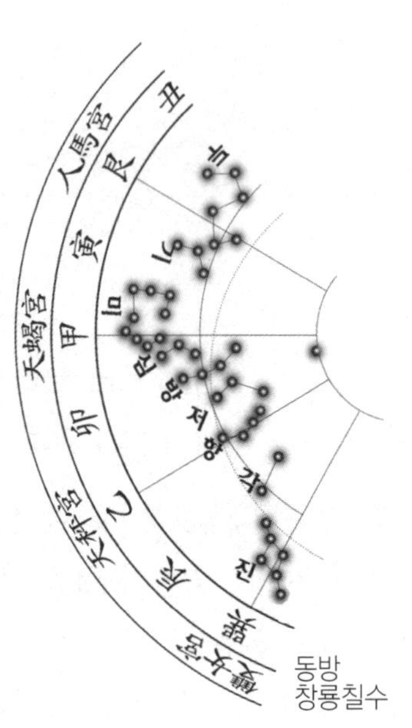

동방 창룡칠수

② 남방 주작칠수 화火

◆◆ 남방 주작의 일곱 별자리인 동정·여귀·류·칠성·장·익·진은 화火니, 합해서 65성으로 105도가 된다.

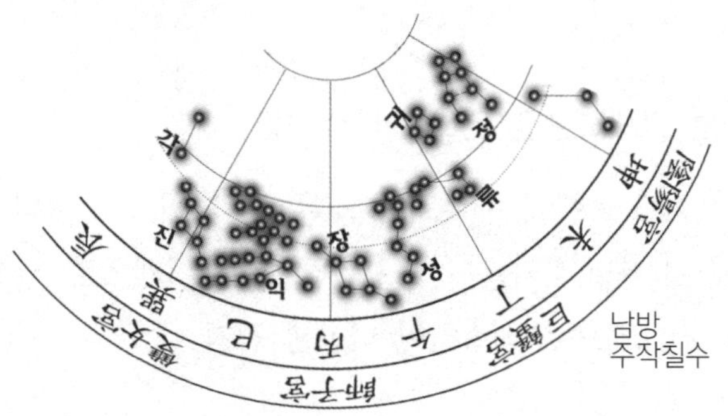

남방 주작칠수

◆ 東方蒼龍七宿 角亢氐房心尾箕木也 合三十二星 七十五度

◆◆ 南方朱雀七宿 東井轝鬼柳七星張翼軫火也 合六十五星 一百五度

③ 서방 백호칠수 금金

◆ 서방 백호의 일곱 별자리인 규·루·위·묘·필·자·삼은 금金이니, 합해서 51성으로 80도가 된다.

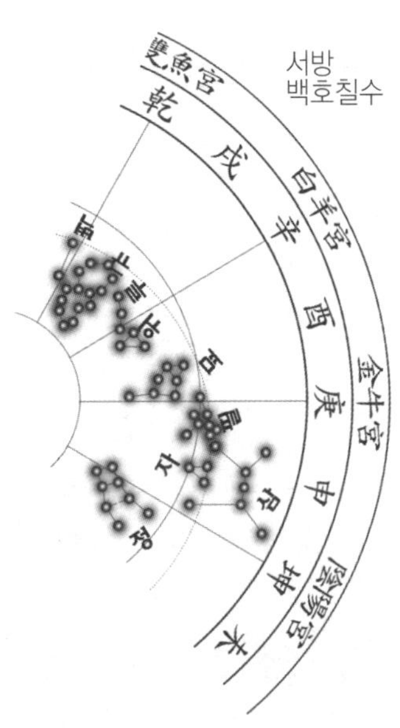

④ 북방 현무칠수 수水

◆◆ 북방 현무의 일곱 별자리인 두·견우·수녀·허·위·영실·동벽은 수水니, 합해서 35성으로 98도가 된다.

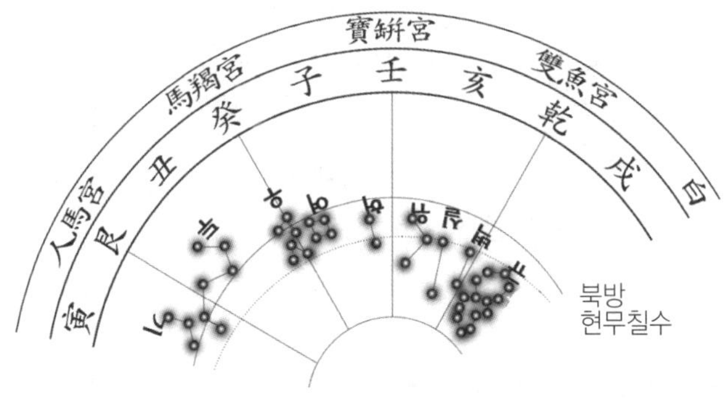

◆ 西方白虎七宿 奎婁胃昴畢觜參金也 合五十一星 八十度

◆◆ 北方玄武七宿 斗牽牛須女虛危營室東壁水也 合三十五星 九十八度

⑤ 중앙 토土

◆ 토土에 속한 것은 동쪽은 각·항이고, 남쪽은 정·귀이며, 서쪽은 규·루이고, 북쪽은 두·우이니, 모두 사계四季에 있는 것으로 토가 된다.

⑥ 각 칠수의 중심별과 정치

㉠ 칠성七星 ◆◆ 『증자曾子』에 이르기를 "춘분에는 조성鳥星(칠성七星 = 성星)이 저물 때 보인다. 봄을 주관하는 별자리의 중성이 남중한 것이므로, 기장을 심을 수 있다.

㉡ 심성心星 하지에는 심성이 저물 때 보인다. 여름을 주관하는 별자리의 중성이 남중한 것이므로, 기장과 콩을 심는다.

㉢ 허성虛星 추분에는 허성이 저물 때 보인다. 가을을 주관하는 별자리의 중성이 남중한 것이므로, 보리를 심을 수 있다.

㉣ 묘성昴星 동지에는 묘성이 저물 때 보인다. 겨울을 주관하는 별자리의 중성이 남중한 것이므로, 산에 있는 사람은 나무를 베어 연장을 만들 수 있으며, 집에 있는 사람은 갈대를 베어 곡식을 쌓고 사냥을 할 수 있다.

◆ 其屬土者 東則角亢 南則井鬼 西則奎婁 北則斗牛 皆居四季爲土也

◆◆ 曾子云 春分鳥星昏 主春者中 可以種稷 夏至心星昏 主夏者中 可以種黍菽 秋分虛星昏 主秋者中 可以種麥 冬至昴星昏 主冬者中 山人可以伐器械 家人可以萑葦蓄積田獵 王者坐視四星之中 而知民之緩急 急則不賦力役 故曰敬授民時也 此爲總配

왕이 앉아서 네 중성中星을 관찰해서, 백성들이 늦게 하고 급하게 할 일을 아니, 급할 때면 세금을 걷거나 부역을 시키지 않는다. 그러므로 '공경해서 백성들에게 때를 가르친다'"고 하니, 이것은 전체적인 배속이다.

❖ 춘분에는 주작으로 상징되는 남방칠수의 중심별인 칠성七星이 저물 때 나타나고, 하지에는 창룡으로 상징되는 동방칠수의 중심별인 심성心星이 저물 때 나타나며, 추분에는 현무로 상징되는 북방칠수의 중심별인 허성虛星이 저물 때 나타나고, 동지에는 백호로 상징되는 서방칠수의 중심별인 묘성昴星이 저물 때 나타난다. 각 별자리는 봄·여름·가을·겨울의 사계절을 주관하므로, 각기 주관하는 별이 뜰 때 그에 맞춰 사계절의 일을 시행하는 것이다.

2 28수를 개별적으로 오행에 배속시킴

• 개별적으로 오행에 배속하면 다음과 같다.

① 동방 창룡칠수蒼龍七宿

㉠ 각角 •• 각角의 두 별은 하늘의 문(天門)으로, 세 빛(三光)의 길이 되고 12도를 맡는다. 때는 진에 있고, 정鄭나라에 해당하며, 목에 속한다.

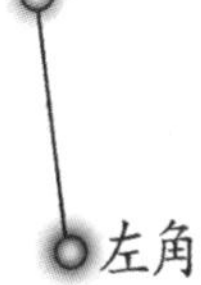

❖ 세 빛의 길 : 세 빛이란 해·달·별을 의미한다. 여기서 별은 오성을 뜻하니, 칠정七政이 다니는 길이다.

❖ '각角의 두 별은'이란 각성은 2개의 별로 이루어졌다는 것이며, '12

◆ 別配五行者

◆◆ 角二星爲天門三光之路 十二度 於時在辰 鄭分木也

도를 맡는다'는 주천도수인 365¼ 중에 12도를 맡는 것이고, '때는 진에 있다'는 것은 하늘을 12 때로 나눌 때 진월辰月에 해당한다는 말이며, '정나라에 해당하며'는 하늘을 12분야로 나눌 때 중국의 정나라에 해당한다는 뜻이고, '목에 속한다'는 각성이 오행상으로 나눌 때 목에 속한다는 의미이다. 이하 다른 별자리도 같은 방법으로 해석한다.

ㄴ 항亢 ◆ 항亢의 네 별은 하늘의 뜰과 상서尙書의 관아가 되고, 9도를 맡았으며, 때는 진에 있고, 정나라에 해당하며, 봄과 여름에는 화가 되고, 가을과 겨울에는 수가 된다.

ㄷ 저氐 ◆◆ 저氐의 네 별은 천자가 잠드는 침실로 가는 길, 또는 침소가 된다. 15도를 맡았으며, 때는 묘에 있고, 송宋나라에 해당되며, 봄과 여름에는 금이 되고, 가을과 겨울에는 수가 된다.

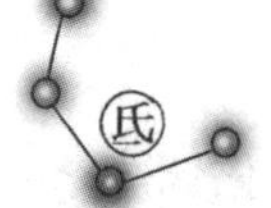

ㄹ 방房 ◆◆◆ 방房의 여섯 별은 명당明堂과 정치와 교육을 하는 방도가 되고, 5도를 맡았으며, 때는 묘에 있고, 송나라에 해당하며, 토에 속한다.

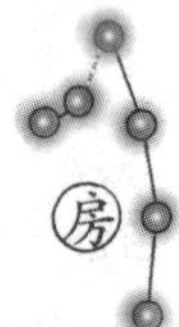

❖ 명당明堂 : 천자가 정치를 베푸는 곳.

ㅁ 심心 ◆◆◆◆ 심心의 세 별은 천왕天王의 자리가 되고, 5도를 맡

◆ 亢四星爲天庭尙書之曹 九度 於時在辰 鄭分春夏爲火 秋冬爲水也

◆◆ 氐四星爲宿宮路寢所止 十五度 於時在卯 宋分春夏爲金 秋冬爲水也

◆◆◆ 房六星爲明堂政敎之道 五度於時在卯 宋分土也

◆◆◆◆ 心三星爲天王之位 五度 於時在卯 宋分春夏爲木 秋冬爲火

았으며, 때는 묘에 있고, 송나라에 해당하며, 봄과 여름에는 목이 되고, 가을과 겨울에는 화가 된다.

ⓑ 미尾 ◆ 미尾의 아홉 별은 황후의 궁과 비·빈의 집이 되고, 18도를 맡았으며, 때는 인에 있고, 연燕나라에 해당하며, 수에 속한다.

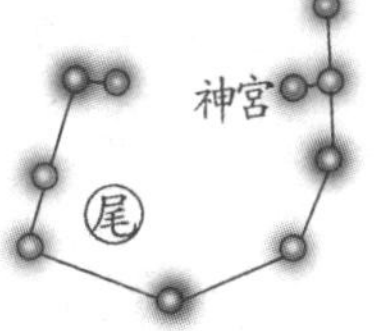

ⓢ 기箕 ◆◆ 기箕의 네 별은 왕후가 사는 곳과 임금을 모시는 침실이 되고, 11도를 맡았으며, 때는 인에 있고, 연나라에 해당하며, 목에 속하고, 봄과 여름은 금이 되고, 가을과 겨울은 토가 된다.

❖ 이상은 동방창룡칠수의 오행배속이다.

② 북방 현무칠수玄武七宿

ⓐ 두斗=南斗 ◆◆◆ 두斗의 여섯 별은 벼슬과 녹을 맡아서, 어진 선비를 포상하고 등용하는 것을 주관하고, 26도를 맡았으며, 때는 축에 있고, 오吳나라에 해당하며, 목

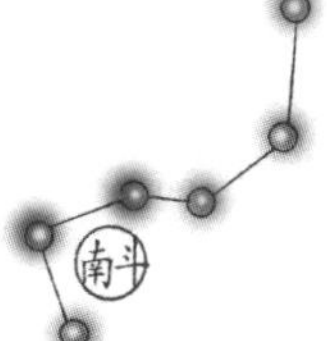

也

◆ 尾九星爲后宮妃嬪之府 十八度 於時在寅 燕分水也

◆◆ 箕四星爲王后所居進御之寢 十一度 於時在寅 燕分木也 春夏爲金 秋冬爲土也

◆◆◆ 斗六星爲主爵祿 褒賢進士 二十六度 於時在丑 吳分木也

에 속한다.

㉡ 견우牽牛=牛 ◆ 견우牽牛의 여섯 별은, 교량이 되고 칠정의 출발점이 된다. 8도를 맡았으며, 때는 축에 있고, 오나라에 해당하며, 목에 속한다.

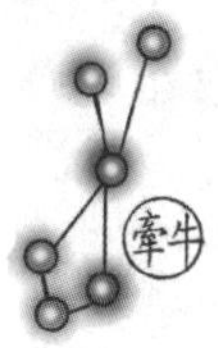

㉢ 수녀須女=女 ◆◆ 수녀須女의 네 별은 벼와 비단과 하늘의 어용창고를 주관하고, 12도를 맡았으며, 때는 자에 있고, 월越나라 땅에 해당하며, 봄과 여름은 수가 되고, 가을과 겨울은 화가 된다.

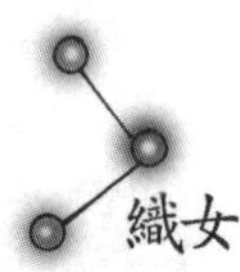

㉣ 허虛 ◆◆◆ 허虛의 두 별은 묘당廟堂이 되고 제사의 일을 주관한다. 11도를 맡았으며, 때는 자에 있고, 제齊나라 땅에 해당하며, 봄과 여름은 수가 되고, 가을과 겨울은 금이 된다.

㉤ 위危 ◆◆◆◆ 위危의 세 별은 분묘가 되어서 선조를 묘지에 모시는 일을 하고, 17도를 맡았으며, 때는 자에 있고, 제나라 땅에 해당하며, 봄

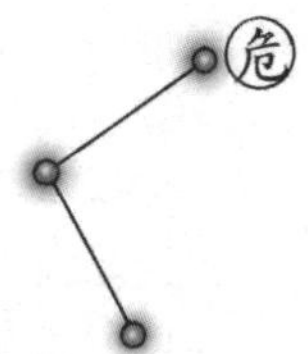

◆ 牽牛六星爲主橋梁 七政之始 八度 於時在丑 吳分木也

◆◆ 須女四星爲主布帛 天之內藏 十二度 於時在子 越分春夏爲水 秋冬爲火也

◆◆◆ 虛二星爲厭堂主祭祀事 十一度 於時在子 齊分春夏爲水 秋冬爲金也

◆◆◆◆ 危三星爲墳墓 以識先祖 十七度 於時在子 齊分春夏爲水 秋冬爲火也

과 여름은 수가 되고, 가을과 겨울은 화가 된다.

ⓑ 영실營室=室 ◆ 영실營室의 두 별은 군량을 주관해서 사졸들에게 지급하는 것이 되고, 16도를 맡았으며, 때는 해에 있고, 위衛나라 땅에 해당하며, 봄과 여름은 목이 되고, 가을과 겨울은 토가 된다.

ⓢ 동벽東壁=壁 ◆◆ 동벽東壁의 두 별은 문장과 도서의 곳집이 되고, 9도를 맡았으며, 때는 해에 있고, 위衛나라 땅에 해당하며, 봄과 여름은 금이 되고 가을과 겨울은 수가 된다.

❖ 이상은 북방 현무칠수의 오행배속이다.

③ 서방 백호칠수白虎七宿

ⓖ 규奎 ◆◆◆ 규奎의 열여섯 별은 다섯 병장기의 창고가 되어서, 난폭함과 난리를 금지하고 막는 덕을 주관한다. 16도를 맡았으며, 때는 술에 있고, 노魯나라에 해당하며, 봄과 여름은 금이 되고, 가을과 겨울은 화가 된다.

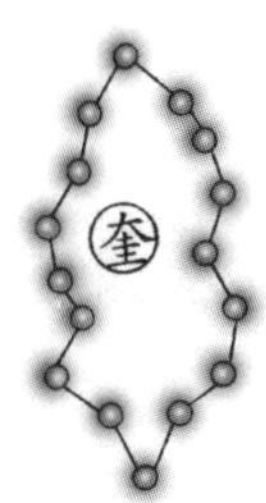

◆ 營室二星爲主軍粮 以稟士卒 十六度 於時在亥 衛分春夏爲木 秋冬爲土也

◆◆ 東壁二星爲文章圖書之府 九度 於時在亥 衛分春夏爲金 秋冬爲水也

◆◆◆ 奎十六星爲五兵之庫 禁禦暴亂 十六度 於時在戌 魯分春夏爲金 秋冬爲火也

ⓛ 루婁 ◆ 루婁의 세 별은 동산과 목장이 되어서, 보급을 대주고 제사지내는 것을 주관한다. 12도를 맡았으며, 때는 술에 있고, 노나라에 해당하며, 봄과 여름은 수가 되고, 가을과 겨울은 화가 된다.

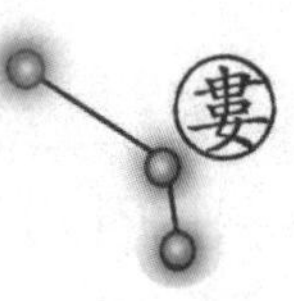

ⓒ 위胃 ◆◆ 위胃의 세 별은 창고가 되어서 오곡을 모은다. 14도를 맡았으며, 때는 유에 있고, 조趙나라 땅에 해당하며, 봄과 여름은 목이 되고, 가을과 겨울은 수가 된다.

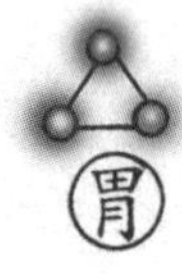

ⓡ 묘昴 ◆◆◆ 묘昴의 일곱 별은 옥사를 주관해서 죄인을 다스리고 판결한다. 11도를 맡았으며, 때는 유에 있고, 조나라 땅에 해당하며, 봄과 여름은 화가 되고, 가을과 겨울은 금이 된다.

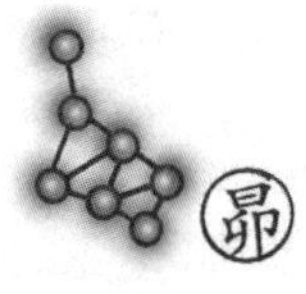

ⓜ 필畢 ◆◆◆◆ 필畢의 여덟 별은 변방의 병사가 되어서 오랑캐를

◆ 婁三星爲苑牧 主給享祠 十二度 於時在戌 魯分春夏爲水 秋冬爲火也

◆◆ 胃三星爲倉廩 五穀所聚 十四度 於時在酉 趙分春夏爲木 秋冬爲水也

◆◆◆ 昴七星爲主獄事 典治決斷 十一度 於時在酉 趙分春夏爲火 秋冬爲金也

◆◆◆◆ 畢八星爲邊兵備夷狄 十度 於時在酉 趙分春夏爲金 秋冬爲水也

방비한다. 10도를 맡았으며, 때는 유에 있고, 조나라 땅에 해당하며, 봄과 여름에는 금이 되고, 가을과 겨울에는 수가 된다.

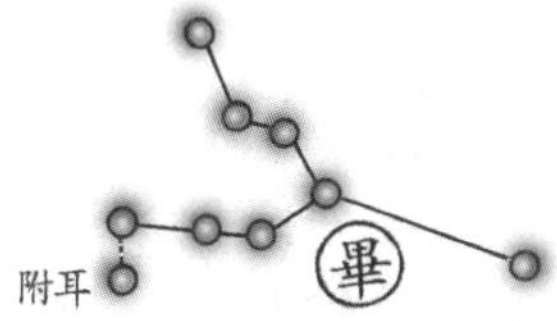

ⓑ 자휴觜觿=觜 ◆ 자휴觜觿의 세 별은 보존하고 간수하는 것이 되어서, 가을의 수확물들을 거두어 들인다. 2도를 맡았으며, 때는 신에 있고, 진晉나라에 해당하며, 봄과 여름은 화가 되고, 가을과 겨울은 토가 된다.

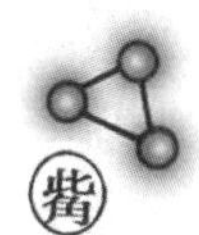

ⓢ 삼參 ◆◆ 삼參과 벌伐의 열 별은 하늘의 대장이 되어서, 베어 죽이고 전리품을 거두어 들인다. 9도를 맡았으며, 때는 신에 있고, 진晉나라에 해당하며, 봄과 여름은 화가 되고, 가을과 겨울은 토가 된다.

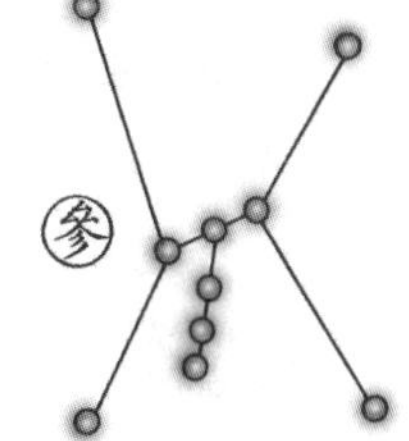

❖ 삼參과 벌伐의 열 별 : 삼은 본래 7개의 별로 이루어진 별자리이다. 그러나 얼핏 보면 10개의 별로 이루어진 것 같이 보이는데, 사실은 세 개의 별로 이루어진 벌伐이 한 별자리처럼 붙어 있기 때문이다. 또 7개의 별(삼)은 중국을 지키는 일곱 장수를 뜻하고, 세 개의 별(벌)은 중국에 인접한 여러 작은 나라를 뜻하므로, 삼보다 벌이 더 빛나고 밝으면, 주변의 국가가 강성해지는 조짐이다.

❖ 이상은 서방백호칠수의 오행배속이다.

◆ 觜觿三星爲保藏 收檢秋物 二度 於時在申 晉分春夏爲火 秋冬爲土也

◆◆ 參伐十星爲天大將 斬刈收獲 九度 於時在申 晉分春夏爲火 秋冬爲土也

④ 남방 주작칠수朱雀七宿

㉠ 동정東井=井 ◆ 동정東井의 여덟 별은 물과 저울을 주관하니, 법으로써 시절을 평화롭게 한다. 33도를 맡았으며, 때는 미에 있고, 진秦나라에 해당하며, 봄과 여름은 화가 되고, 가을과 겨울은 수가 된다.

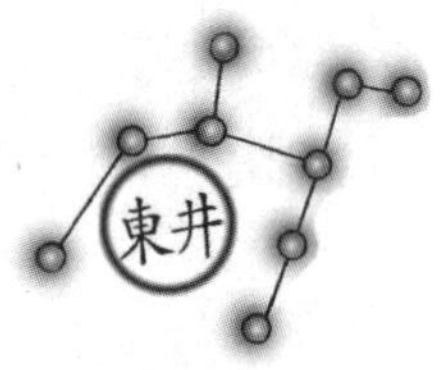

㉡ 여귀轝鬼=鬼 ◆◆ 여귀轝鬼의 다섯 별은 밝게 보는 것이 되어서, 간사한 음모를 살피는 것을 주관한다. 4도를 맡았으며, 때는 미에 있고, 진秦나라 땅에 해당하며, 봄과 여름은 수가 되고, 가을과 겨울은 화가 된다.

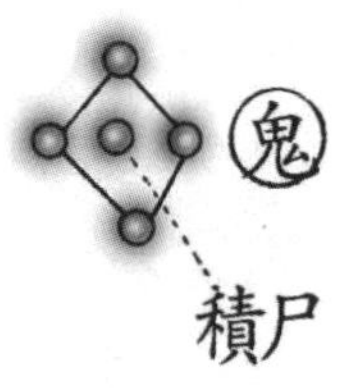

㉢ 류柳 ◆◆◆ 류柳의 여덟 별은 음식을 올려, 여러 맛을 조화시키는 것을 주관한다. 15도를 맡았으며, 때는 오에 있고, 주周나라 땅에 해당하며, 봄과 여름은 수가 되고, 가을은 화가 된다.

㉣ 성星=七星 ◆◆◆◆ 성星의 일곱 별은 의상이 되어서 몸을 덮는

◆ 東井八星爲主水衡 以法平時 三十三度 於時在未 秦分春夏爲火 秋冬爲水也

◆◆ 轝鬼五星爲視明 主察姦謀 四度 於時在未 秦分春夏爲水 秋冬爲火也

◆◆◆ 柳八星爲上食 主和滋味 十五度 於時在午 周分春夏爲水 秋爲火也

◆◆◆◆ 星七星爲衣裳 主蓋身體 七度 於時在午 周分春夏爲火 秋冬

것을 주관한다. 7도를 맡았으며, 때는 오에 있고, 주周나라에 해당하며, 봄과 여름은 화가 되고, 가을과 겨울은 수가 된다.

ⓜ 장張 ◆ 장張의 여섯 별은 주인과 손님이 되어서 잔치하고 즐기는 것이 된다. 18도를 맡았으며, 때는 오에 있고, 주나라에 해당하며, 수에 속한다.

ⓑ 익翼 ◆◆ 익翼의 스물 두 별은 하늘의 가수가 되어서 연극과 놀이를 주관한다. 18도를 맡았으며, 때는 사에 있고, 초楚나라에 해당하며, 봄과 여름은 목이 되고, 가을과 겨울은 금이 된다.

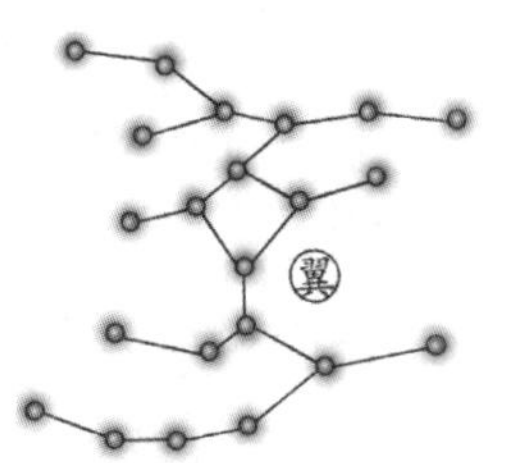

ⓢ 진軫 ◆◆◆ 진軫의 네 별은 죽고 장사지내는 것이 되어서 재앙과 흉사를 주관한다. 17도를 맡았으며, 때는 사에 있고, 초나라에 해당하며, 봄과 여름은 목이 되고, 가을과 겨울은 토가 된다.

❖ 이상은 남방주작칠수의 오행배속이다.

爲水也

◆ 張六星爲主客 賜與譺嬉 十八度 於時在午 周分水也

◆◆ 翼二十二星爲天唱 主以戲虞 十八度 於時在巳 楚分春夏爲木 秋冬爲金也

◆◆◆ 軫四星爲死喪以知灾凶 十七度 於時在巳 楚分春夏爲木 秋冬爲土也

3 28수와 9주

◆『한서』「천문지」에 이르기를 "각角·항亢·저氐는 한나라와 정나라로 연주兗州에 해당하고, 방房·심心은 송나라로 예주豫州에 해당하며, 기尾·미箕는 연나라로 유주幽州에 해당한다.

정井·귀鬼는 진秦나라로 옹주雍州에 해당하며, 류柳·칠성七星·장張은 삼하三河에 해당하고, 익翼·진軫은 초나라로 형주荊州에 해당한다.

규奎·루婁·위胃는 노나라로 서주徐州에 해당하고, 묘昴·필畢은 조나라로 기주冀州에 해당하며, 자觜·삼參은 위나라로 양주梁州에 해당한다.

두斗는 강과 호수에 해당하며, 견우牽牛·수녀須女는 오나라로 양주楊州에 해당하고, 허虛·위危는 제나라로 청주靑州에 해당하며, 실室·벽壁은 위나라로 병주幷州에 해당한다"고 하니, 이것은 모두 지역을 나누어 주관함으로써, 주州와 나라의 착하고 악한 것을 바로 하는 것이다. 그러므로 정政자를 써서 칠정七政이라고 하였다.

◆ 漢書天文志云 角亢氐韓鄭兗州之分 房心宋豫州之分 尾箕燕幽州之分 井鬼秦雍州之分 柳七星張三河之分 翼軫楚荊州之分 奎婁胃魯徐州之分 昴畢趙冀州之分 觜參魏梁州之分 斗江湖之分 牽牛須女吳楊州之分 虛危齊靑州之分 室壁衛幷州之分 此皆當分所主 正其州國善惡 故爲政也

4 28수의 이름풀이

① 동방 창룡칠수

㉠ 각角 ◆ 『석씨천관훈해』에 이르기를 "각角의 두 별은 창룡蒼龍의 머리 위의 뿔이다. 두 뿔의 사이가 해와 달과 오성이 다니는 하늘의 길이기 때문에 '뿔 각角'이라고 이름했다.

㉡ 항亢 항亢은 조정朝廷이 된다. 왕과 대면해서 아침 저녁으로 세상의 일을 자문하기 때문에 '목, 또는 목구멍 항亢'이라고 이름했다.

㉢ 저氐 저氐는 침실 안방이기 때문에 '저'라고 이름했다.

❖ 氐 : 근본 저, 집 저邸

㉣ 방房 방房은 천자가 항상(四時) 거처하는 곳이기 때문에 '방'이라고 이름했다. ❖ 房 : 방 방, 집 방.

㉤ 심心 심心은 앞의 한 별은 태자가 되고, 가운데 별은 천자가 되며, 뒤의 한 별은 서자庶子가 되니, 사람의 심장이 가운데 있어서 몸의 주인이 되는 것과 같기 때문에 '심'이라고 이름했다. ❖ 心 : 마음 심, 심장 심.

◆ 石氏天官訓解云 ㉠角二星是蒼龍之首上角 兩角間天之道 日月五星所行 故名角 ㉡亢爲朝廷 對揚于王 夙夜謀諮四海之內 故名亢 ㉢氐是正寢冰解之室 故名氐 ㉣房是天子四時所居 故名房 ㉤心前一星爲太子 中爲天子 後一星爲庶子 如人心處中爲身之主 故名心 ㉥尾是東方蒼龍宿之尾 故名尾 象形也 ㉦箕近斗 象播揚五穀 故名箕

ⓑ 미尾 미尾는 동쪽 창룡의 꼬리이기 때문에 '미'라고 이름한 것이니, 형상을 본딴 것이다. ❖ 尾 : 꼬리 미.

ⓢ 기箕 기箕는 두斗와 가까와서 오곡을 키질하기 때문에 '기'라고 이름했다. ❖ 箕 : 키 기.

② 북방 현무칠수

㉠ 두斗 • 두斗는 물건의 양을 측정하는 그릇이니, 벼슬과 녹을 헤아린다. 그 형상이 말斗과 같기 때문에 '두'라고 이름했다. ❖ 斗 : 말 두.

ⓛ 우牛 우牛는 또한 소뿔을 상징한다. 칠정의 출발점이기 때문에 '우'라고 이름했다. ❖ 牛 : 소 우.

ⓒ 여女 여女는 모나고 바르게 마름질하고 베는 상이니, 여자 종과 첩의 부류이기 때문에 '여'라고 이름했다. ❖ 女 : 계집 녀.

ⓔ 허虛 허虛는 소모하는 것이니, 그 사이가 비어서 묘당廟堂의 상이기 때문에 허라고 이름했다. ❖ 虛 : 빌 허.

ⓜ 위危 위危는 작은 방 또는 분묘墳墓와 같기 때문에 '위'라고 이름했다. ❖ 危 : 높을 위, 위태할 위.

• ㉠斗量器也 斟酌爵祿 其形似斗 故名斗 ⓛ牛亦象牛角 七政之始 故名牛 ⓒ女方正裁割之象 婢妾之類 故名女 ⓔ虛耗也 其間空虛廟堂之象 故名虛 ⓜ危似室屋 亦如墳墓 故名危 ⓑ營室有六星 爲離宮 似宮室 故名室 ⓢ壁直立似壁 孔子藏書於壁 效此義也 故名壁

ⓑ 영실營室 영실은 여섯 별이 옆에 있으면서 리궁離宮(別宮)이 되니, 궁실과 같기 때문에 '실'이라고 이름했다. ❖ 室 : 집 실.

ⓢ 벽壁 벽壁은 곧추 선 것이 벽과 같으니, 공자님이 벽 속에 옻칠한 책漆書을 감춘 것이 이 뜻을 본받은 것이다. 그러므로 '벽'이라고 이름했다. ❖ 壁 : 벽 벽, 울타리 벽.

③ 서방 백호칠수

ⓖ 규奎 • 규奎는 곳집(특히 무기고)이 되고 병사를 주관하니, 곳집이 주밀한 것을 상징한다. 규는 어긋난다는 뜻이며, 군사는 어긋남이 있을 때 동원하는 것이므로 '규'라고 이름했다.

❖ 奎 : 문장 규, 가랑이 벌리고 걸을 규.

ⓛ 루婁 루婁는 누각과 같고 또한 종루鐘婁와 같다. 그러므로 잔치에 쓸 짐승들을 기르는 것으로써 이름한 것이다. ❖ 婁 : 누각 루樓.

ⓓ 위胃 위胃는 오장으로 보면 오곡을 받아 담는 부府가 되어서, 창고를 주관하기 때문에 이름한 것이다. ❖ 胃 : 밥통 위.

ⓡ 묘昴 묘昴는 근심하고 모여있는 것이 죄수가 감옥에 있는

◆ ㉠奎爲庫主兵 形象庫周密 故奎乖也 兵以乖違故擧 所以名奎 ㉡婁如樓閣 亦似鐘婁 故養犧牲 以爲名 ㉢胃在藏爲五穀之府 主廩倉故以爲名 ㉣昴悴聚如囚之在牢獄 故主獄事 昴星也 聚則憂 故名爲昴 ㉤畢邊夷毛頭之類 如天子警畢 毛頭唱之 畢了唱以警衆心 故以名之也 ㉥觜聚也 爲白虎之鼻 聚在虎觜鬚間 故以爲名 ㉦參共也雜金土之氣 共行殺罰 故名參

것과 같기 때문에 옥사를 주관하며, 묘별은 모이면 근심되기 때문에 '묘'라고 이름했다. ❖ 昴 : 근심할 묘

ⓜ 필畢 필畢은 변방 오랑캐의 척후병(毛頭)과 같은 것이다. 천자가 길을 갈 때 경계하기를 마치면, 척후병이 경계를 마쳤다고 소리를 지르니, 소리를 지름으로써 뭇사람들의 마음을 경계하는 것과 같기 때문에 이름한 것이다. ❖ 畢 : 마칠 필.

❖ 모두毛頭 : 무리의 제일 앞에서 경계의 임무를 맡은 사람, 척후병을 이르는 말로, 곤충의 더듬이 같은 역할을 한다고 해서 이름함.

ⓑ 자觜 자觜는 모이는 것이다. 백호白虎의 코가 되어서, 호랑이의 수염 사이에 모여있기 때문에 이름한 것이다. ❖ 觜 : 털뿔뾰족한 털 자.

ⓢ 삼參 삼參은 함께 하는 것이니, 금과 토의 기운이 섞여서 함께 죽이고 벌줌을 행하기 때문에 '삼'이라고 이름했다. ❖ 參 : 참가할 참(삼), 섞일 참(삼).

④ 남방 주작칠수

ⓖ 정井 • 정井은 정미로움(精)이다. 담긴 물이 가득차 고르게 있으니, 지극히 정미로운 것이다. 이 별의 상과 법도가 물의

◆ ㉠井精也 盛水亭平 精微之至 此星象法度 如水之平 故名井 ㉡鬼歸也 陽歸於陰 所以其內一星闇而不明 鬼之象也 故以爲名也 ㉢柳留也 春秋傳曰 或食於任 ㉣柳一名任也 祭祀鬼神 合和五味 留神靈也 故以名之 ㉤七星數七 如鳥之衣覆上 故以名之 ㉥張開張也 爲朱鳥之嗉 有容納 故主賓客也 ㉦翼如六翮 似鳥兩翅之飛 故以名翼 ㉧軫似小車四方車 後橫曰軫 凶事之用 故以爲名

평평한 것과 같기 때문에 '정'이라고 이름했다. ❖ 井 : 우물 정.

ㄴ 귀鬼 귀鬼는 돌아가는 것(歸)이니, 양이 음으로 돌아가는 것이다. 또 그 속의 한 별이 어둡고 밝지 않으니 귀신의 상이다. 그래서 이름한 것이다. ❖ 鬼 : 귀신 귀.

❖ 귀는 네 개의 별이 마름모꼴로 있고, 그 안에 적시積尸라고 하는 백색의 별이 있어서, 시체의 기운을 모으는 역할을 한다.

ㄷ 류柳 류柳는 머무르는 것(留)이니, 『춘추전』에 말하기를 "혹 맡긴 것(任)을 먹는다"고 했으니, 류의 다른 이름은 '임任'이다. 귀신을 제사지내고 다섯 가지 맛을 조화시켜서, 신령을 머무르게 하는 것이기 때문에 류라고 이름했다. ❖ 柳 : 모일 류.

❖ 『춘추전春秋傳』 : 송宋나라의 호안국胡安國이 고종高宗의 명을 받아 지은 책으로, 오로지 존왕양이尊王攘夷의 입장에서 『춘추』를 풀이하였다. 『좌전左傳·공양전公羊傳·곡량전穀梁傳』과 더불어 춘추사전春秋四傳으로 높여 불리운다.

ㄹ 칠성七星 칠성七星은 수가 일곱으로, 새의 깃이 위를 덮은 것 같기 때문에 이름한 것이다.

❖ 칠성七星은 남방주작의 머리에 해당한다.

ㅁ 장張 장張은 열어 펼치는 것(開張)이니, 주작朱雀의 모이주머니 같아서 포용하고 받아들임이 있기 때문에 손님 접대를 주관한다. ❖ 張 : 베풀 장, 넓힐 장.

ㅂ 익翼 익翼은 여섯 개의 깃촉(翮) 같아서, 새가 두 날개로 나는 것과 같기 때문에 '익'이라고 이름했다. ❖ 翼 : 날개 익.

㉦ 진軫 진軫은 조그마한 수레, 또는 네모진 수레의 뒤를 가로지른 나무를 진이라고 하니, 흉사에 쓰는 것이다. 그러므로 이름한 것이다"라고 했다. ❖ 軫 : 수레의 뒤턱나무 진.

◆ 위의 별들이 숨었다가 나타났다가 하며, 사특하고 바르며, 없어지고 능멸받으며, 길을 따라 지나가고 다른 별에게 먹히며, 흩어져서 요사하고 이상한 것이 되며, 더욱이 혜성이 날고 흐른다. 이와 같은 것은 모두 조짐을 점치는 것으로써 별들이 날고 열리는 것을 가지고 해석한다. 그러므로 여기서 모두 해석했으며, 세 가지 칠정은 이미 오행에 배속하였으므로 이와 같이 간략히 설명했다.

❖ 별들이 날고 열리는 뜻 : 별빛이 흐리고 밝음, 별자리 모양을 갖추고 갖추지 못함 등으로 그 길흉을 판별하는 것을 의미한다.

◆ 其伏見邪正闕陵歷蝕 散爲天異 彗勃飛流 如此之徒 竝以占候 飛開義釋 故不委具 三種七政 旣配五行 略說如此

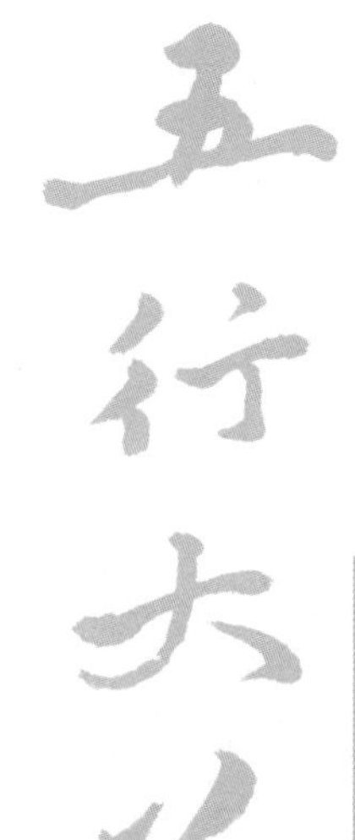

제 17편 팔괘와 팔풍論八卦八風

1장. 팔괘八卦

◆ 팔괘라는 것은, 『주역』에 이르기를 "옛날에 복희씨가 천하를 다스릴 때, 우러러 하늘의 상을 살피고 구부려 땅의 법칙을 살펴서, 새와 짐승의 무늬와 땅의 특성을 살폈다. 가깝게는 몸에서 취하고 멀게는 다른 물건에서 취해서, 비로소 팔괘를 만들어 신명한 덕을 통하게 하고 만물의 실정을 유형별로 나열했다"고 했다.

삼재三才를 겸해서 둘로 했기 때문에 여섯 획으로 괘를 이루었고, 팔방의 여덟 가지 바람이 통함으로 인해서 팔절八節의 기운을 이루었다. 그러므로 괘가 여덟이 있는 것이다.

❖ 『주역』「계사하전」 2장에 출전.

◆ 八卦者 周易云 古者庖羲氏之王天下也 仰則觀象於天 俯則觀法於地 觀鳥獸之文與地之宜 近取諸身 遠取諸物 於是始作八卦 以通神明之德 以類萬物之情 兼三才而兩之 故六劃而成卦 因八方之通八風 成八節之氣 故卦有八

1 팔괘의 오행배속

• 괘의 오행배속은, 건☰과 태☱는 금이 되고, 감☵은 수가 되며, 진☳과 손☴은 목이 되고, 리☲는 화가 되며, 곤☷과 간☶은 토가 되니, 각각 방위로써 말한 것이다.

❖ 삼재三才만으로 이루어진 괘는 3획괘이다. 이를 두번 겸하면 6획괘가 된다.

❖ 우주만물의 형상과 성질을 8종류로 분류해서 부호화 한 것이 팔괘이다. 그 대표적인 성질을 간추리면 다음과 같다.

괘상	☰	☱	☲	☳	☴	☵	☶	☷
괘명	건	태	리	진	손	감	간	곤
수	선천1 후천6	선천2 후천7	선천3 후천9	선천4 후천3	선천5 후천4	선천6 후천1	선천7 후천8	선천8 후천2
자연	하늘	연못	불	우레	바람	물	산	땅
인간	부	소녀	중녀	장남	장녀	중남	소남	모
성질	건장함	기쁨	걸림	움직임	들어감	빠짐	그침	순함
동물	말	양	꿩	용	닭	돼지	개	소
신체	머리	입	눈	발	허벅지	귀	손	배
오행	양금	음금	화	양목	음목	수	양토	음토

◆ 其配五行者 乾兌爲金 坎爲水 震巽爲木 離爲火 坤艮爲土 各以方位言之

❖ 문왕후천팔괘의 방위로 오행을 배속한 것이다. 문왕후천팔괘 방위도는 다음과 같다.

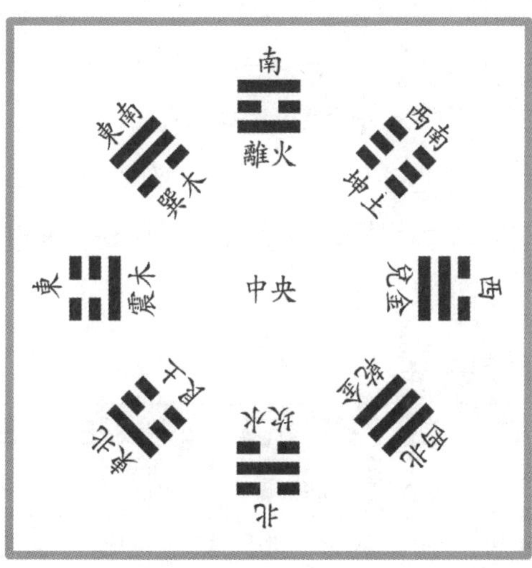

❖ 오행에 팔괘를 배속함

오행	금	수	목	화	토
팔괘	건 ☰ 태 ☱	감 ☵	진 ☳ 손 ☴	리 ☲	곤 ☷ 간 ☶

2 팔괘의 방위 및 절기

◆ 『주역통괘험』에 이르기를 "간☶은 동북방으로 입춘을 주관하고, 진☳은 동방으로 춘분을 주관하며, 손☴은 동남방으로 입하를 주관하고, 리☲는 남방으로 하지를 주관하며, 곤☷은 서남방으로 입추를 주관하고, 태☱는 서방으로 추분을 주관하며, 건☰은 서북방으로 입동을 주관하고, 감☵은 북방으로 동지를 주관한다"고 했다.

❖ 팔괘의 방위 및 절기

팔괘		간☶	진☳	손☴	리☲	곤☷	태☱	건☰	감☵
방위	지지	축 · 인	묘	진 · 사	오	미 · 신	유	술 · 해	자
	오방	동북방	동방	동남방	남방	서남방	서방	서북방	북방
절기		입춘	춘분	입하	하지	입추	추분	입동	동지
오행		토	목	목	화	토	금	금	수

① 감坎

◆◆ 감이 북방에 있는 것은, 동짓날에는 양기가 지하(황천黃泉)에서 움직이니, 자子방이 비록 태음의 위치이나 양기가 밑에서 움직인다. 그래서 그 괘가 바깥은 음이고 안은 양으로☵, 물의 속이 맑듯이 속에 양을 품고 있음을 상징한 것이다. 그러므로 자방에 위치한 것이고, 수에 배속했다.

◆ 易通卦驗云 艮東北主立春 震東方主春分 巽東南主立夏 離南方主夏至 坤西南主立秋 兌西方主秋分 乾西北主立冬 坎北方主冬至

◆◆ 坎居北方者 冬至之日 陽氣動於黃泉之下 子雖大陰之位 以陽氣動其下 故其卦外陰內陽 象水內明中懷陽也 故居子位 以配水

② 간艮

◆ 간은 동북방에 있다. 그 괘에 양 하나가 위에 있는 것☶은, 입춘 때 양기가 이미 발동해서 땅위에 있음을 상징한 것이며, 아래에 음이 둘이 있는 것은 아직은 음기운이 많아서 양기가 미미함을 상징한 것이다.

간괘는 산이 된다. 음 둘이 아래에 있어서 흙이 깊게 쌓인 것이 되기 때문에 괘가 축丑방에 있는 것이고, 축과 미未는 충이 되기 때문에 토에 배속했다.

③ 진震

◆◆ 진☳은 동방에 있다. 진은 장남괘가 되니 일을 맡아 주관할 수 있기 때문에, 잘 드러나면서도 밝은 땅에서 거처하는 것이다.

동쪽은 봄이니 만물이 모두 생겨나서 맑고 깨끗하게 드러나고, 진괘는 우레가 되니 우레가 움직이면 만물이 나온다. 춘분때는 하늘의 기운은 아래로 내려오고 땅의 기운은 위로 올라가니, 하늘과 땅이 함께 화합하여 만물이 싹트기 때문에 진이 묘방에 있는 것이다. 묘는 목이고 소양의 자리다. 그러므로 목에 배속했다.

◆ 艮在東北者 其卦一陽在上 象立春之時 陽氣已發 在於地上 下有重陰 象陰氣猶厚 陽氣尚微 艮旣爲山 以其重陰在下積土深 故卦復在丑 丑爲未衝 故以配土

◆◆ 震居東方者 震爲長男 能主幹任 故居顯明之地 東方春也 萬物咸得生出 明淨顯著 震爲雷 雷動則萬物出 春分之時 天氣下降 地氣上騰 天地和同 萬物萌動 故震居卯 卯木少陽之位 故以配木

④ 손巽

◆ 손은 동남방에 있다. 괘에 양 둘이 위에 있으니☴, 입하 절기에 양기는 이미 성해서 위에 있고, 음기는 아래에서 미약함을 상징한 것이다.

나무(木)라는 것은 땅에 묻힌 부분은 적고 땅에서 나온 부분이 많다. 그러므로 손괘가 양 둘이 위에 있음은, 나무가 땅 위에 있는 부분이 많음을 상징한 것이고, 음 하나가 아래에 있음은 나무의 땅속에 묻힌 부분이 적음을 상징한 것이다. 목의 본체는 양이니, 또한 밝게 드러나는 것이 마땅하기 때문에 동남방에 있는 것이고, 목에 배속했다.

⑤ 리離

◆◆ 리가 남방에 있는 이유는 다음과 같다. 하지 때는 음이 땅 밑에서 움직인다. 오방午方은 양이 성한 자리이나, 밑에서는 음의 기운이 움직이기 때문에, 그 괘가 바깥은 양이고 속에는 음이 있는 것☲이다. 화(불)가 밖은 밝지만 안은 어두워서, 안으로 음기를 품고 있는 것을 상징한 것이다. 그러므로 남방에 있는 것이고, 화에 배속했다.

⑥ 곤坤

◆ 巽居東南者 其卦重陽在上 象立夏之時 陽氣已盛在上 陰氣微弱在於下 木之爲物 入地最少 出土最多 巽卦二陽在上 象木出地之多 一陰居下 象木立地之少 木體是陽 亦宜明顯 故在東南 以配於木

◆◆ 離居南方者 夏至之時 陰動於黃泉之下 午是盛陽之位 而陰氣動 故其卦外陽內陰 象火外明內暗 懷陰氣也 故在南方 以配火

◆ 곤☷이 서남방에 있는 이유는 다음과 같다. 곤괘는 순수한 음의 상으로, 만물을 기름에는 땅만한 것이 없다. 또 음의 본체는 낮고 순해서 감히 앞에 나서지 못하니, 음이 오방에서 움직이기 시작하더라도 미방未方에 이르러서야 나타나므로, 곤괘가 오방의 다음 자리를 차지하는 것이다.

땅의 본체는 음이 쌓인 것이니, 곤괘는 순수한 음으로 땅을 상징하고, 『예기』에 중앙토를 미방에 배속했으니, 땅은 곧 토이다. 그러므로 서남방에 있는 것이고, 토에 배속했다.

❖ 『예기』에서는 미월未月을 토가 왕한 계절로 보았다.

⑦ 태兌

◆◆ 태☱가 서방에 있는 이유는 다음과 같다. 태괘는 음 하나가 위에 있으니, 추분 때 양기가 이미 감추기 시작함을 상징한 것으로, 금金이 소음으로 되었기 때문에 음 하나가 위에 있다. 서쪽은 금의 방위이므로 서방에 있는 것이고, 금에 배속했다.

⑧ 건乾

◆◆◆ 건☰이 서북방에 있는 이유는 다음과 같다. 건괘는 순수한

◆ 坤居西南者 坤卦純陰之象 能養萬物 莫過於地也 陰體卑順 不敢當首 陰動於午 至未始著 故坤後午之位 地體積陰 坤旣純陰象地 禮以中央土在未 地卽土也 故在西南 以配土也

◆◆ 兌在西方者 兌卦一陰在上 象秋分之時 陽氣已深 金爲少陰 故一陰居上 西是金位 故在西方 以配金

◆◆◆ 乾居西北者 乾卦純陽之象 生萬物者 莫過乎天 乾爲生物之首 陽氣起子 乾是陽氣之本 故先子之位 以純陽堅剛 故在西北 以配金

양의 상이고, 만물을 내는 것이 하늘만한 것이 없으니, 건괘가 만물을 생겨나게 하는 머리가 된다.

양의 기운은 자방에서 일어나고, 건괘는 양기의 근본이기 때문에 자방보다 한 방위 먼저 있으니, 순수한 양으로 굳고 강하다. 그러므로 서북방에 있으면서, 금에 배속했다.

3 사정괘四正卦와 오행

① 진과 태

㉠ 진震 • 『역전』에 말하기를 "진震☳은 춘분과 곡우를 주관하니, 곡우에 태(천태天兌)를 얻게 되면 만물이 모두 난다"고 하였다. 태☱는 서방의 괘로, 춘분과 곡우에는 해가 묘수昴宿에 있다. 묘수는 서방의 별로, 해가 서쪽에 있기 때문에 '태(천태)'라고 말한 것이다.

모습이 순리대로 되어 목기운을 얻게 되면 태의 작용이 조화롭고, 모습이 순리를 잃어서 목기운을 거스르게 되면, 태의 작용이 해침이 되어서 비가 계속 내리는 벌을 내린다.

❖ 묘수는 서방백호칠수 중의 제일 가운데 있는 별자리이다. 『상서고령요』에는 "봄의 하루는 해가 묘방에서 나와서 유방으로 들어가니, 묘성昴星의 1도로 가면 어두워지고…"라고 하였다.

❖ 여기서 모습(貌)라고 한 것은 오사五事로는 모습이 목기운에 속하기 때문이다.

◆ 易傳曰 震主春分穀雨 穀雨得天兌 則萬物畢生 兌者西方之卦 是時日在昴 昴西方之宿 以日在西 故曰天兌 貌順木得 則天兌爲和 貌失木逆 則天兌爲害 而常雨爲罰

ⓛ 태兌 ◆ "兌태☱는 추분과 상강을 주관하니, 상강이 진(천진天震)의 움직이는 기운을 얻으면 서리가 내려서 만물이 죽는다"고 하니, 진☳은 동방의 괘로, 추분과 상강에는 해가 방수房宿에 있다. 방수는 동방의 별로, 해가 동쪽에 있기 있기 때문에 진이라고 말한 것이다.

말(言)이 순리대로 되어 금기운을 얻게 되면 진의 작용이 조화롭고, 말이 순리를 잃어 금기운을 거스르게 되면, 진의 작용이 해가 되어서 가뭄이라는 벌을 내린다.

❖ 방수는 동방창룡칠수 중의 제일 가운데 있는 별자리이다. 『상서고령요』에는 "가을의 하루는 해가 묘방에서 나와서 유방으로 들어가니, 수녀성須女星의 4도로 가면 어둡고…"라고 하였다.

❖ 여기서 말(言)이라고 한 것은 오사五事로는 말이 금기운에 속하기 때문이다.

ⓒ 진과 태가 잘못되었을 때 ◆◆ 모습의 잘못은 비를 내리고, 말의 잘못은 가문다는 것은, 진은 양괘이고 태는 음괘이니, 양은 가물게 하고 음은 비오게 하는 것이다.

또 목이 비가 오는 것과 금이 가무는 것은, 사람의 일에서 모습을 실수하면 아랫사람이 원망하고 음이 성해지기 때문에 비가 오고, 말을 실수하면 무리를 잃게 되어서 외로운 양이 혼자 있게 되고 음이 따르지 않기 때문에 가무는 것이다.

◆ 兌主秋分霜降 霜降得天震之動氣 則天下霜 萬物死 震東方之卦 是時日在房 房東方之宿 以日之在東方 故曰天震 言順金得 則天震爲和 言失金逆 則天震爲害而旱罰

◆◆ 所以貌雨言旱者 震陽兌陰 陽旱陰雨也 木之所以雨 金之所以旱者 其人事貌失 則下怨陰盛 故雨 言失則失衆 孤陽獨立 羣陰不附 故旱 春秋二時 震兌相臨 天地氣和 所以不極寒熱也

봄·가을에는 진과 태가 교대로 임하니, 하늘과 땅의 기운이 화합하게 된다 그래서 심하게 춥거나 덥지 않는 것이다.

❖ 봄·가을에는 진과 태가 교대로 임하니 : 봄에는 태가 임하고 가을에는 진이 임함을 뜻함.

② 감과 리

㉠ 감坎 ◆ "감坎☵은 동지와 대한을 주관하니, 감(천감天坎)의 기운을 얻으면 날이 크게 춥다"고 했다. 동지와 대한에는 해가 허수虛宿에 있고, 허수는 북방의 별이기 때문에 '감(천감)'이라고 한 것이다.

듣는 것(聽)이 순리대로 되어 수기운을 얻으면 감이 화합되고, 듣는 것이 순리를 잃어 수기운을 거스르게 되면 감의 작용이 벌이 되기 때문에 계속 추워지는 것이다.

❖ 허수는 북방 현무칠수 중의 제일 가운데 있는 별자리이다.

❖ 여기서 듣는 것(聽)이라고 한 것은 오사五事로는 듣는 것이 수기운에 속하기 때문이다.

㉡ 리離 ◆◆ "리☲는 하지를 주관하고 크게 뜨거우니, 뜨거운 기운이 크게 발산되고, 다시 리(천리天離)의 기운을 얻으면 세상이 크게 뜨거워져서 여러 가지 사건이 모두 나게 된다"고 하였

◆ 坎主冬至大寒 大寒得天坎之氣 則天下大寒 是時日在虛 虛北方之宿 故曰天坎 聽順水得 則天坎爲和 聽失水逆 則天坎爲罰 故常寒

◆◆ 離主夏至大熱 大熱發長 復得天離之氣 則天下大熱 萬事畢出 是時日在七星 七星南方七宿 故曰天離 視順火得 則天離爲和 視失火逆 則天離爲罰 故常燠

다. 하지에는 해가 칠성七星에 있고, 칠성은 남방의 칠수七宿이기 때문에 '리(천리)'라고 한 것이다.

보는 것(視)이 순리대로 되어 화기운을 얻게 되면 리가 화합되고, 보는 것이 순리를 잃어 화기를 거스르게 되면 리의 작용이 벌이 되기 때문에 항상 더운 것이다.

❖ 칠성은 남방주작칠수 중의 제일 가운데 있는 별자리이다.

❖ 여기서 보는 것(視)이라고 한 것은 오사五事로는 보는 것이 화기운에 속하기 때문이다.

ⓒ 감과 리가 잘못되었을 경우 • 겨울과 여름의 두 때는 하늘과 땅의 기운이 함께 행하고, 감과 리가 각각 자기 방위에서 기운을 행사하기 때문에 극히 춥고 더운 것이다.

◆ 冬夏二時 天地氣併 坎離各當氣方 所以極寒熱也

2장. 팔풍八風

• 이제 팔괘를 나누어서 방위에 배속시킨 것이, 감·리·진·태는 각각 한 방위씩을 차지하고, 사잇방의 네괘는 축丑·인寅방이 간에 속하며, 진辰·사巳방이 손에 속하고, 미未·신申방이 곤에 속하며, 술戌·해亥방이 건에 속하니, 팔괘가 팔풍을 통하고 팔방이 팔절의 기운을 조절하게 된다.

그러므로 감坎은 광막풍廣莫風을 낳아서 45일간 불고, 간艮은 조풍條風을 낳아서 45일간 불며, 진震은 명서풍明庶風을 낳아서 45일간 불고, 손巽은 청명풍淸明風을 낳아서 45일간 불며, 리離는 경풍景風을 낳아서 45일간 불고, 곤은 양풍凉風을 낳아서 45일간 불며, 태兌는 창합풍閶闔風을 낳아서 45일간 불고, 건乾은 부주풍不周風을 낳아서 45일간 불어서 또 감坎에 이른다. 양기는 다섯에서 나서 아홉에서 다하니, 5×9=45이기 때문에, 좌선하면서 45일을 가면 한번 변하는 것이다.

❖ 역시 문왕후천팔괘의 방위순서로 본 것이다.

• 今分八卦 以配方位者 坎離震兌 各在當方之辰 四維四卦 則丑寅屬艮 辰巳屬巽 未申屬坤 戌亥屬乾 八卦旣通八風 八方以調八節之氣 故坎生廣莫風 四十五日至 艮生條風 四十五日至 震生明庶風 四十五日至 巽生淸明風 四十五日至 離生景風 四十五日至 坤生凉風 四十五日至 兌生閶闔風 四十五日至 乾生不周風 四十五日又至坎 陽氣生五極九 五九四十五 故左行四十五日 而一變也

❖ 팔괘와 팔풍

팔괘	감	간	진	손	리	곤	태	건
팔풍	광막풍 廣莫風	조풍 條風	명서풍 明庶風	청명풍 淸明風	경풍 景風	양풍 凉風	창합풍 閶闔風	부주풍 不周風
부는 일수	45일	45일	45일	45일	45일	45일	45일	45일

❖ 『회남자』「천문훈」에는 "무엇을 팔풍이라고 하는가? 동짓날로부터 45일 후에는 조풍이 불고, 조풍이 분후 45일에는 명서풍이 불며(何謂八風 距日冬至四十五日 條風至 條風至四十五日 明庶風至)"라고 되어 있다.

1 팔풍의 이름풀이

① 감坎의 광막풍廣莫風

• 광막풍의 '광廣'은 큰 것이고 '막莫'은 사막이라는 말이니, 추운 기운이 넓고 원대해서 사막으로부터 온다는 것이다. 또한 이때는 양의 기운이 아래에 있어서 음이 넓고 크지 못하다고 해서 광막풍이라고 한다.

◆ 廣莫風者 廣大也 莫沙漠也 寒氣廣遠 自沙漠而來也 亦云 此時陽氣在下 陰莫之廣大也 條風者 條達也 此時達生萬物也 明庶風者 庶衆也 此時陽以施惠之德 衆物皆明出也 淸明風者 天氣明淨淸凉也 此時淸風吹萬物 使盛大明淨可觀也 景風者 景高也 萬物至此太高也 亦言 景竟也 陽道至此終竟也 凉風者 秋風凉也 此時陰氣凄凉 收成萬物也 閶闔風者 昌盛也 此時萬物盛而收藏之也 不周風者 周徧也 萬物備成 不周者閉不通也 言此時純陰無陽 閉塞不通也

② 간艮의 조풍條風

조풍의 '조條'는 뻗어나는 것이니, 이때는 만물을 뻗어나게 하는 것이다.

③ 진震의 명서풍明庶風

명서풍의 '서庶'는 많다는 뜻이니, 이때에 양이 덕을 베풀어 많은 물건들이 모두 밝게 나오는 것이다.

④ 손巽의 청명풍淸明風

청명풍은 천기가 밝고 깨끗하며 맑고 서늘한 것이니, 이때에 맑고 깨끗한 바람이 만물에 불어서, 만물이 성대하고 밝고 깨끗해지므로 구경해 볼 만한 것이다.

⑤ 리離의 경풍景風

경풍의 '경景'은 높다는 뜻이니, 만물이 이때에 이르러 아주 높아지는 것이다. 또한 '경'은 마치는 뜻이니, 양의 도가 여기에 이르면 마치게 되는 것이다.

⑥ 곤坤의 양풍凉風

양풍은 가을바람이 서늘한 것이니, 이때에 음의 기운이 차고 서늘해서 만물을 거두고 이루게 하는 것이다.

⑦ 태兌의 창합풍閶闔風

창합풍은 번창하고 성대한 것이니, 이때에 만물이 성대해서 수확하여 감추는 것이다.

⑧ 건乾의 부주풍不周風

부주풍의 '주周'는 두루하는 것이니, 만물이 모두 갖추어 이루어지는 것이다. 이에 반해 '부주'라고 한 것은 닫혀 통하지 못하는 것이니, 이때에 양은 없고 순전히 음뿐이어서 닫히고 막혀 통하지 않는 것이다.

2 여러 학설

① 회남자의 설

㉠ 팔풍과 팔문八門 ◆ 『회남자』에 말하기를 "동북방은 창문蒼門이라고 하니 조풍을 낳고, 동방은 개명문開明門이라고 하니 명서풍을 낳으며, 동남방은 양문陽門이라고 하니 청명풍을 낳고, 남방은 서문暑門이라고 하니 경풍을 낳으며, 서남방은 백문白門이라고 하니 양풍을 낳고, 서방은 창합문閶闔門이라고 하니 창합풍을 낳으며, 서북방은 유도문幽都門이라고 하니 부주풍을 낳고, 북방은 한문寒門이라고 하니 광막풍을 낳는다"고 했다.

㉡ 팔문의 이름풀이

◆ 淮南子曰 東北方曰蒼門 生條風 東方曰開明門 生明庶風 東南方曰陽門 生清明風 南方曰暑門 生景風 西南方曰白門 生涼風 西方曰閶闔門 生閶闔風 西北方曰幽都門 生不周風 北方曰寒門 生廣莫風

1. **창문**蒼門**(푸른 문)** : ◆ 창문이라는 것은, 동북쪽은 목이 장차 일을 하게 되니, 봄의 시작이므로 창문이라고 했다.

2. **개명문**開明門**(밝음을 여는 문)** : 개명문이라는 것은, '명'은 양이니, 해가 나오는 곳이기 때문에 개명문이라고 했다.

3. **양문**陽門**(양의 문)** : 양문이라는 것은, 월건이 사巳에 있어서(巳月), 순양이 일을 하기 때문에 양문이라고 했다.

4. **서문**暑門**(더운 문)** : 서문이라는 것은, 성하고 쇠하는 때이기 때문에, 서문이라고 했다.

5. **백문**白門**(흰색의 문)** : 백문이라는 것은, 월건이 신申에 있으니(申月), 금의 기운이 시작되기 때문에 백문이라고 했다.
   ❖ 금의 색은 희다.

6. **창합문**閶闔門**(성한 것을 닫고 거두는 문)** : 창합문이라는 것은, 8월의 월건은 유酉에 있으니(酉月), 만물이 장차 거둬지게 되며 성하고 크던 것이 닫혀서 거둬들일 때이기 때문에 창합문이라고 했다.

7. **유도문**幽都門**(어두운 것이 모이는 문)** : 유도문이라는 것은, '유'는 어두운 것이니, 검고 어두운 것이 장차 일을 하게 되어, 음이 모이기 때문에 어두운 것이므로 유도문이라고 했다.

8. **한문**寒門**(추운 문)** : 한문이라는 것은, 추위가 쌓여 있는 곳이

◆ 蒼門者 東北木將用事 春之始 故曰蒼門 開明門者 明陽也 日之所出 故曰開明門 陽門者 月建在巳 純陽用事 故曰陽門 暑門者 盛衰之時 故曰暑門 白門者 月建在申 金氣之始 故曰白門 閶闔門者 八月建在酉 萬物將收 閶大闔閉 收閉之時 故曰閶闔門 幽都門者 幽暗也 玄冥將始用事 陰聚故幽也 故曰幽都門 寒門者 積寒所在 故曰寒門 此八極之方 是八風之所起也

기 때문에 한문이라고 했다. 그러므로 이것은 여덟 가지 방소의 제일 끝점으로, 여덟 가지 바람이 일어나는 곳이다.

② 여씨춘추의 설

◆『여씨춘추』에 이르기를 "동쪽은 도풍滔風이고, 동남쪽은 동풍動風이며, 남쪽은 거풍巨風이고, 서남쪽은 처풍凄風이며, 서쪽은 표풍飄風이고, 서북쪽은 려풍厲風이며, 북쪽은 한풍寒風이고, 동북쪽은 염풍炎風이다"라고 하니 이 뜻도 또한 앞의 것과 같다.

❖『여씨춘추』「유시람」에 출전.

③ 태공병서太公兵書의 설

◆◆『태공병서』에 이르기를 "감坎은 대강풍이라고 하고, 건乾은 절풍이라고 하며, 태兌는 소강풍이라고 하고, 간艮은 흉풍이라고 하며, 곤坤은 모풍이라고 하고, 손巽은 소약풍이라고 하며, 진震은 영아풍이라고 하고, 리離는 대약풍이라고 한다.

㉠ 감의 대강풍大剛風 ◆◆◆ 대강풍이라는 것은, 태음의 기운은 죽

◆ 呂氏春秋云 東方滔風 東南動風 南方巨風 西南凄風 西方飄風 西北厲風 北方寒風 東北炎風 此意亦同於前

◆◆ 太公兵書云 坎名大剛風 乾名折風 兌名小剛風 艮名凶風 坤名謀風 巽名小弱風 震名嬰兒風 離名大弱風

◆◆◆ 大剛風者 大陰之氣好殺 故剛 折風者 金强能摧折物也 小剛風者 亦金殺故也 凶風者 艮在鬼門 凶害之所也 謀風者 坤爲地 大陰之本 多陰謀也 小弱風者 巽爲長女 故稱弱也 嬰兒風者 震爲長男愛之 故曰兒 大弱風者 離爲中女 又弱於長女也

이기를 좋아하기 때문에 강한 것이다.

㉡ 건의 절풍折風 절풍이라는 것은, 금金이 강해서 물건을 꺾기 때문에 이름한 것이다.

㉢ 태의 소강풍小剛風 소강풍이라는 것도 또한 금으로 죽이는 것이기 때문이다.

㉣ 간의 흉풍凶風 흉풍이라는 것은, 간艮이 귀문에 있으니 흉하고 해되는 곳이기 때문이다.

㉤ 곤의 모풍謀風 모풍이라는 것은, 곤괘는 땅이 되니, 태음의 근본이 되는 곳으로 음모가 많기 때문이다.

㉥ 손의 소약풍小弱風 소약풍이라는 것은, 손괘는 장녀가 되기 때문에 약하다고 한 것이다.

㉦ 진의 영아풍嬰兒風 영아풍이라는 것은, 진震은 장남이 되니 사랑해서 아이라고 부른 것이다.

㉧ 리의 대약풍大弱風 대약풍이라는 것은, 리離는 중녀가 되니, 또한 장녀보다도 약하기 때문에 '대약'이라고 한 것이다.

• 대강풍과 소강풍은 상대가 이기고, 대약풍과 소약풍은 주인이 이기며, 흉풍은 흉하고 해로운 일이 있고, 모풍은 역모를

• 大剛小剛客勝 大弱小弱主人勝 凶有凶害之事 謀有謀逆之人 折爲將死 嬰兒風主人强 此竝兵家觀客主盛衰 候風所從來也

꾸미는 사람이 있으며, 절풍은 장수가 죽고, 영아풍은 주인이 강해진다"고 하니, 이것은 모두 병술가들이 상대와 자기의 성하고 쇠하는 조짐이 되는 바람의 부는 것을 관찰하는 것이다.

④ 양천陽泉의 설

◆ 양천陽泉이 이르기를 "봄 기운은 부드러워서, 그 바람이 온화하니 희풍(기쁜 바람)이다. 여름 기운은 성해서, 그 바람이 뜨겁고 열성적이니 낙풍(즐거운 바람)이다. 가을 기운은 굳세서, 그 바람이 따갑고 맑으니 노풍(성낸 바람)이다. 겨울 기운은 차서, 그 바람이 엉겨붙고(얼고) 사나우니 애풍(슬픈 바람)이다.

또한 네 사잇방의 바람은 생성하는 기운을 따르니 방위에 따라서 다르다. 각각 감응되는 것을 따라가게 되나, 바람이라는 것은 하늘의 호령으로 정치하는 상이다. 만약 임금이 덕있는 명령을 내리면, 바람이 나뭇가지를 흔들지 않아서 맑고 온화하여 고루 화창하고, 만약 정치와 명령이 잘못되면 바람 기운이 노기를 띠고 흉포해서 모래를 날리고 나무를 부러뜨리니, 이것은 하늘과 땅의 응보하는 원리이다"라고 했다.

이것은 모두 오행의 기운이기 때문에 함께 풀이했다.

◆ 陽泉云 春氣臑 其風溫以和 喜風也 夏氣盛 其風陽以貞 樂風也 秋氣勁 其風慓以清 怒風也 冬氣冷 其風凝以厲 哀風也 又四維之風 隨生成之氣 方土異 宜各隨所感 然風者天之號令 治政之象 若君有德令 則風不搖條 清和調暢 若政令失 則氣怒凶暴 飛沙折木 此天地報應之理也 此皆五行之氣 故竝釋焉

❖ 이상의 내용을 도표로 요약하면 다음과 같다.

괘명		감	간	진	손	리	곤	태	건
① 방위		북	동북	동	동남	남	서남	서	서북
② 바람	회남자	廣莫風	條風	明庶風	淸明風	景風	凉風	閶闔風	不周風
	여씨춘추	寒風	炎風	滔風	動風	巨風	凄風	飄風	厲風
	태공병서	大剛風	凶風	嬰兒風	小弱風	大弱風	謀風	小剛風	折風
	양천	哀風		喜風		樂風		怒風	
③ 문회남자		한문	창문	개명문	양문	서문	백문	창합문	유도문
④ 일수		45일	45일	45일	45일	45일	45일	45일	45일

五行大義

제 18편 정과 성

論情性

1장. 오성五性과 육정六情

1 여러 학설

① 춘추좌씨전의 설

◆『춘추좌씨전』에 자산子產이 이르기를 "하늘의 밝은 것을 본받는다"고 했으니, 하늘에는 세 가지 빛이 있기 때문에 밝다고 한 것이다. "땅의 성품을 따른다"고 했으니, 땅의 성품은 낳게 하는 것이다. 만물을 낳기 때문에, 그 낳는 것을 따라서 쓰는 것이다. "육기를 낳고 오행을 쓴다"고 하니, 오행은 오성五性이 되고 육기는 육정六情과 통한다.

❖『춘추좌씨전』「소공昭公」25년조에 "여러 선대부의 말을 듣고 자산이 말하기를 '예절이라는 것은 하늘의 법이요, 땅의 의리이며, 사람의 행할 바이다. 하늘과 땅의 법이면서 백성이 실제로 본받으니, 하늘의 밝음을 본받고 땅의 성품을 따라서 육기를 낳고 오행을 쓰는 것이다(聞諸先大夫子產曰 夫禮者天之經也 地之義也 民之行也 天地之經而民實則之 則天之明 因地之性 生其六氣 用其五行)'"라고 하였다.

❖ 하늘에 있는 세 가지 빛은 해와 달 및 별의 빛을 말한다.

◆ 左傳子產云 則天之明 天有三光 故曰明也 因地之性 性生也 生萬物 故因其所生而用之 生其六氣 用其五行 五行者 爲五性也 六氣者 通六情也

② 익봉翼奉의 설

• 익봉이 이르기를 "오행은 사람에 있어서는 성품이 되고, 육률六律은 사람에 있어서는 정情이 된다"고 하니, 성품이라는 것은 '인仁·의義·예禮·지智·신信'이고 정이라는 것은 '희喜·노怒·애哀·락樂·호好·오惡'이다.

오성(다섯 성품)은 안에 있으면서 양의 작용을 하니 오장을 조종하고, 육정은 바깥에 있으면서 음의 작용을 하니 육체를 조종한다. 그러므로 "정이 성품을 이기면 어지러워지고, 성품이 정을 이기면 잘 다스려지며, 성품은 안으로부터 나오고, 정은 바깥으로부터 오니, 정과 성품이 사귈 때 실오라기 하나도 그 사이에 용납할 수 없다"고 했다.

❖ 익봉翼奉 : 자는 소군少君이고, 동해의 하비사람이다. 율력律曆과 음양점을 좋아하였고, 벼슬길에는 나서지 않았다.

③ 설문해자의 설

•• 『설문해자』에 말하기를 "정은 사람의 음기로 욕심과 기호가 있고, 성품은 사람의 양기로 착한 것이다"라고 했다.

❖ 『설문해자』「심부心部」에 "정은 사람의 음기로 욕심이 있는 것이니, 마음을 따라 푸른 소리를 내고, 성품은 사람의 양기로 착한 것이니, 마음을 따라 소리를 낸다(情人之陰氣 有欲者 從心青聲 性人之陽氣 性善者也 從心生聲)"고 하였다.

• 翼奉云 五行在人爲性 六律在人爲情 性者仁義禮智信也 情者喜怒哀樂好惡也 五性處內御陽 喩收五藏 六情處外御陰 喩收六體 故情勝性則亂 性勝情則治 性自內出 情從外來 情性之交 間不容系

•• 說文曰 情人之陰氣 有欲嗜也 性人之陽氣 善者也

④ 효경원신계孝經援神契의 설

◆ 『효경원신계』에 이르기를 "성품은 사람의 본질이니, 사람이 타고 난 것이다. 정은 음의 수數로, 안으로 전해져서 드러나고 흘러들어가 오장에 통한다. 그러므로 성품은 근본이 되고 정은 끝이 된다. 성품은 안정을 주로 해서 편안히 상도를 지키고, 정은 움직임을 주로 해서 환경에 따라 변하니, 움직임과 고요함이 서로 사귀기 때문에 사이가 미세하고 은밀하다"고 했다.

⑤ 도덕경의 설

◆◆ 『도덕경』의 하상공 장구에 이르기를 "오성五性의 귀신을 혼이라고 하니 수컷이 되고, 육정六情의 귀신을 백이라고 하니 암컷이 된다"고 하니, 이것은 성품은 양이고, 정은 음임을 밝힌 것이다.

◆ 孝經援神契云 性者人之質 人所稟受産 情者陰之數 內傳著流 通於五藏 故性爲本 情爲末 性主安靜 恬然守常 情則主動 觸境而變 動靜相交 故間微密也

◆◆ 河上公章句云 五性之鬼 曰魂爲雄 六情之鬼 曰魄爲雌 此明性陽情陰也

2장. 육기六氣

1 춘추좌전 복주의 설과 그 풀이

① 춘추좌전 복주의 설

◆ 육정이 이미 육기와 통하니 이제 먼저 복주服注를 살펴보면, "『춘추좌전』에 이르기를 '육기는 음陰·양陽·풍風·우雨·회晦·명明이다'"고 하니, 음은 토가 되고, 양과 풍은 목이 되며, 우는 금이 되고, 회는 수가 되며, 명은 화가 되니, 오직 천양만은 변하지 않는다.

❖ 『춘추좌씨전』 「소공昭公」 25년조의 두씨주杜氏注에 출전.

❖ 천양天陽은 양을 의미함. 양과 풍이 목이 되는데, 육기 중에 하늘을 상징하는 양만은 어떤 사물이 변해서 된 것이 아니다. 아래의 다섯 기운에 대한 설명 참조.

② 복주服注에 대한 풀이

㉠ 음陰이 토가 된다 ◆◆ '음陰이 토土가 된다'는 것은, 토는 음의 뜻이 있기 때문에 음이 엉겨서 땅이 되는 것이다.

◆ 六情旣通六氣 今先依服注 左傳云 六氣者 陰陽風雨晦明也 陰作土 陽與風作木 雨作金 晦作水 明作火 唯天陽不變

◆◆ 陰爲土者 土是陰義 故陰凝爲地

㉡ 풍風(바람)이 목이 된다 ◆ '풍風(바람)이 목木이 된다'는 것은, 바람은 움직이는 것이며, 나무(木)도 또한 움직여서 땅을 뚫고 나오고, 기성箕星은 동방의 별로 바람을 주관하고, 또한 손괘巽卦는 나무가 되고 바람이 되기 때문이다.

㉢ 우雨(비)가 금이 된다 ◆◆ '우雨(비)가 금金이 된다'는 것은, 우(비)는 물이니, 물의 성질은 얼기도 하고 풀리기도 하는데, 금의 성질 역시 굳기도 하고 풀리기도 한다. 또 필성畢星은 서방의 별로 비를 주관하기 때문에, 『시경』에 이르기를 "달이 필성에 걸리니 / 비가 크게 내린다"고 했다. 그러므로 우가 금이 되는 것이다.

❖ 『시경』「소아」의 점점지석시漸漸之石詩에 출전.

㉣ 회晦(어두움)가 수가 된다 ◆◆◆ '회晦(어두움)가 수가 된다'는 것은, 회는 어두운 것이며, 어두우면 물이 생기고, 어둡고 검은 것은 물의 색이기 때문이다.

㉤ 명明(밝음)이 화가 된다 ◆◆◆◆ '명明(밝음)이 화火가 된다'는 것은, 밝음은 물건을 비추기 때문에 화(불)가 되니, 모두 그 종류를 따라서 쓰는 것이다.

◆ 風作木者 風動也 木亦動 觸地而出 箕星東方之宿主風 又巽爲木爲風也

◆◆ 雨作金者 雨水也 水性鎖釋 金性亦可鎖釋 畢星西方之宿 主雨 故詩云 月離于畢 雨俾滂沲矣 故雨作金也

◆◆◆ 晦作水者 晦闇也 晦闇則水生 闇黑爲水之色也

◆◆◆◆ 明作火者 明照於物 故爲火也 皆從其類以之

2 정현의 설과 그 풀이

① 정현의 설

◆ 정현의 『예기』주에 이르기를 "목은 우雨(비)가 되고, 금은 양陽이 되며, 화는 욱燠(따스함)이 되고, 토는 풍風(바람)이 되며, 수는 한寒(추운것)이 된다"고 했다.

② 정현의 설에 대한 풀이

㉠ 목이 우가 됨을 풀이함 ◆◆ 진☳은 춘분을 주관하니, 춘분·곡우에 천태天兌를 얻으면 만물이 모두 난다. 태☱는 서방의 괘로 이때 해는 묘昴수에 있고, 묘는 서방의 별이다. 해가 서방에 있는 것이기 때문에 천태라고 한 것이다. 모습(貌)이 목의 덕을 따르게 되면 천태와 화합하기 때문에, '목이 우(비)가 된다'고 하니, 『시경』에 이르기를 "솔솔 부는 골바람 / 구름끼고 비온다"고 한 것이다.

❖ 천태에 대해서는 17편「팔괘와 팔풍」528쪽 참조.

㉡ 금이 양이 됨을 풀이함 ◆◆◆ '금이 양이 된다'는 것은, 가을에는 해가 동쪽으로 가서 방성房星이 천진天震의 기운을 얻으니, 말

◆ 鄭玄注禮記云 木爲雨 金爲陽 火爲燠 土爲風 水爲寒

◆◆ 震主春分 春分穀雨 得天兌 則萬物畢生 兌西方之卦 是時日在昴 昴西方之宿也 以日在西方 故謂天兌 貌順木德 則天兌爲和 故木爲雨 詩云 習習谷風 以陰以雨也

◆◆◆ 金爲陽者 秋時日行東方 房星之宿 得天震之氣 言順金德 則天震爲和 震爲陽也 秋時物成 所以火參物 是其和也 逆金氣則爲旱罰 故金爲陽也

(言)이 금의 덕을 따르게 하면 천진과 화합되고, 진☳은 양이 된다. 가을에 물건이 성숙하는 것은 물건을 말리기 때문이니 이것은 양이 화합된 것이며, 금의 기운을 거스르면 가무는 벌을 내리니 금이 양이 되는 것이다.

❖ 천진에 대해서는 17편 「팔괘 팔풍」, 529쪽 참조.

ⓒ 토가 풍(바람)이 된다 • '토가 풍이 된다'는 것은, 전傳에 말하기를 "생각과 마음이 잘못되면 그 벌이 항상 바람분다"고 하니, 바람은 토의 기운이라는 것을 말한 것이다. 『장자』에 말하기를 "큰 흙덩이가 기운을 토해내면 그것은 바람이라고 한다"고 했으니, 토는 임금이 되고, 임금은 교육과 명령을 하기 때문에 바람(風)이 되며, 토는 사계四季를 주관하기 때문에 명령이 잘못되면 바람이 재앙을 낳는 것이다.

❖ 『장자』의 제물론에 "자유가 묻기를 '감히 그 방법을 듣고자 합니다'. 자기가 말하기를 '큰 흙덩이가 기운을 토해내면 그것은 바람이라고 한다. 이 바람은 아무 일도 안하나, 일을 하면 모든 구멍이 노하고 놀랜다'(子游曰 敢問其方 子綦曰 夫大塊噫氣 其名曰風 是唯無作 作則萬竅怒呺)"고 하였다.

◆ 土爲風者 傳云 思心有失 厥罰常風 言風者土之氣也 莊子曰 大塊噫氣 其名曰風 土者爲君 君立敎令 故爲風 土立四季 故令失則風爲災也

3 정현과 복주의 설에 대한 평

◆ 정현은 목을 우(비)로 했고 복주服注는 목을 풍(바람)으로 했으며, 복주는 금을 우(비)로 했고 정현은 금을 양으로 했으며, 정현은 토를 풍으로 했고 복주는 토를 음으로 했으니, 두 설이 서로 어긋나나 각각 뜻이 있으며, 이제 오행으로 분별해 보면 복주가 더 가깝다.

그 까닭은 수는 금에서 나고, 금의 본체가 양이 아니며, 목은 소양이 되니 당연히 우(비)가 되지 않는다. 토는 땅이 되고 땅은 본래 음인데, 풍(바람)은 음양의 기운으로부터 나오는 것이므로 토가 혼자 낳는 것이 아니다. 복주가 목으로 풍(바람)이 된다고 한 것은, 손巽의 나무를 취한 것이기 때문에 마땅한 것이다.

육기	陰	陽	風	雨	晦(寒)	明(燠)
복주의 오행배속	토	목	목	금	수	화
정현의 오행배속	·	금	토	목	수(寒)	화(燠)

❖ 손☴은 나무가 되고 바람이 된다.

◆ 鄭以木爲雨 服以木爲風 服以金爲雨 鄭以金爲陽 鄭以土爲風 服以土爲陰 兩說頗反 各有其意 今就五行而辨 服近之矣 所以然者 水生於金 金體非陽 木爲少陽 不應爲雨 土爲地 地本是陰 風自是陰陽之氣 不獨生於土 服以木爲風者 取巽木故爲當也

3장. 육기와 육정六情

1 육기를 육정에 배속함

◆ 육기가 육정과 통하게 되는 것은, 호(좋아하는 것)는 양이 되고, 오(미워하는 것)는 음이 되며, 노(성냄)는 풍이 되고, 희(기쁜 것)는 우(비)가 되며, 애(슬픔)는 회(어두움)가 되고, 낙(즐거움)은 명(밝음)이 된다.

육정	호	오	노	희	애	락
육기	양	음	풍	우	회	명

① 호好(좋아하는 것)가 양이 된다

◆◆ '호好가 양이 된다' 함은, 양의 기운은 생하는 것을 좋아하므로 호(좋아하는 것)가 된다.

② 오惡(미워하는 것)가 음이 된다

◆◆◆ '오惡가 음이 된다' 함은, 음의 기운은 죽이는 것을 좋아하므로 오(미워하는 것)가 되는 것이다.

◆ 六氣通於六情者 好爲陽 惡爲陰 怒爲風 喜爲雨 哀爲晦 樂爲明
◆◆ 好爲陽者 陽氣好生 是以爲好
◆◆◆ 惡爲陰者 陰氣好殺 是以爲惡

③ 노怒(성냄)가 풍(바람)이 된다

◆ '노가 풍이 된다' 함은, 양천陽泉이 이르기를 "바람은 음양의 기운이 성해서 거세게 부딪혀 일어나는 것이니, 사람의 속기운이 희노애락을 따라 격하게 일어나는 것과 같다"고 했으며, 증자曾子께서 말씀하시기를 "음양은 노하면 바람이 된다"고 하셨다.

④ 희喜(기뻐함)가 우(비)가 된다

◆◆ '희가 우가 된다' 함은, 증자께서 "음양이 화합하면 비가 된다"고 하셨으니, 화합해서 윤택해지기 때문에 기쁜 것이다.

⑤ 애哀(슬픈 것)가 회(어두움)가 된다

◆◆◆ '애가 회가 된다' 함은, 회晦는 어두움이니, 근심하면 닫히고 막히기 때문에 어두워지므로 회가 되는 것이다.

⑥ 낙樂(즐거움)이 명(밝음)이 된다

◆◆◆◆ '낙이 명이 된다' 함은, 즐거우면 마음이 펴지고 흩어지기 때문에 밝은 것이다.

◆ 怒爲風者 陽泉云 風者陰陽孔氣 激發而起 猶人之內氣 因喜怒哀樂 激發起也 曾子曰 陰陽怒而爲風

◆◆ 喜而爲雨者 曾子曰 陰陽和而爲雨 和潤故爲喜也

◆◆◆ 哀爲晦者 晦闇也 愁則閉塞 故暗 所以爲晦

◆◆◆◆ 樂爲明者 樂則情舒散 故明也

2 육기와 육정에 대한 여러 설

① 한서漢書의 설

◆『한서』「예락지禮樂志」에 이르기를 "사람은 하늘·땅·음·양의 기운을 가지고 있어서 희노애락의 정이 있다"고 했다.

② 논형論衡의 설

◆◆『논형』에 말하기를 "사람의 오장은 심장이 주인이 되므로 심장이 지혜를 발하며, 나머지 네 장이 그에 따른다. 간장은 기쁜 작용을 하고, 폐장은 성내는 작용을 하며, 신장은 슬픈 작용을 하고, 비장은 즐거운 작용을 하므로, 성인이 절제하는 것은 성품을 상할까 두렵기 때문이다"라고 했다.

❖『논형』의 오장과 작용

오장	심장	간장	폐장	신장	비장
작용	지혜	기쁨	성냄	슬픔	즐거움

③ 익봉의 설

㉠ 호好는 방광 ◆◆◆ 익봉이 말하기를 "좋아하는 것(好)은 방광이

◆ 漢書禮樂志云 人含天地陰陽之氣 有喜怒哀樂之情

◆◆ 論衡曰 人五藏以心爲主 心發智慧 而四藏從之 肝爲之喜 肺爲之怒 腎爲之哀 脾爲之樂 故聖人節之 恐傷性也

◆◆◆ 翼奉云 好則膀胱受之 水好前 故曰好 怒則膽受之 少陽始盛萬物前萌也 惡則小腸受之 夏長養萬物惡僞 故曰惡 喜則大腸受之金爲珍物 故皆喜 樂則胃受之 土生養萬物 上下皆樂 哀則三焦受之陰陽之府 陽昇陰終 其宮室竭 故曰三焦 故哀悽也

받으니, 물은 앞으로 가는 것을 좋아하기 때문에 호好이다.

ⓛ 노怒는 담膽 성내는 것(怒)은 담이 받으니, 소양이 처음으로 성함에 만물이 앞다퉈 싹트는 것이다.

ⓒ 오惡는 소장 미워하는 것(惡)은 소장이 받으니, 여름에 만물을 키우고 기르는 데, 거짓됨을 미워하기 때문에 미워한다(惡)고 말했다.

ⓔ 희喜는 대장 기쁜 것(喜)은 대장이 받으니, 금은 보물이 되기 때문에 모두 기뻐하는 것(喜)이다.

ⓜ 낙樂은 위장 즐거운 것(樂)은 위장이 받으니, 토는 만물을 내고 기르므로 위아래가 다 즐거운 것이다.

ⓗ 애哀는 삼초 슬픈 것(哀)은 삼초가 받으니, 삼초는 음양의 집이다. 양은 올라가고 음은 끝 마쳐서 그 집이 다 비었기 때문에 삼초라고 했으므로, 슬프고 처량한 것이다"라고 했다.

❖ 익봉의 육정과 육부 배속

육정	호	노	오	희	락	애
육부	방광	담	소장	대장	위장	삼초

3 여러 설에 대한 평

◆『논형』은 사시로써 오장을 논했고, 익봉은 육정이 바람과 같이 유통하는 것으로써 육부六府를 논했다. 따라서 비장과 신장은 장과 부의 육정이 같으나, 간장과 폐장은 장과 부가 같지 않다.

즉 장을 논할 때는 폐장은 살벌한 성질이 있기 때문에 노(성냄)이고, 부를 논할 때 폐장은 금과 보배 같은 작용을 하므로 희(기쁜 것)이며, 간장은 봄기운이 생하는 것이기 때문에 희(기쁜 것)이고, 담은 화가 태울 수 있기 때문에 노(성냄)라고 한 것이니, 두 이치가 함께 통하는 것이다.

또 이르기를 "기쁜 기운은 따스한 것이 되고 봄에 해당하며, 성난 기운은 맑은 것이 되고 가을에 해당하며, 즐거운 기운은 양이 되고 여름에 해당하며, 슬픈 기운은 음이 되고 겨울에 해당한다"고 하니, 이것은 『논형』과 뜻이 합치된다.

육정	희	노	락	애
육기	暖	晴	陽	陰
사시	봄	가을	여름	겨울

◆ 論衡以四時論藏 翼奉以風通六情論府 脾腎二種 藏府是同 肝肺二藏及府不同者 藏以肺有殺罰之性 故怒 府以合肺金珍之用 故喜 肝則以春氣生 故喜 膽則以合火能焚燎 故怒 二理竝通 又云 喜氣爲暖當春 怒氣爲晴當秋 樂氣爲陽當夏 哀氣爲陰當冬 此與論衡意合

4장. 육정을 육합六合에 배속함

◆ 익봉이 이르기를 “동방의 성품은 어질고 정은 노에 해당하니, 노하는 행위는 음적陰賊이 주관한다. 남방의 성품은 예의바르고 정은 미워함에 해당하니, 미워하는 행위는 염정廉貞(청렴하고 곧은 것)이 주관한다. 아랫방위의 성품은 신실하고 정은 슬픔에 해당하니, 슬픈 행위는 공정公正함이 주관한다. 서방의 성품은 의롭고 정은 기뻐함에 해당하니, 기쁜 행위는 관대寬大한 것이 주관한다. 북방의 성품은 지혜롭고 정은 좋아함(好)에 해당하니, 좋아하는 행위는 탐랑貪狼(탐내고 사나운 것)이 주관한다. 윗방위의 성품은 미워하고 정은 즐거움에 해당하니, 즐거운 행위는 간사姦邪한 것이 주관하다”고 했다.

❖ 육합六合(사방과 상하)의 성정을 말한 것이다.

❖ 익봉의 육합과 성정

육합	동	남	하	서	북	상
성	仁	禮	信	義	智	惡
육정	怒	惡	哀	喜	好	樂
정을 주관하는 것	음적	염정	공정	관대	탐랑	간사

◆ 翼奉云 東方性仁情怒 怒行陰賊主之 南方性禮情惡 惡行廉貞主之 下方性信情哀 哀行公正主之 西方性義情喜 喜行寬大主之 北方性智情好 好行貪狼主之 上方性惡情樂　樂行姦邪主之

1 육정을 주관하는 것

① 탐랑貪狼(탐하고 사나운 것)

◆ 탐랑은 주로 재물을 추구하고 찾는 것이니, 이미 탐하고 사납다고 했으면, 이치가 당연히 재물을 구하려고 할 것이다.

② 음적陰賊(도적)

◆◆ 음적은 주로 뺏고 도적질하는 것이니, 이것 또한 재물을 탐내는 것을 의심할 수 없다.

③ 염정廉貞(청렴하고 곧음)

◆◆◆ 염정은 상객上客으로 부름을 받아 추천되는 것이니, 인은 양의 시작이고 오는 양이 성하는 때이므로 상객이 되며, 이미 청렴하고 곧은 성품이 있으면, 이치가 자연히 부름을 받아 높이 추천될 것이다.

④ 관대寬大

◆◆◆◆ 관대함은 주로 잔치하고 축하하는 것이니, 관대는 용서하고 받아들이는 것이 많기 때문에 좋은 경사가 있고, 좋은 경사

◆ 貪狼主求索財物 旣云貪狼 理然求須

◆◆ 陰賊主之劫盜 此亦不疑

◆◆◆ 廉貞主上客遷召 寅爲陽始 午爲陽盛 故稱上客 旣有廉貞之性 理自召任高遷

◆◆◆◆ 寬大主酒食慶善 寬大多所容納 故有善慶 善慶必置酒食

에는 반드시 술과 음식이 있게 된다.

⑤ 간사姦邪

◆ 간사함은 질병과 음란하고 속임을 주로하는 것이니, 음란하고 속이기 때문에 사악함이 생기고, 사악하면 반드시 질병이 나게 된다.

⑥ 공정公正

◆◆ 공정한 것은 원수를 잡고 간하며 다투는 것을 주관하니, 바르기 때문에 다투게 되고 공평하기 때문에 원수를 잡는 것이다.

2 육합의 정을 풀이함

① 북방의 정은 호好이다

◆◆◆ '북방의 정은 좋아한다(好)'는 것은 다음과 같은 이유에서이다. 수는 신申에서 나서 자子에서 성하며, 수의 성질은 땅에 접촉되어 가고, 물건에 붙어서 윤택하게 하니, 좋아하는 것이 많기 때문에 호好(좋아하는 것)가 된다. 좋아하는 것이 많으면, 탐내기를 싫어하지 않기 때문에 탐하고 사나운 것이 되고, 신과 자가 주관한다.

◆ 姦邪主疾病淫欺 淫欺故因邪惡而生 邪惡必生疾病

◆◆ 公正主執仇諍諫 正故能爭 公故能執仇讎也

◆◆◆ 情好者 水生申盛子 水性觸地而行 觸物而潤 多所好 故爲好 多所好 則貪無厭 故爲貪狼 申子主之

② 동방은 정이 노怒(성냄)이다

◆ '동방은 정이 노함이다'는 것은 다음과 같은 이유에서다. 목은 해亥에 나서 묘卯에서 성하니, 성질이 수기를 받아서 생하고, 땅을 뚫고 나오기 때문에 노(성냄)가 된다. 묘의 목은 자에서 나오나, 수와 묘는 돌이켜 서로 형刑이 되며, 해亥가 또한 스스로 형이 되니, 음기가 서로 해치는 것이 되기 때문에 음적이 되고, 해와 묘가 주관한다.

탐하고 사나운 것은 반드시 음적을 얻은 뒤에 움직이고, 음적은 반드시 탐하고 사나운 것을 얻은 뒤에 쓰게 되니, 두 음은 함께 움직이게 된다. 그래서 임금이 자子·묘卯의 서로 형이 되는 날을 꺼리는 것이다.

③ 남방은 정이 오惡이다

◆◆ '남방은 정이 미워함(惡)'이라 함은 다음과 같은 이유에서다. 화는 인寅에서 생하여 오午에서 성하고, 화의 성질이 뜨겁고 맹렬하니, 용납하거나 받아들이지 않기 때문에 미워하는 것이 된다. 그 기운이 청명하고 정미롭고 빛나서, 예로써 스스로 정리하기 때문에 염정(청렴하고 곧음)이 되고, 인과 오가 주관한다.

◆ 情怒者 木生亥盛卯 性受水氣而生 貫地而出 故爲怒 卯木生於子 水與卯還自相刑 亥又自刑 是以陰氣相賊 故爲陰賊 亥卯主之 貪狼必得陰賊而後動 陰賊必得貪狼而後用 二陰竝行 是以王者 忌於子卯 相刑之日也

◆◆ 情惡者 火生寅盛午 火性炎猛 無所容受 故爲惡 其氣淸明精耀 以禮自整 故爲廉貞 寅午主之

④ 서방의 정은 희喜이다

◆ '서방의 정은 기뻐함(喜)'이라 함은 다음과 같은 이유에서다. 금이 사巳에서 나서 유酉에서 성하며, 금은 보물이 되니 보는 사람이 기뻐한다. 또한 예리한 칼로 만물을 다듬어 기쁘게 하므로 기쁘고, 예리한 칼로 다듬어 너그럽고 넓게 되지 않음이 없다. 그릇이 되면 담고 받아들임이 많기 때문에 관대한 것이 되고, 사와 유가 주관한다. 두 양이 함께 가기 때문에, 임금이 오午·유酉의 날을 길하게 보는 것이다.

⑤ 윗 방(上)의 정은 낙樂이다

◆◆ '윗 방의 정은 즐거움(樂)'이라 함은 다음과 같은 이유에서다. 북쪽과 동쪽은 양의 기운이 싹터 나는 곳이기 때문에 위(上)가 되며, 또한 중앙을 주관하고, 진辰은 수水가 궁한 곳임을 말한 것이다. 나무는 떨어져서 근본으로 돌아오고, 물은 흘러서 끝으로 돌아오기 때문에, 목의 형刑은 미에 있고 수의 형은 진에 있어서, 성하고 쇠하는 것이 각각 그 처소를 얻었으므로 즐거운 것이다.

물이 궁하면 틈이 없어 들어가지 못하고, 나무가 커 올라갈 데가 궁하면 곁으로 퍼져 비뚤어지기 때문에 간사함이 되고, 진

◆ 情喜者 金生巳盛酉 金爲寶物 見之者喜 又喜以利刃加於萬物 故喜 利刃所加 無不寬廣 爲器則多容受 故爲寬大 巳酉主之 二陽竝行 是以王者吉於午酉之日

◆◆ 情樂者 謂北與東 陽氣所萌生 故爲上 亦主中央 辰爲水窮也 木落歸本 水流歸末 故木刑在未 水刑在辰 盛衰各得其所 故樂 水窮則無隙不入 木上出窮 則旁行爲斜 故爲姦邪 辰未主之

과 미가 주관한다.

⑥ 아랫 방(下)의 정은 애哀이다

◆ 아랫 방의 정은 슬퍼함(哀)이라 함은 남쪽과 서쪽을 말한 것이다. 음의 기운이 싹터 나기 때문에 아래(下)가 되며, 술戌은 화가 궁한 곳이고 축丑은 금이 궁한 곳이 되는데, 금도 강하고 화도 강해서 각각 그 고향으로 돌아가기 때문에, 화의 형은 오에 있고 금의 형은 유에 있게 된다. 금과 화가 성하나 스스로 형이 되니, 지극히 궁하여 돌아갈 데가 없기 때문에 슬픈 것이다. 화의 성질에는 사사로움이 없고, 금의 성질은 강하고 끊기 때문에 공정한 것이며, 술과 축이 주관한다.

◆◆ 그러므로 "다섯 성품은 근본에 거처하고, 여섯 정은 끝에 있다"고 한 것이다. 정은 성품으로 인해서 있고 성품은 정으로부터 유출되니, 성품과 정이 서로 원인하기 때문에 함께 풀이했다.

◆ 情哀者 謂南與西 陰氣所萌生 故爲下 戌窮火也 丑爲金窮也 金剛火强 各歸其鄕 故火刑在午 金刑在酉 金火之盛 而被自刑 至窮所無歸 故曰哀 火性無私 金性剛斷 故曰公正 戌丑主之

◆◆ 故曰 五性居本 六情在末 情因性有 性而由情 情性相因 故以備釋

제 19편 정치

論治政

1장. 정치의 뜻

◆ 정치治政라는 것은, '치'는 다스리는 것이니 다스려 질서를 세우는 것이고, '정'은 바르게 하는 것이니 간사하지 않게 하는 것이다. 백성은 스스로 다스릴 수 없기 때문에 임금(君)을 세워서 다스리고, 만민은 스스로 바르게 할 수 없기 때문에 어른(長)을 세워 바르게 하는 것이다.

바르게 한다(正)는 것은 간사하지 않게 하는 것이고, 다스리는 것(治)은 어지럽지 않게 하는 것이니, 어지럽지 않기 때문에 편안하고, 간사하지 않기 때문에 착해진다. 착하면 도적이 생기지 않고, 편안하면 각각 자기의 생업을 보존하니, 잔인하지 않고 죽이지도 않아서, 길에는 기러기가 다니고, 뱀과 벌레 등을 밟을 수 있으며, 말과 용들을 타고 다닐 수 있으니, 이와 같이 하는 것을 정치라고 한다.

◆ 治政者 治者治也 治立爲名 政者正也 不邪爲稱 百姓不能自治 樹君以治之 萬民不能自正 立長以正之 正使不邪 治令不亂 不亂故安 不邪故善 善則盜賊不興 安則各保其業 所以能勝殘去殺 道路鴈行 蚖蛇可蹠 驎龍可駕 如此名政治也

2장. 정치에 대한 여러 설

1 공자孔子의 설

◆ 공자께서 『논어』에 말씀하시기를 "정치를 덕으로 하는 것이, 북극성이 자리를 잡고 있는데 뭇별들이 함께 하는 것과 같다"고 하셨다.

❖ 『논어』 「위정」에서 출전.

2 대대예기大戴禮記의 설

◆◆ 『대대예기』에 이르기를 "임금은 다스림의 근본이니, 임금이 없으면 어떻게 다스리겠느냐"라고 했다.

❖ 『대대예기』 「예삼본禮三本」에 "예에는 세 가지 근본이 있다. 천지는 성性의 근본이고, 선조는 무리의 근본이며, 임금과 스승은 다스림의 근본이다. 천지가 없다면 어디서 생겨날 수 있고, 선조가 없다면 어떻게 태어날 수 있으며, 임금과 스승이 없다면 어떻게 다스릴 수 있겠는가?(禮有三本 天地者性之本也 先祖者類之本也 君師者治之本也 無天地焉生 無先祖焉出 無君師焉治)"고 하였다.

◆ 孔子曰 爲政以德 譬如北辰居其所 而衆星共

◆◆ 大戴禮云 君者治之本 無君焉治

◆ "오행을 본받는 것을 도와 합치된다고 한다. 따라서 너그럽게 하고 사납게 하는 것을 수水·화火에 비유하고, 인仁·의義로 하는 것을 금金·목木에서 취해서, 사시의 차례를 순히하여 백성을 가르치고, 다섯가지 재료(五行)에 바탕해서 쓰며, 훌륭한 사람과 능력있는 이에게 맡겨서 천하를 다스리는 바른 도로 돌아오게 한다"고 했다.

3 춘추번로春秋繁露의 설

◆◆ 『춘추번로』「치순오행(오행에 순히해서 다스림)」에 이르기를 "목이 일을 주관하면 그 기운이 마르고 탁해서 72일이 푸르고, 화가 일을 주관하면 그 기운이 마르고 양명해서 72일이 붉으며, 토가 일을 주관하면 그 기운이 따스하고 탁해서 72일이 누렇고, 금이 일을 주관하면 그 기운이 굳게 엉겨서 72일이 희며, 수가 일을 주관하면 그 기운이 맑고 차서 72일이 검다."

❖ 『춘추번로』의 오행의 활동과 기운

오행	목	화	토	금	수
기운	마르고 탁함	마르고 양명함	따스하고 탁함	굳게 엉김	맑고 참
색	푸른색	붉은색	누런색	흰색	검은색
주관 일수	72일	72일	72일	72일	72일

◆ 能法五行 謂之合道 所以寬猛喻之水火 仁義取于金木 順四序以教民 資五材而爲用 任人任力 理歸一揆

◆◆ 春秋繁露治順五行篇云 木用事 其氣火參濁 而靑七十二日 火用事 其氣火參陽 而赤七十二日 土用事 其氣溫濁 而黃七十二日 金用事 其氣堅凝 而白七十二日 水用事 其氣淸寒 而黑七十二日

① 목이 일을 주관함

㉠ 목의 기운에 순하게 정치를 할 때 ◆ "또 목木이 일을 주관하게 되면 부드럽게 하고 은혜를 베풀며, 학문과 지식이 있는 선비를 등용하고, 입춘에 이르면 가벼운 죄수는 사면하고, 미결사건을 처리해서 옥에 있는 죄수를 풀어주고, 닫힌 것을 열고 막힌 것을 통하게 하며, 어리고 외로운 이를 도와주고, 과부와 독신들을 불쌍히 여긴다"하니, 이것은 모두 봄의 베푸는 도를 따른 것이다. 벌목伐木을 하지 않아서 은혜가 초목에 이르면 주초朱草가 날것이니, 이것이 시인이 노래한 '은혜가 길가에 있는 갈대에도 미친다'는 것이다. 벌목하지 않는 것은 하늘의 생장하는 양기를 어길 수 없기 때문이다.

㉡ 목의 기운을 어기며 정치를 할 때 ◆◆ 만약 임금이 법도 없이 말을 타고 달리며, 술에 빠져 자기 마음대로 하고, 부역을 무겁게 시켜서 백성의 농사짓는 때를 빼앗으며, 세금만 많이 걷으면, 백성들이 홍역(疹)과 냉병(瘮)을 앓고 발병(足疾)이 나게 되니, 봄기운을 상해서 모두 목木의 병에 걸린 것이다. 목기운이 상하고 부서지면 용龍이 깊이 숨고, 나무에 사는 새들이 두려워 나타나지 않으며, 고래와 도롱뇽이 나와서 화를 당하게 되니, 비늘과 껍질달린 것들은 금의 기운이 있어서 목기운을 상하게 하

◆ 復木之用事 則行柔惠 進經術之士 至于立春 出輕繫 去稽留 除桎梏 開閉闔 通障塞 存幼孤 矜寡獨 此竝順春之施也 無伐木 恩及草木 則朱草生 此詩人所歌 恩及行葦者也 不伐木者 不可違天陽生長之氣也

◆◆ 若夫人君馳騁無度 沈酒縱恣 重徭役 奪民時 厚稅斂 則民疾疹瘮 患足疾 傷春氣 故皆木病也 木傷敗 則龍沈藏 木禽懼而不見也 鯨鯢出而爲禍 鱗甲之蟲有金氣 所以傷木也

기 때문이다.

❖ 위의 내용은 『춘추번로』「치순오행」과 「오행순역五行順逆」을 요약한 것이다. 이하 다른 오행의 내용도 같다.

② 화가 일을 주관함

㉠ 화의 기운에 순하게 정치를 할 때 ◆ 화火가 일을 주관하면 국경을 바르게 하고, 농지를 정리하며, 입하立夏가 되면 어진이를 발탁하고, 덕 있는 이에게 봉록封祿을 주며, 공있는 이에게 상주고, 사방에 사신을 보내니, 이것은 화의 조화를 따라서 만물을 키우고 기르는 것이다. 불을 잘 조정하면 화가 사람의 사용함에 순하게 되어, 감로甘露가 내리고, 봉황새가 날아오며, 황곡黃鵠이 나타난다. 봉황은 주작朱雀의 종류로 기쁘기 때문에 나타난 것이고, 감로와 황곡은 모두 자식이 그 어머니에게 하례賀禮하는 것이다.

❖ 감로와 황곡은 화기운의 자식에 해당하는 토기운으로 나온다.

㉡ 화의 기운을 어기며 정치를 할 때 ◆◆ 만약 임금이 참소 잘하고 아첨하는 이를 써서 골육을 이간질하고 충신을 멀리 하며, 법령을 지키지 않고 부인네가 정치를 마음대로 하게 하면, 백성이 피에 관한 병과 종기(血腫)를 앓고, 나라가 밝지 못하며, 불에

◆ 火用事 則正封疆 脩田疇 至于立夏 擧賢良 封有德 賞有功 出使四方 此順火之化 長養萬物也 無縱火 則火順人用 甘露降 鳳凰來 黃鵠見 鳳凰卽朱雀之類 喜故出見 甘露黃鵠 竝子慶其母也

◆◆ 若人君用讒佞 離骨肉 踈忠臣 棄法令 婦人爲政 則民病血腫 國因不明 火爲災 冬鴈不來 鳥爲怪 火不善 故鳥有變怪憂懼 故不來也

의한 재앙이 있고, 겨울에 기러기가 오지 않고 새가 괴이하게 변하니, 화기운이 좋지 않기 때문에 새가 괴이하게 변하고, 근심스럽고 두렵기 때문에 오지 않는 것이다.

③ 토가 일을 주관함

㉠ 토의 기운에 순하게 정치를 할 때 ◆ 토土가 일을 주관하면 어른과 노인을 봉양하고, 과부와 홀아비를 불쌍히 여기며, 효도하고 공경하는 이를 상주고, 은혜와 덕택을 베푸니, 이것은 토의 너그럽고 온화하며 껴안고 기르는 덕을 따른 것이다. 토목공사를 일으키지 말고, 궁실과 제도에 차등이 있으며, 친척의 은혜를 차례있게 하면, 오곡이 성숙하고 아름다운 벼(가화嘉禾)가 나오며, 성현聖賢이 오게 된다. 토의 기운이 순히 되었기 때문에 아름다운 벼가 풍성하게 익고, 덕이 빛나고 크기 때문에 성현들이 기뻐서 오는 것이다.

㉡ 토의 기운을 어기며 정치를 할 때 ◆◆ 만약 임금이 음란하며 법도 없이 즐기고, 친척과 노인들을 업신여기며, 백성을 고달프게 하면, 백성이 배(腹)와 심장(心)의 병을 앓게 된다. 심장과 배는 토에 속하니 토기운이 화합하지 못하기 때문에 병드는 것이고, 현인들은 숨고, 모든 곡식이 잘되지 않으며, 껍질없는 벌레

◆ 土用事 養長老 矜寡獨 賜孝悌 施恩澤 順土寬和含養之德也 無興土功 宮室制度有差 親戚之恩有序 則五穀成 嘉禾出 賢聖來 土氣順 故嘉禾其和熟 德景大 故聖賢悅之而來

◆◆ 若人君淫樂無度 侮親老 困百姓 則民病腹心之疾 心腹主土 氣不和故病 賢人隱藏 百穀不登 裸蟲爲災 土性傷 故稼穡不成 賢人惡之 所以不見 裸蟲土氣也 傷故爲變

(裸蟲)가 재앙을 만드니, 토의 성품이 상했기 때문이다. 그러므로 농사가 잘되지 않고, 현인들을 미워하니 나타나지 않는다. 껍질 없는 벌레는 토의 기운이니, 토가 상했기 때문에 변괴를 일으키는 것이다.

④ 금이 일을 주관함

㉠ 금의 기운에 순하게 정치를 할 때 ◆ 금金이 일을 주관하면 성곽을 수리하고 담장을 수선하며, 금지禁止한 명령을 살펴보고, 갑옷과 병장기를 정비하며, 백관에게 경계하라 하고, 불법자를 베어 죽이니, 이것은 모두 금의 기운을 따라서 숙살肅殺의 기운으로 위엄을 보이는 것이다. 금기운(쇠와 돌) 등을 잘 조절하여 태우지 않으면 흰 호랑이가 나타나니, 호랑이는 금에 해당하는 짐승으로 기쁘기 때문에 나타나는 것이다.

㉡ 금의 기운을 어기며 정치를 할 때 ◆◆ 만약 임금이 뇌물을 탐내고 전쟁하기를 좋아하면, 백성들이 해수병(咳嗽)에 걸리며 힘줄이 오그라지고(筋攣) 코가 막히는 병(鼻塞)을 앓게 된다. 코는 폐를 주관하니, 폐가 병들었기 때문에 해수하고 코가 막히는 것이니, 이것은 모두 금이 병을 만든 것이다. 또 털있는 생물(毛蟲)과 쇠와 돌의 변괴가 있게 되니, 금기운이 상했기 때문에 변괴를 만드는 것이다.

◆ 金用事 脩城郭 繕墻垣 審辟禁 飾甲兵 警百官 誅不法 此竝順金以威嚴肅殺之氣也 無焚金石 則白虎見 虎是金獸 喜故出也

◆◆ 若人君貪賂 好用兵 則民人病咳嗽筋攣鼻塞 鼻主肺 肺病 故咳嗽而鼻塞 此竝金爲疾也 毛蟲金石爲怪 金氣傷 故爲變怪也

⑤ 수가 일을 주관함

㉠ 수의 기운에 순하게 정치를 할 때 ◆ 수水가 일을 주관하면 마을의 출입을 막고, 죄인을 체포하며, 관문과 수문(梁)을 수리하니, 이것은 모두 수의 닫고 숨기는 도를 따른 것이고, 못이나 방죽을 터놓지 않는 것은, 수의 기운이 새서 넘칠까 두렵기 때문이다. 이와 같이 하면 단샘(예천醴泉)이 솟아나고, 은혜가 새와 벌레에까지 미치면 신령스러운 거북(영귀靈龜)이 나타나니, 『서경』에 이르기를 "은덕이 곤충에까지 미친다"는 것이다. 껍질이 있는 생물(甲蟲)은 수에 속하니, 기쁘기 때문에 나타나는 것이다.

㉡ 수의 기운을 어기며 정치를 할 때 ◆◆ 만약 임금이 제사를 폐지하고, 종묘宗廟를 대수롭지 않게 여기며, 법 집행을 잘못해서 천기를 거스르면, 백성이 다리 붓는 병(유종流腫)과 배에 복수가 차는 병(수창水脹)과 수족이 마비되는 병(위비痿痺)에 걸리고, 대변·소변 등의 구멍이 통하지 않으니, 이것은 모두 수기가 막히고 맺혀서 그런 것이다.

성인聖人이 수가 태음의 자리와 그늘지고 어두운 공허한 자리에 있기 때문에, 종묘에 비유한 것이다. 사람이 죽으면 정기가

◆ 水用事 閉閭門 執當罪 飾關梁 此竝順水 閉藏之義 無決池堰 恐水氣泄溢也 如此則醴泉出 恩及禽蟲 則靈龜見 書云 澤及昆蟲者也 甲蟲屬水 喜故見也

◆◆ 若人君廢祭祀 簡宗廟 執法不順 逆天氣 則民病流腫水脹痿痺 孔竅不通 此竝水氣擁結之義 聖人以水居太陰之位 陰闇虛空 比之宗廟 人死精氣散越 立宗廟以收之 堂宇虛寂 陰暗無人 喩之水也 廢於祭祀 則失孝道 故太陰之氣 感而病人 爲此疾也 水爲災害 靈龜深藏 鬼哭介蟲爲怪 介蟲屬水 氣傷 故爲覆藏而不見也 宗廟不祀 魂氣傷怨 故鬼哭也

흩어지기 때문에 종묘를 세워서 모으는 것이니, 종묘는 고요하고 그늘지며 어두워서 사람이 없는 것을 물에 비유한 것이다. 제사를 폐지하면 효도를 잃은 것이기 때문에, 태음의 기운을 느껴서 사람들이 이런 병을 앓는 것이다. 수가 재해를 만들면 신령스러운 거북이 깊이 숨고, 귀신이 곡하며, 껍질있는 생물(개충介蟲)들이 변괴를 만든다. 껍질있는 생물은 수에 속하여, 수의 기운이 상했기 때문에 숨어 들어가서 나타나지 않는 것이고, 종묘에 제사를 하지 않으면, 혼의 기운이 상해서 원망하기 때문에 귀신이 곡하는 것이다.

4 효경孝經의 설

◆ 『효경원신계』에 이르기를 "목기운은 바람을 낳고, 화기운은 황충을 낳으며, 토기운은 벌레를 낳고, 금기운은 서리를 낳으며, 수기운은 우박을 낳는다.

따라서 목기운이 주관할 때에 정치를 잘못하면 바람이 불게 되고, 화기운이 주관할 때에 정치를 잘못하면 황충이 오며, 토기운이 주관할 때에 정치를 잘못하면 벌레들이 오고, 금기운이 주관할 때에 정치를 잘못하면 서리가 오며, 수기운이 주관할 때에 정치를 잘못하면 우박이 온다"고 하니, 상해하는 일을 하면 바람이 불고, 침해하는 일을 많이 하면 황충이 오며, 탐하고 잔혹하게 하면 벌레가 오고, 각박하고 독하게 하면 서리가 오며, 포

◆ 孝經援神契云 木氣生風 火氣生蝗 土氣生蟲 金氣生霜 水氣生雹 失政於木 則風來應 失政於火 則蝗來應 失政於土 則蟲來應 失政於金 則霜來應 失政於水 則雹來應 作傷致風 侵至致蝗 貪殘致蟲 刻毒致霜 暴虐致雹 此皆幷隨類而致也

학하게 하면 우박이 온다. 이것은 모두 종류를 따라 오게 되는 것이다.

5 환자신론桓子新論의 설

◆ 『환자신론』에 말하기를 "사람이 하늘·땅의 몸을 얻었고 순수한 정精을 품고 있으니, 생물 중에 가장 영특한 것이다. 이렇기 때문에 모습(貌)은 목으로 움직이고, 말(言)은 금으로 신의 있게 하며, 보는 것(視)은 화로 밝게 하고, 듣는 것(聽)은 수로 총명하며, 생각(思)은 토로 지혜로우니, 오행의 작용으로 움직이고 고요함에 도리어 신神과 통하게 된다.

모습이 공손하면 엄숙해지니, 엄숙하면 비가 때맞춰 온다. 말이 순종하게 되면 다스려지니, 다스려짐은 때맞춰 볕나는 듯하다. 보는 것이 밝으면 명철하게 되니, 명철함은 때맞춰 따스한 듯하다. 듣는 것이 총명하면 꾀하게 되니, 꾀함은 때맞춰 추운 듯하다. 마음이 엄숙하면 성스러워지니, 성스러움은 때맞춰 바람 부는 듯하다. 금·목·수·화가 모두 토에 실려있고, 비오고 볕나며 따스하고 찬 것(雨陽燠寒)이 모두 바람에서 나오며, 모습과 말과 보고 듣는 것(貌言視聽)이 모두 마음에서 나온다"고 했다.

❖ 『환자신론桓子新論』: 후한後漢의 대안승大安丞인 환담桓譚이 지은 책으로 17권이 있었다고 한다.

◆ 桓子新論曰 人抱天地之體 懷純粹之精 有生之最靈者也 是以貌動於木 言信於金 視明於火 聽聰於水 思睿於土 五行之用 動靜還與神通 貌恭則肅 肅時雨若 言從則乂 乂時暘若 視明則哲 哲時燠若 聽聰則謀 謀時寒若 心嚴則聖 聖時風若 金木水火皆載於土 雨陽燠寒 皆發於風 貌言視聽 皆生於心

6 시자尸子의 설

• 『시자』에 이르기를 "마음은 몸의 주재자다. 천자는 천하를 마음속에 명령으로 받았으니, 마음이 온당치 않으면 천하가 화를 입고, 제후는 나라를 마음속에 명령으로 받았으니, 마음이 온당치 못하면 나라가 망하며, 필부는 몸을 마음속에 명령으로 받았으니, 마음이 온당치 못하면 몸이 죽게 된다."고 하였다.

그러므로 사람의 마음은 곧 하늘·땅의 정기이고, 모든 삶의 근본이기 때문에, 정치의 잘 다스려지거나 또는 어지러워짐은 임금의 마음에 달려 있다. 그래서 성인이 명을 받아 임금노릇할 때는, 하늘·땅의 도를 이어 받고, 오행을 본받으며, 오사五事를 닦음으로써, 우주를 제어해서 창생을 양육하는 것이다.

① 목의 덕으로 다스림

•• 그 제도와 법이 모두 오행으로 근본을 삼는다. 수레와 복장과 위의威儀와 조정에서 행동하는 예절과, 농사짓고 양잠하며 가축을 기름과, 은혜를 베풀고 경사스러운 일에 혜택을 줌은 목木에 속한 것이다.

• 尸子云 心者身之君 天子以天下受令於心 心不當則天下禍 諸侯以國受令於心 心不當則國亡 匹夫以身受令於心 心不當則身戮 故人心者 乃天地之精 羣生之本 故政之治亂 由於君之心也 是以聖人受命而王 莫不承天地 法五行 脩五事 而御宇宙 養蒼生者也

•• 其制度法式 皆五行爲本 車服威儀 朝廷俯仰 農桑播殖 施惠慶賜木也

② 화의 덕으로 다스림

• 위·아래의 높고 낮음과, 모든 제도의 의식과, 벼슬을 봉하고 공있는 이를 상줌과, 높은데 거처해서 먼데를 바라보는 것은 화火에 속한 것이다.

③ 토의 덕으로 다스림

•• 궁실과 높은 집 및 정자와, 부부친척과, 덕을 펴서 포용하고 길러줌과, 녹을 주고 품계를 정하며 사면하고 감형하는 것은 토土에 속한다.

④ 금의 덕으로 다스림

••• 병사나 기계 등 군사에 관한 일과, 순찰하고 방비하는 것과, 형벌을 주고 금지시키고 감옥에 넣는 것은 금金에 속한다.

⑤ 수의 덕으로 다스림

•••• 종묘제사와, 저축하고 저장하는 것과, 상례의 제도 절차와, 점쳐서 의심나는 것은 결정하는 것은 수水에 속한다.

오행으로 인해서 백관을 다스리고, 백관으로 인해서 만사를

• 尊卑上下 制度禮式 封爵賞功 居高視遠火也

•• 宮室臺榭 夫婦親戚 布德含養 祿秩赦宥土也

••• 兵戎器械 狴狩武備 刑罰獄禁金也

•••• 宗廟祭祀 儲積封藏 飾喪制墓 卜筮決疑水也 因五行而致百官 因百官而理萬事 萬事理而四海安 是政治之所由也 其居處服御器用所從 莫不本乎五行 乃通治道也

처리하며, 만사가 처리되어 나라 전체가 편안하니, 오행에서 정치가 나온 것이다. 거처하고 의복입으며 수레 모는 것과 기구의 용도가 나온 것에까지 오행에 근본을 두지 않음이 없으니, 오행은 곧 다스리는 도와 통하는 것이다.

7 예기의 설

① 봄의 정치

◆ 『예기』에 이르기를 "봄에는 천자가 청양궁青陽宮의 왼쪽방에 거처한다. 난로鸞輅를 타되, 창룡을 멍에하며, 푸른 깃발을 싣고, 푸른 옷을 입으며, 푸른 옥을 찬다.

② 여름의 정치

◆◆ 여름에는 명당明堂의 왼쪽방에 거처한다. 붉은 수레를 타되, 붉은 말을 멍에하며, 붉은 깃발을 싣고, 붉은 옷을 입으며, 붉은 옥을 찬다.

③ 계하의 정치

◆◆◆ 중앙토에는 태묘太廟의 태실太室에 거처한다. 태로太輅를 타되, 누런 말을 멍에하며, 누런 깃발을 싣고, 누런 옷을 입으며,

◆ 禮記云 春之月 天子居青陽左个 乘鸞輅 駕蒼龍 載青旂 衣青衣 服蒼玉

◆◆ 夏之月 居明堂左个 乘朱輅 駕赤騮 載赤旂 衣朱衣 服赤玉

◆◆◆ 中央土居太廟太室 乘太輅 駕黄騮 載黄旂 衣黄衣 服黄玉

누런 옥을 찬다.

❖ 중앙토 : 여기서는 음력 6월의 토가 왕한 계절을 뜻한다.

④ 가을의 정치

◆ 가을에는 총장總章의 왼쪽방에 거처한다. 융로戎輅(흰 장식을 한 병장기가 있는 수레)를 타되, 흰 말(白駱)을 멍에하고, 흰 깃발을 실으며, 흰 옷을 입고, 흰 옥을 찬다.

⑤ 겨울의 정치

◆◆ 겨울에는 현당玄堂의 왼쪽방에 거처한다. 검은 수레(玄輅)를 타되, 철려鐵驪를 멍에하며, 검은 깃발을 싣고, 검은 옷을 입으며, 검은 옥을 찬다"고 했다.

❖ 『예기』「월령」의 내용 중 일부를 요약한 것이다.

8 상서고령요尙書考靈耀의 설

① 봄의 정치

◆◆◆ 『상서고령요』에 이르기를 "봄에 명령을 밖으로 발해서 어진 정사를 시행함은, 하늘의 법도를 따른 것이니, 그때는 푸른 옷을 입는다.

◆ 秋之月 居總章左个 乘戎輅 駕白駱 載白旗 衣白衣 服白玉

◆◆ 冬之月 居玄堂左个 乘玄輅 駕鐵驪 載玄旂 衣玄衣 服玄玉

◆◆◆ 考靈耀云 春發令於外 行仁政 從天常 其時衣青

② 여름의 정치

◆ 여름에는 금을 훼손하고 구리를 녹여서 화재를 방비하는 것은 하늘의 밝음을 공경함이니, 그때는 붉은 옷을 입는다.

③ 계하의 정치

◆◆ 중앙토에는 도가 있는 사람을 발탁해서 국가의 일을 상의하며 죄인을 처벌해야 하고, 토목공사를 일으켜서 땅의 상도를 어긋나게 해서는 안되니, 그때는 누런 옷을 입는다.

④ 가을의 정치

◆◆◆ 가을에는 쇠나 구리를 훼손함으로써 강한 음을 침해해서는 안되며, 그때를 이용해서 병사들로 하여금 맹수를 잡게 해야 하니, 그때는 흰옷을 입는다.

⑤ 겨울의 정치

◆◆◆◆ 겨울에는 물건을 모두 감추고 물길을 열어놔서, 수기水氣가 서로 보존하게 해야 하니, 그때는 검은 옷을 입는다"고 했다.

◆ 夏可以毁金鎖銅 使備火 敬天之明 其時衣赤

◆◆ 中央土 擧有道之人 與之慮國 可以殺罪 不可起土功 犯地之常 其時衣黃

◆◆◆ 秋無毁金銅 犯陰之剛 用其時持兵 宜殺猛獸 其時宜白

◆◆◆◆ 冬無使物不藏 毋害水道 與氣相保 其時衣黑

9 공자가어孔子家語의 설

① 정월의 정치

◆『공자가어』에 이르기를 "맹춘인 정월에는 동쪽 궁전에서 푸른 비단옷을 입고, 거문고를 치며, 병장기는 창이고, 나무는 버드나무이다.

② 2월의 정치

◆◆ 중춘인 2월에는 동쪽 궁전에서 거처하고, 옷과 음악과 병장기는 정월과 같이 하고, 나무는 살구나무이다.

③ 3월의 정치

◆◆◆ 계춘인 3월에는 동쪽 궁전에서 거처하고, 옷과 음악과 병장기는 정월과 같이 하고, 나무는 오얏나무이다.

④ 4월의 정치

◆◆◆◆ 맹하인 4월에는 남쪽 궁전에서 붉은 비단옷을 입으며, 생황과 피리를 불고, 나무는 복숭아나무며, 병장기는 끝이 갈라진 창(戟)이다.

⑤ 5월의 정치

◆◆◆◆◆ 중하인 5월은 남쪽 궁전에서 거처하고, 옷과 악기 및 병장

◆ 家語云 孟春正月 東宮衣青綵 鼓琴瑟 其兵矛 其樹柳

◆◆ 仲春二月 東宮衣樂兵如前 其樹杏

◆◆◆ 季春三月 東宮衣樂兵如前 其樹李

◆◆◆◆ 孟夏四月 南宮衣赤綵 吹笙竽 其樹桃 其兵戟

기는 4월과 같고, 나무는 느릅나무이다.

⑥ **6**월의 정치

* 계하인 6월은 중앙의 궁전에서 누런 비단옷을 입고, 큰 북을 치며, 나무는 가래나무이고, 병장기는 활이다.

⑦ **7**월의 정치

** 맹추인 7월은 서쪽 궁전에서 흰 비단옷을 입으며, 큰 종을 치고, 나무는 단향목이며, 병장기는 칼이다.

⑧ **8**월의 정치

*** 중추인 8월은 옷과 악기 및 병장기는 7월과 같고, 나무는 산뽕나무이다.

⑨ **9**월의 정치

**** 계추인 9월은 옷과 악기 및 병장기는 7월과 같고, 나무는 느티나무이다.

⑩ **10**월의 정치

***** 맹동인 10월은 북쪽 궁전에서 검은 비단옷을 입고, 돌북

◆◆◆◆◆ 仲夏五月 南宮衣樂兵如前 其樹楡

◆ 季夏六月 中宮衣黃綵 打大鼓 其樹梓 其兵弓

◆◆ 孟秋七月 西宮衣白綵 撞洪鐘 其樹楝 其兵劍

◆◆◆ 仲秋八月 衣樂兵如前 其樹柘

◆◆◆◆ 季秋九月 衣樂兵如前 其樹槐

◆◆◆◆◆ 孟冬十月 北宮衣黑綵 擊磬 其樹檀 其兵楯

(磬)을 치며, 나무는 박달나무고, 병장기는 방패이다.

⑪ **11**월의 정치

◆ 중동인 11월은 북쪽 궁전에서 거처하고, 옷과 악기 및 병장기는 10월과 같으며, 나무는 상수리나무다"라고 했으니, 때의 정령政令을 논술해서 마땅히 계승해 주관하고 간직해야 할 일을 조절하게 한 것이다.

❖ 『회남자』 「시칙훈時則訓」에도 비슷한 내용의 글이 있다.

10 주서周書의 설

◆◆ 『주서』에 이르기를 "봄에는 두진杜陣이 되니 활이 앞에 가고, 여름에는 방진方陣이 되니 끝이 갈라진 창(戟)이 앞에 가며, 6월에는 원진圓陣이 되니 창(矛)이 앞에 가고, 가을에는 빈진牝陣이 되니 칼이 앞에 가며, 겨울에는 복진伏陣이 되니 방패가 앞에 간다"고 했으니, 이것은 무력의 방비로, 이 또한 오행의 기운에 의한 것이다.

❖ 『태평어람』에서 『주서』를 인용한 대목에 나오는 내용이다.

◆ 仲冬十一月 北宮衣樂兵如前 其樹櫟 論時令 以待嗣藏之宜

◆◆ 周書云 春爲杜陣 弓爲前行 夏爲方陣 戟爲前行 六月爲圓陣 矛爲前行 秋爲牝陣 劍爲前行 冬爲伏陣 楯爲前行 此武備亦依五氣也

11 녹도錄圖의 설

① 목의 덕을 얻어 다스림

•『녹도』에 이르기를 "임금이 목木의 기운을 타고 왕을 하면, 사람(임금)의 빛깔이 푸르고, 목줄기가 길며 머리털이 아름답다. 백성들도 장신에 어깨가 넓고, 어질고 장자다우니 모두 목의 상이다.

㉠ 정치를 잘할 때 •• 어진 것은 목의 성질이다. 정치를 잘하면 그때의 풀들이 풍성하고 무성하며, 아름다운 곡식이 나고, 새가 부화를 잘 하니, 목기가 성하기 때문이다.

㉡ 정치를 잘못할 때 목기를 잃으면 별들이 소멸해서 색이 흐려지고, 벼나 농작물이 흉작이 되며, 백성이 깔려 죽는 일이 많으니, 나무가 나서 위로 나오다가 토에 상하게 되면, 푸른 것이 일어나지 못하기 때문에 깔려 죽는다."

② 화의 덕을 얻어 다스림

••• "화의 기운을 타고 왕을 하면, 사람의 빛깔이 붉고, 눈이

• 錄圖云 君乘木而王 爲人青色 脩頸美髮 其民長身廣肩 尚仁長皆象木也

•• 仁木性也 善則時草豐茂 嘉穀竝生 鳥不胎傷 木氣盛也 失則列星滅 色亂 禾稼不登 民多壓死 木生而上出 遇土傷 則青而不得起故壓死

••• 乘火而王 爲人赤色 大目 離爲目 故大視明也 其人尖頭長腰疾敏尚孝 長腰取兌 敏質火性 離爲日 日有烏 烏者孝也

크니, 리괘☲는 눈이 되기 때문에 크게 봐서 밝은 것이다. 그 백성의 머리는 뾰족하고 허리는 길며, 빠르고 민첩하고 효도하니, 허리가 긴 것은 태☱를 취한 것이고, 민첩한 성질은 화의 성질이다. 리괘는 해가 되니, 해에는 까마귀가 있고, 까마귀는 효도하는 새이다.

㉠ 정치를 잘할 때 ◆ 정치를 잘하면 어진 사람을 써서 정사가 공평하다고 칭송받고, 박마駮(얼룩말)와 빛깔이 화려한 여우가 찾아온다. 말은 화에 속한 가축이니 화의 정치를 잘했기 때문에 오는 것이고, 여우도 또한 같은 이유에서 온다.

㉡ 정치를 잘못할 때 잘못하면 여름에도 서리가 온다. 해는 화의 정기인데, 잘못되었기 때문에 일식을 하고 흙비가 내려서 밝은 빛을 갑자기 가리는 상이다.

❖ 『태평어람』에서 『예두위의禮斗威儀』를 인용한 대목에는 "임금이 화기운을 타고 왕을 하면, 그 백성들의 머리가 뾰족하다(君乘火而王 爲民銳頭)"고 하였다.

③ 토의 덕을 얻어 다스림

◆◆ 토의 기운을 타고 왕을 하면 머리가 크니, 머리가 큰 것은 토를 닮은 것이다. 그 사람이 어깨가 넓고 발이 크며, 크게 웃으며 놀고 춤추는 것을 좋아하니, 넓고 큰 것은 토를 상징하고, 토

◆ 善則賢人任用 政頌平 駮馬文狐至 馬火畜 善故來 狐亦前 失則夏霜 日是火精 失故變蝕雨土 猝蔽光明之象

◆◆ 承土而王 表其首 首大表土也 其人廣肩大足 好大笑戲儛 廣大象土 和故逸樂也

는 모든 것을 조화하기 때문에 즐겁게 노는 것이다.

㉠ 정치를 잘할 때 ◆ 토의 정치를 잘하면 감로甘露가 내리고 단샘(예천醴泉)이 난다.

㉡ 정치를 잘못할 때 잘못하면 벌레와 황충이 생겨나고, 비가 오며 항상 바람불고 안개가 끼어서 어지러우니, 모두가 토기운이 상했기 때문에 이변이 표출되는 것이다.

❖ 『태평어람』에서 『예두위의禮斗威儀』를 인용한 대목에는 "임금이 토기운을 타고 왕을 하면, 그 백성들의 크게 웃기를 좋아한다君乘土而王 其民好大笑"고 하였다.

④ 금의 덕을 얻어 다스림

◆◆ 금기운을 타고 왕을 하면 사람의 빛깔이 희고, 어깨와 귀가 어긋나고, 얼굴이 모나고 털이 많으며, 백성은 목이 희고 길고 크며, 의리를 숭상하니, 모두 금기운이다.

㉠ 정치를 잘할 때 ◆◆◆ 정치를 잘하면 큰 조개와 밝은 구슬이 나오고, 먼 외국에서 구슬과 보물을 바치니, 금의 강한 기운을

◆ 善則甘露降 醴泉竝應其善 / 失則蟲蝗生 天雨而常風霧亂 皆土氣傷 故表異也

◆◆ 承金而王 爲人白色 差肩耳面方毛也 其民白頸長大 尙義 皆金氣也

◆◆◆ 善則大貝明珠出 外國遠貢珠貝 金之用氣剛 能制遠人 故來貢獻 / 失則火飛 天鳴地坼 河溢山崩 邪人進 蟲獸爲災 火能剋金 金有失 故火伐之乃飛

써서 먼데 사람을 제어하기 때문에 와서 바치는 것이다.

ⓛ 정치를 잘못할 때 정치를 잘못하면 불이 날아다니고, 하늘은 울고 땅은 갈라지며, 강물은 넘치고 산은 무너지며, 사특한 사람이 벼슬길에 나오게 되고, 벌레와 짐승이 재앙이 되니, 화는 금을 이길 수 있는 것이고, 금이 정치를 잘못했기 때문에 화가 금을 쳐서 날아다니는 것이다.

⑤ 수의 덕을 얻어 다스림

◆ 수기운을 타고 왕을 하면 사람의 색깔이 검고, 귀가 크니, 감☵은 귀가 되고 신장을 주관하며, 수기운이기 때문에 큰 것이다. 백성은 귀가 밝으니, 감의 수는 구멍으로 통하기 때문에 총명한 것이다.

㉠ 정치를 잘할 때 ◆◆ 정치를 잘하면 아름다운 구름이 뜨고, 거북과 용의 무늬가 빛나니, 모두 수기가 상서롭게 된 것이다.

ⓛ 정치를 잘못할 때 잘못하면 달속의 두꺼비가 없어지고, 백성이 물에 빠져 죽는 이가 많으며, 비가 계속 와서 수해가 있게 되니, 모두 수의 근심들이다"라고 했다.

이것은 모두 정치하는 방법이 오행에서 벗어나지 않음을 밝힌 것이기 때문에, 모두 함께 풀이했다.

◆ 承水而王 爲人黑色 大耳 坎爲耳主腎 水氣故大 其民聰耳 坎水孔穴通故聰

◆◆ 善則景雲至 龜龍被文 皆水氣爲祥也 失則蟾蠩去月 民多溺死 常雨爲害 皆水之憂也 此竝明治政之道 不越五行 故以備釋

제 20편 모든 신을 논함論諸神

1장. 신의 뜻

◆ 모든 신은 신령스러운 지혜를 특정한 장소에만 펴는 것이 아니어서, 숨었다 나타났다 함을 헤아릴 수 없으니, 공자께서 말씀하시기를 "양의 정기가 신이 된다"고 하셨고, 또 말씀하시기를 "음양을 헤아릴 수 없는 것을 신이라고 한다"고 하셨다. 어떤 해석은 이르기를 "신神은 펴지는 것(申)이니, 만물이 모두 몸집이 있어서 걸리고 구부러져서 펴지 못하나, 신은 맑고 비어있는 기운으로 걸리고 막히는 것이 없기 때문에 '신申'이라고 한 것이다"라고 했다.

❖ 『주역』 「계사상전」 5장에 "陰陽不測之謂神"이라고 하였다.

◆◆ 신으로 말하면 이름이 수만 가지가 있고, 삼재三才의 도는 여러가지 영靈이 있어서 한결같지 않지만, 이 모두가 오행을 따르는 것이다. 그러나 다 열거하기 어려우니, 여기서는 배속되는 오행과 그에 대한 길흉을 판별하는 것만을 논한다.

◆ 諸神者 靈智無方 隱顯不測 孔子曰 陽之精氣爲神 又曰 陰陽不測之謂神 一解云 神申也 萬物皆有質 礙屈而不申 神是淸虛之氣無所擁滯 故曰申也

◆◆ 語其神也 名有萬徒 三才之道 百靈非一 竝從五行 難可周盡 今且論所配五行 辨吉凶者

2장. 삼황三皇

1 사람의 임금으로서의 삼황

① 천황씨天皇氏

◆『제계보帝系譜』에 말하기를 "하늘과 땅이 처음 열림에, 천황씨를 낳아서 목덕木德으로 왕을 했다"고 했으며, 『삼오역기三五曆紀』에 이르기를 "천황씨는 머리가 열셋이다"라고 했다.

❖ 『제계보』는 장읍張揖 등이 지은 책이고, 『삼오역기』는 서정徐整이 지은 것이라고 하는데, 둘 다 전해지지 않는다.

❖ 천황씨·지황씨·인황씨 그림은 삼재도회에서 발췌함.

② 지황씨地皇氏

◆◆ 『제계보』에 말하기를 "지황씨는 화덕火德으로 왕을 했다"고 했으며, 『삼오역기』에 이르기를 "신인神

◆ 帝系譜曰 天地初起 卽生天皇 以木德王 三五曆紀云 天皇十三頭

◆◆ 帝系譜曰 地皇以火德王 三五曆云 有神人 十一頭 號地皇

人이 있어 머리가 열하나인데, 지황씨라고 이름했다"고 했다.

❖ 천황씨가 목덕으로 왕을 했으므로, 지황씨는 목이 생한 화의 덕으로 왕을 하는 것이다(木生火).

③ 인황씨人皇氏

◆ 『춘추명력서春秋命曆序』에 말하기를 "인황씨는 머리가 아홉이다"라고 했으며, 송균宋均의 주석에 이르기를 "형제가 아홉사람이다"라고 했다. 『동기洞紀』에 이르기를 "인황씨가 나누어 구주를 통치했다"고 했으니, 옛말이 소박했기 때문에 머릿수라는 표현을 했던 것이다.

❖ 『동기洞紀』는 9권 또는 4권이 있었는데, 저자는 모르고 단지 위소韋昭가 주석을 했다고만 전한다.

❖ 인황씨의 머리가 아홉이 아니라, 그 형제가 아홉이 있어서 9주를 나누어 통치했다는 뜻이다.

◆ 春秋命曆序曰 人皇九頭 宋均注云 兄弟九人 洞紀云 人皇分治九州 古語質 故以頭數言之

2 별자리로서의 삼황

• 도화양陶華陽이 이르기를 "이 삼황三皇이 자미궁을 다스리니, 그 정령이 천황태제天皇太帝가 되었다"고 했으며, 『세기世紀』에 이르기를 "천황태제는 요백보이고, 지황은 천일이 되었으며, 인황은 태일이 되었다"고 했다.

❖ 도화양陶華陽은 『제왕년력帝王年曆, 등진음결登眞陰訣』 등을 지은 도홍경陶弘景을 말한다.

❖ 요백보曜魄寶는 자미원의 가장 중심별인 북극성이다. 천일天一은 천을天乙이라고도 하며, 역시 자미원의 중심에 있는 별로 전투와 음양 화합 등을 주관한다. 또 태일太一은 태을太乙이라고도 하며, 역시 자미원의 중심에 있는 별로 비와 바람, 가뭄과 홍수 등을 주관한다.

① 감공甘公의 설

㉠ 천황태제천황씨 •• 감공의 『성경星經』에 이르기를 "천황태제는 만신도萬神圖를 잡고, 구진勾陳의 가운데 있는 한 개로 된 별인데, 요백보를 밝히니 오제五帝의 높은 조상이다.

❖ 자미원에 있는 천황태제는 구진으로 둘러 싸여 있다.

㉡ 천일지황씨 ••• 천일과 태일은 신을 받드는 것(承神)을 주관

• 陶華陽云 此三皇治紫微宮 其精爲天皇太帝 世紀云 天皇太帝曜魄寶 地皇爲天一 人皇爲太一

•• 甘公星經云 天皇太帝 本秉萬神圖 一星在勾陳中 明曜魄寶 五帝之尊祖也

••• 天一太一主承神 承猶侍也 有兩星 在紫微宮門外 俱侍星天皇太帝 天一主戰鬪 知吉凶 甲戊庚壬王 治玉堂宮 乙己辛王 治明堂宮 丙丁癸王 治絳宮 是爲三宮太神

하니, '받들 승承'은 모신다는 것과 같다. 두 별이 자미궁 밖에 있으면서 함께 천황태제의 별을 모신다. 천일은 전투를 주관하고 길흉을 주관하니, 갑甲·무戊·경庚·임壬의 왕은 옥당궁을 다스리고, 을乙·기己·신辛의 왕은 명당궁을 다스리며, 병丙·정丁·계癸의 왕은 강궁絳宮을 다스린다. 이것이 삼궁태신三宮太神이 된다.

❖ 여기서 자미궁紫微宮이란, 우자미원과 좌자미원으로 둘러싸여 있는 안쪽을 말한다.

ⓒ 태일인황씨 ◆ 태일은 바람·비·홍수·가뭄·전쟁·혁명·기아·역질·재해를 주관하고, 열여섯 신을 부려서 9궁에서 노닌다. 천일은 만물을 품어 기르는 것이고, 태일은 재앙을 살피니, 이것은 천제의 신하다"고 했다.

② 정현의 설

◆◆ 정현이 『건착도乾鑿度』에 주석하여 이르기를 "태일은 북극성의 신의 명칭이니, 그 자리에 있는 것을 태제太帝라 하고, 팔괘八卦와 일진日辰의 사이를 행하는 것을 태일 혹은 천일이라고 하니, 나가고 들어가는 곳과 자미궁 밖에 쉬는 것에 따라서 별의 이름을 붙인 것이다.

◆ 太一主風雨水旱兵革飢疫災害 復使十六神遊於九宮 天一是含養萬物 太一是察災殃 是爲天帝之臣

◆◆ 鄭玄注乾鑿度云 太一者 北辰神名 居其所曰太帝 行八卦日辰之間 曰太一 或曰天一 出入所遊 息紫宮之外 其星因以爲名 天一之行 猶天子巡狩方岳 人君亦從而巡省 每卒則復 太一行八卦之宮 每四季 乃入於中央 天數大分以陽出 以陰入 陽起於子 陰起於午 是以太一下行九宮 從坎始也

천일이 행하는 것은 천자가 사방의 오악을 순행하는 것과 같으니, 임금이 또한 천일을 따라 순행하다가 마치면 돌아오고, 태일도 팔괘의 궁을 행하다가 사계四季마다 중앙궁에 돌아온다. 하늘의 도수가 양으로 나가고 음으로 들어오며, 양은 자子에서 일으키고 음은 오午에서 일으킨다. 그러므로 태일이 아래로 구궁을 행해서 감궁坎宮으로부터 시작한다"고 했다.

❖ 정현은 천황태제는 북극 안에 일정하게 있고, 천일과 태일이 돌아다닌다고 했다.

③ 구궁경九宮經의 설

◆『구궁경』에 이르기를 "천일의 행함은 리궁離宮에서 시작하고 태일의 행함은 감궁에서 시작하며, 천일은 풍년들고 풍족한 것을 주관하고 태일은 홍수·가뭄·전쟁·기아를 주관하며, 열두 신과 합해서 구궁의 아홉 자리를 노니니, 열두 자리가 작은 데부터 많은 데로 간다"고 했다.

④ 육임식경六壬拭經의 설

◆◆『육임식경』에 이르기를 "열두 신장神將이 천일로써 주인을 삼으니, 갑甲·무戊·경庚일의 아침에는 대길大吉을 다스리고 저녁

◆ 九宮經云 天一之行 始於離宮 太一之行 始於坎宮 天一主豐穰 太一主水旱兵飢 合十二神 遊行九宮 十二位從少之多

◆◆ 六壬拭經云 十二神將 以天一爲主 甲戊庚日 旦治大吉 暮治小吉 乙己日 旦治神后 暮治傳送 丙丁日 旦治微明 暮治從魁 六辛日 旦治勝先 暮治功曹 壬癸日 旦治太一 暮治太衝 此竝紫微宮門外 天一太一 非紫微之內 北辰之名大帝也 鄭玄謬矣

에는 소길小吉을 다스리며, 을乙·기己일의 아침에는 신후神后를 다스리고 저녁에는 전송傳送을 다스리며, 병丙·정丁일의 아침에는 미명微明을 다스리고 저녁에는 종괴從魁를 다스리며, 육신六辛일의 아침에는 승선勝先을 다스리고 저녁에는 공조功曹를 다스리며, 임壬·계癸일의 아침에는 태일太一을 다스리고 저녁에는 태충太衝을 다스린다"고 하니, 이것은 모두 자미궁 문 바깥에 있는 것으로, 천일 태일은 자미궁의 안에 있는 것이 아니며, 북극성의 이름이 대제大帝니 정현이 잘못된 것이다.

❖ 천일이 12신을 다스림

천간일		갑·무·경	을·기	병·정	신	임·계
태일이 다스리는 12신	아침	대길	신후	미명	승선	태일
	저녁	소길	전송	종괴	공조	태충

3장. 삼황이 다스리는 여러 신

1 태일이 다스리는 16신

• 태일의 열여섯 신은 다음과 같다.

① 지주地主(땅이 주인이 됨)

•• 지주는 자방子方에 있다. 양기가 황천黃泉에서 움직이면 만물이 땅에서 나오니, 자방이 양기의 처음이 되기 때문에 지주라고 했다.

② 양덕陽德(양의 덕)

••• 양덕은 축방丑方에 있다. 양이 만물을 낳을 수 있는데, 축방에 이르러 생겨나기 때문에 양덕이라고 했다.

③ 화덕和德(음양이 화합하는 덕)

•••• 화덕은 동북의 간방艮方에 있다. 이때에 음양의 기운이 합해져서 만물을 낳기 때문에 화덕이라고 했다.

• 太一十六神者

•• 地主在子 陽氣動於黃泉 萬物孳產於地 子爲陽氣之首 故曰地主

••• 陽德在丑 陽能生萬物 至丑方生 故曰陽德也

•••• 和德在東北維 此時陰陽氣合 生於萬物 故曰和德

④ 여신呂申(크게 커짐)

◆ 여신은 인방寅方에 있다. '여'는 크다는 뜻이고, '신'은 커지는 것이니, 만물이 점점 자라 커지는 것이기 때문에 여신이라고 했다.

⑤ 고총高藂(높으면서도 떨기져 있음)

◆◆ 고총은 묘방卯方에 있다. 만물이 떨기져 뭉쳐서 높고 커지므로 고총이라고 했다.

⑥ 태양太陽

◆◆◆ 태양은 진방辰方에 있다. 천둥 번개가 친 뒤에 양기가 크게 성하기 때문에 태양이라고 했다.

⑦ 태호太昊(크게 밝은 하늘)

◆◆◆◆ 태호는 동남의 손방巽方에 있다. 이때는 이미 양기가 크게 드러나서 크고 밝게 비추기 때문에 태호라고 했다.

⑧ 대신大神

◆◆◆◆◆ 대신은 사방巳方에 있다. 만물이 이미 성숙해서 그 기운이 날아오르기 때문에 대신이라고 했다.

◆ 呂申在寅 呂巨也 申引長也 萬物漸申而巨大也 故曰呂申

◆◆ 高藂在卯 萬物藂而高大 故曰高藂

◆◆◆ 太陽在辰 震動已後 陽氣大盛 故曰太陽

◆◆◆◆ 太昊在東南維 時陽已著 昊然照明 故曰太昊

◆◆◆◆◆ 大神在巳 萬物已熟 其氣翼起 故曰大神

❖ 이상은 태일의 열여섯 신 중에, 양의 기운이 발생하는 때에 있는 여덟 신이다. 각기 자·축·동북·인·묘·진·동남·사의 8방을 다스린다.

⑨ 대위大威

◆ 대위는 오방午方에 있다. 양은 쇠하고 음은 생겨나서, 형체와 기운이 움직이기 시작하기 때문에 대위라고 했다.

⑩ 천도天道

◆◆ 천도는 미방未方에 있다. 모든 물건이 모두 이루어져서, 쓸 수 없는 것이 없기 때문에 천도라고 했다.

⑪ 대무大武(크게 상하게 함)

◆◆◆ 대무는 서남의 곤방坤方에 있다. 음기가 일을 주관해서, 만물이 모두 상하기 때문에 대무라고 했다.

⑫ 무덕武德(음 속에 있는 양의 덕)

◆◆◆◆ 무덕은 신방申方에 있다. 냉이와 보리가 나오는 등, 음이 양의 성질을 품기 때문에 무덕이라고 했다.

⑬ 대족大族(크게 족류를 멸함)

◆◆◆◆◆ 대족은 유방酉方에 있다. 음의 기운이 크게 죽여서, 족류族

◆ 大威在午 陽衰陰生 形氣始動 故曰大威

◆◆ 天道在未 百物皆成 莫不資用 故曰天道

◆◆◆ 大武在西南維 陰氣用事 萬物皆傷 故曰大武

◆◆◆◆ 武德在申 薺麥方生 陰懷陽性 故曰武德

◆◆◆◆◆ 大族在酉 陰氣大殺 族類皆盡 故曰大族

類(여러 생물들)가 모두 다 없어지기 때문에 대족이라고 했다.

⑭ 음주陰主(음이 주인이 됨)

◆ 음주는 술방戌方에 있다. 양기가 아래로 숨고 음기가 위에 있기 때문에 음주라고 했다.

⑮ 음덕陰德(음의 덕)

◆◆ 음덕은 서북의 건방乾方에 있다. 건乾은 하늘이 되니, 음기가 여기에 이르러 극에 달하면 양을 낳으려하기 때문에 음덕이라고 했다.

⑯ 대의大義

◆◆◆ 대의는 해방亥方에 있다. 만물이 여기에서 회임하니, 음기가 양을 머금고 있기 때문에 대의라고 했다.

❖ 이상은 태일의 열여섯 신 중에, 음의 기운이 발생하는 때에 있는 여덟 신이다. 각기 오·미·서남·신·유·술·서북·해의 8방을 다스린다.

❖ 태일이 다스리는 16신의 이름과 주관하는 방위

16신의 이름	지주	양덕	화덕	여신	고총	태양	태호	대신	대위	천도	대무	무덕	대족	음주	음덕	대의
방위	자방	축방	동북	인방	묘방	진방	동남	사방	오방	미방	서남	신방	유방	술방	서북	해방

◆ 陰主在戌 陽氣下藏 陰氣自在於上 故曰陰主

◆◆ 陰德在西北維 乾爲天也 陰氣至此而極 方能生陽 故曰陰德

◆◆◆ 大義在亥 萬物於此懷任 陰氣含陽 故曰大義

2 구궁의 12신

• 또한 구궁의 열두 신神은 다음과 같다.

① 구궁신 9

㉠ 배열 •• 천일天一이 리궁에 있으면, 태일太一이 감궁에 있으며, 천부天符가 중궁에 있고, 섭제攝提가 곤궁에 있으며, 헌원軒轅이 진궁에 있고, 초요招搖가 손궁에 있으며, 청룡青龍이 건궁에 있고, 함지咸池가 태궁에 있으며, 태음太陰이 간궁에 있다.

❖ 천일이 리궁에 있을 때 각 신의 배열

초요손궁	천일리궁	섭제곤궁
헌원진궁	천부중궁	함지태궁
태음간궁	태일감궁	청룡건궁

태일太一이 사巳方에 있을 때도 앞에 풀이한 것과 같다(태일이 사에 있을 때는 천일이 해, 즉 건궁에 있게 된다). 나머지 일곱 신은 모두 성관(星官)의 이름으로, 천일·태일과 더불어 구궁을 행하여 한 해에 한번 옮기니, 9년만에 제자리로 돌아온다.

㉡ 역할 ••• 천일은 풍년을 주관하고, 태일은 홍수와 추위를 주

◆ 又九宮十二神者

◆◆ 天一在離宮 太一在坎宮 天符在中宮 攝提在坤宮 軒轅在震宮 招搖在巽宮 青龍在乾宮 咸池在兑宮 太陰在艮宮 太一在巳如前解 餘七神 皆是星官之名 與天一太一 行於九宮 一歲一移 九年復位

관하며, 천부는 기근을 주관하고, 섭제는 질병과 고통을 주관하며, 헌원은 우레와 비를 주관하고, 초요는 바람과 구름을 주관하며, 청룡은 서리와 우박을 주관하고, 함지는 전쟁과 도적을 주관하며, 태음은 음모를 주관한다.

② 구궁신 외의 3신

㉠ 청룡青龍 ◆ 또한 별도의 청룡이 있어서 12진辰을 행하니, 곧 태세太歲(한 해)의 이름이다. 옛날에 해歲의 이름을 청룡이라고 했으니, 청룡은 복과 경사를 주관한다.

㉡ 태음太陰 ◆◆ 태음은 삼년에 한 번 옮기되 오른쪽으로 12진辰을 가니, 곧 태세의 음신陰神이다. 황후와 왕비의 상으로, 물과 비雨와 음모와 사사로움을 주관한다.

㉢ 해기害氣 ◆◆◆ 해기는 네 맹월에 오른쪽으로 행해서 한해에 한 번씩 옮겨가니, 그것이 가는 곳마다 해를 끼치기 때문에 해기(해로운 기운)라고 말하는 것이다.

◆◆◆ 天一主豐穰 太一主水寒 天符主飢饉 攝提主疾苦 軒轅主雷雨 招搖主風雲 青龍主霜雹 咸池主兵賊 太陰主陰謀

◆ 又別有青龍 行十二辰 卽太歲之名也 古者名歲曰青龍 此神主福慶

◆◆ 太陰三歲一徙 右行十二辰 卽太歲之陰神也 后妃之象 主水雨陰私

◆◆◆ 害氣右行四孟 一歲一移 以其所至爲害 故言害氣 合爲十二神九宮之所用也

합해서 열두 신이 되니 구궁에 쓰이는 것이다.

❖ 천일天一·태일太一·천부天符·섭제攝提·헌원軒轅·초요招搖·청룡靑龍·함지咸池·태음太陰의 아홉 신과, 이름은 같지만 역할은 다른 청룡·태음의 두 신, 그리고 해기害氣를 합해 12신이라고 한다.

3 육임의 12신

◆ 또한 『현녀식경玄女拭經』에 이르기를 "육임이 부리는 12신神이라는 것은, 신후神后는 자방을 주관하니 수신水神이고, 대길大吉은 축방을 주관하니 토신土神이며, 공조功曹는 인방을 주관하니 목신木神이고, 태충太衝은 묘방을 주관하니 목신이며, 천강天剛은 진방을 주관하니 토신이고, 태일太一은 사방을 주관하니 화신이며, 승선勝先은 오방을 주관하니 화신이고, 소길小吉은 미방을 주관하니 토신이며, 전송傳送은 신방을 주관하니 금신金神이고, 종괴從魁는 유방을 주관하니 금신이며, 하괴河魁는 술방을 주관하니 토신이고, 미명微明은 해방을 주관하니 수신이다"라고 했다.

❖ 현녀玄女 : 구천현녀九天玄女의 준말로, 황제씨에게 병법을 전수해 줬다는 신녀神女이다. 그래서 육임둔갑의 모든 책이 현녀에게서 내용을 전수받았다고 하였다.

◆ 又玄女拭經云 六壬所使十二神者 神后主子水神 大吉主丑土神 功曹主寅木神 太衝主卯木神 天剛主辰土神 太一主巳火神 勝先主午火神 小吉主未土神 傳送主申金神 從魁主酉金神 河魁主戌土神 微明主亥水神

❖ 육임의 12신과 방위 및 오행배속

12신	신후	대길	공조	태충	천강	태일	승선	소길	전송	종괴	하괴	미명
맡은방위	자	축	인	묘	진	사	오	미	신	유	술	해
오행	수	토	목	목	토	화	화	토	금	금	토	수

① 12신의 이름풀이

㉠ 신후神后 ◆ 자방의 신후神后라 함은, 자는 황종이 되니 임금의 도이기 때문에 '임금 후后'라고 이름한 것이다. 양의 시작이고, 양이 안에서 움직여 형체가 없기 때문에 '신神'이라고 했다.

㉡ 대길大吉 ◆◆ 축방의 대길大吉이라 함은, 만물이 축에 와서 모두 싹트니, 양을 얻어 생겨나므로 대길이 된다.

㉢ 공조功曹 ◆◆◆ 인방의 공조功曹라 함은, 만물이 인에 이르름에 그 공이 이미 나타난 것이고, '조曹'는 많은 것이니, 여러 물건의 공이 인에서 나타난 것이다.

㉣ 태충太衝 ◆◆◆◆ 묘방의 태충太衝이라 함은, 만물이 묘에 이르러서 모두 크게 충동되니, 속껍질에서 꽃받침이 나오는 것이다.

◆ 子神后者 子爲黃鍾 君道 故稱后 陽之始也 陽動於內而未形 故稱神也

◆◆ 丑大吉者 萬物至丑 皆萌得陽生 故大吉也

◆◆◆ 寅功曹者 萬物至寅 其功已見 曹衆也 衆物功旣見於寅也

◆◆◆◆ 卯太衝者 萬物至卯 其皆太衝其心皮抽萼也

ⓜ 천강天剛 ◆ 진방의 천강天剛이라 함은, 북두성의 자루에 해당되어서, 그 신이 강하고 굳센 것이다.

ⓑ 태일太一 ◆◆ 사방의 태일太一이라 함은, 순건괘☰가 일을 주관하므로, 하늘의 덕이 있는 것이기 때문에 태일신후太一神后라고 하는 것이다.

❖ 태일신후太一神后 : "태일신이 거처하는 곳이다(太一神居)"라고 한 판본도 있다.

ⓢ 승선勝先 ◆◆◆ 오방의 승선勝先이라 함은, 양기가 크게 위엄을 부리고 음기가 때로 움직이는 때이나, 오직 양이 먼저 있으니 이기는 것이다.

ⓞ 소길小吉 ◆◆◆◆ 미방의 소길小吉이라 함은, 만물이 모두 성숙했기 때문에 소길이 된다.

ⓙ 전송傳送 ◆◆◆◆◆ 신방의 전송傳送이라 함은, 이루어진 물건을 전해서 겨울로 보내 숨기는 것이다.

◆ 辰天剛者 當斗星之柄 其神剛强也

◆◆ 巳太一者 純乾用事 天德在焉 故太一神后也

◆◆◆ 午勝先者 陽氣大威 陰氣時動 惟陽在先爲勝也

◆◆◆◆ 未小吉者 萬物畢熟成 故爲小吉也

◆◆◆◆◆ 申傳送者 傳其成物 送與冬藏也

ㅊ 종괴從魁 ◆ 유방의 종괴從魁라 함은, 북두의 '괴성魁星'으로부터 두 번째 별이라는 뜻이다.

ㅋ 하괴河魁 ◆◆ 술방의 하괴河魁라 함은, '하河'는 머리에 해당한 것이니, 북두의 괴성 중에 머리(첫번째 별)에 해당하는 것이다.

ㅌ 미명微明 ◆◆◆ 해방의 미명微明이라 함은, 수의 본체가 안은 밝지만 바깥으로 나타나지 않으니, 양기가 미미해서 자子에 이르러야 밝게 되는 것이다.

② **12**신의 역할

◆◆◆◆ 신후는 부녀를 주관하고, 대길은 농장과 농사를 주관하며, 공조는 나라를 옮기는 것을 주관하고, 태충은 관리를 대하는 일을 주관하며, 천강은 죽이고 정벌하는 일을 주관하고, 태일은 금과 보배를 주관하며, 승선은 신과 제사지내는 것을 주관하고, 소길은 혼인과 모임을 주관하며, 전송은 체포하는 것을 주관하고, 종괴는 죽고 장사지내는 것을 주관하며, 하괴는 질병을 주관하고, 미명은 임금의 부름을 주관한다.

◆ 酉從魁者 從斗之魁第二星也

◆◆ 戌河魁者 河當首也 當斗魁首也

◆◆◆ 亥微明者 水體內明 不見於外 微其陽氣至子方明也

◆◆◆◆ 神后主婦女 大吉主田農 功曹主遷邦 太衝主對吏 天剛主殺伐 太一主金寶 勝先主神祀 小吉主婚會 傳送主掩捕 從魁主死喪 河魁主疾病 微明主辟召

4 육임의 12장수

① 12장수의 위치와 오행배속

• 또한 열두 장수(十二將)라는 것은, 천일天一은 토의 장수이고, 그 앞으로 첫 번째는 등사螣蛇이니 화의 장수이며, 그 앞으로 두 번째는 주작朱雀이니 화의 장수이고, 그 앞으로 세 번째는 육합六合이니 목의 장수이며, 그 앞으로 네 번째는 구진勾陳이니 토의 장수이고, 그 앞으로 다섯 번째는 청룡靑龍이니 목의 장수이다.

뒤로 첫 번째는 천후天后이니 수의 장수이고, 뒤로 두 번째는 태음太陰이니 금의 장수이며, 뒤로 세 번째는 현무玄武이니 수의 장수이고, 뒤로 네 번째는 태상太裳이니 토의 장수이며, 뒤로 다섯 번째는 백호白虎이니 금의 장수이고, 뒤로 여섯 번째는 천공天空이니 토의 장수이다.

❖ 12장수의 배열과 오행배속

12장수	청룡	구진	육합	주작	등사	천일	천후	태음	현무	태상	백호	천공
오행	목	토	목	화	화	토	수	금	수	토	금	토

② 12장수의 역할

•• 천일은 앞의 해석과 같고, 등사는 놀라고 두려운 것을 주관

◆ 又十二將者 天一土將 前一螣蛇火將 前二朱雀火將 前三六合木將 前四勾陳土將 前五青龍木將 後一天后水將 後二太陰金將 後三玄武水將 後四太裳土將 後五白虎金將 後六天空土將

◆◆ 天一已如前解 螣蛇主驚恐 朱雀主文書 六合主慶賀 勾陳主拘礙 青龍主福助 天后猶是神后 天一之妃 太陰主陰私 玄武主死病 太裳

하며, 주작은 문서를 주관하고, 육합은 경사스러운 것을 주관하며, 구진은 구속하고 막는 것을 주관하고, 청룡은 복과 도움을 주관하며, 천후는 신후와 같고 천일의 아내(妃)이며, 태음은 음침함과 사사로운 일을 주관하고, 현무는 죽고 병드는 것을 주관하며, 태상은 하사하고 상주는 것을 주관하며, 백호는 싸우고 소송하는 것을 주관하고, 천공은 비우고 소모되는 것을 주관한다.

5 둔갑遁甲의 9신九神

◆ 둔갑의 아홉 신이라는 것은 다음과 같다.

① 9신의 위치와 명칭

㉠ 천봉天逢 ◆◆ 천봉天逢은 감坎에 있고, 일명 자경子經이라 하며, 목신木神이다. 북두에 있으니 파군성破軍星에 거처한다.

㉡ 천내天內 ◆◆◆ 천내는 곤坤에 있고, 일명 자성子成이라 하며, 수신水神이다. 북두에 있으니 파군성에 거처한다.

㉢ 천충天衝 ◆◆◆◆ 천충은 진震에 있고, 일명 자요子翹라고 하며,

主賜賞 白虎主鬪訟 天空主虛耗也

◆ 遁甲九神者

◆◆ 天逢在坎 一名子經 木神 在斗居破軍星

◆◆◆ 天內在坤 一名子成 水神 在斗居破軍星

◆◆◆◆ 天衝在震 一名子翹 金神 在斗居破軍星

금신金神이다. 북두에 있으니 파군성에 거처한다.

㉣ 천보天輔 ◆ 천보는 손巽에 있고, 일명 자문子文이라 하며, 토신土神이다. 북두에 있으니 무곡성武曲星에 거처한다.

㉤ 천금天禽 ◆◆ 천금은 곤坤에 있고, 일명 자공子公이라고 하며, 화신火神이다. 북두에 있으니 염정성廉貞星에 거처한다.

㉥ 천심天心 ◆◆◆천심은 건乾에 있고, 일명 자양子襄이라고 하며, 목신木神이다. 북두에 있으니 문곡성文曲星에 거처한다.

㉦ 천주天柱 ◆◆◆◆ 천주는 태兌에 있고, 일명 자위子違라고 하며, 수신水神이다. 북두에 있으니 녹존성祿存星에 거처한다.

㉧ 천임天任 ◆◆◆◆◆ 천임은 간艮에 있고, 일명 자금子金이라 하며, 금신金神이다. 북두에 있으니 거문성巨門星에 거처한다.

㉨ 천영天英 ◆ 천영은 리離에 있고, 일명 자살子殺이라고 하며,

◆ 天輔在巽 一名子文 土神 在斗居武曲星

◆◆ 天禽在坤 一名子公 火神 在斗居廉貞星

◆◆◆ 天心在乾 一名子襄 木神 在斗居文曲星

◆◆◆◆ 天柱在兌 一名子達 水神 在斗居祿存星

◆◆◆◆◆ 天任在艮 一名子金 金神 在斗居巨門星

토신土神이다. 북두에 있으니 탐랑성貪狼星에 거처한다. 천봉 이하 아홉 신은 모두 별의 이름이다.

❖ 둔갑9신의 별명과 방위 및 오행배속

9신	천봉	천내	천충	천보	천금	천심	천주	천임	천영
별명	자경	자성	자요	자문	자공	자양	자위	자금	자살
팔괘	감	곤	진	손	곤	건	태	간	리
북두	파군성	파군성	파군성	무곡성	염정성	문곡성	녹존성	거문성	탐랑성
오행	목	수	금	토	화	목	수	금	토

② 9신의 이름풀이

㉠ 천봉天逢(子經) ◆ 자경子經은 자와 오가 하늘·땅의 날줄이 되니, 위치가 감(坎卦)의 자리에 있기 때문에 '경經'이라고 이름 지었다.

❖ 후천팔괘에서 자경신이 있는 감괘는 자방에 있음. 또 천봉天逢의 봉은 자와 오가 만난다는 뜻도 있음.

㉡ 천내天內 ◆◆ 천내天內 또는 자성子成은 곤(坤卦)이 땅이 되니, 만물을 성취시키기 때문이다.

❖ 후천팔괘에서 천내신 또는 자성신이 있는 서남쪽의 곤괘에서 만물이 이루어진다.

◆ 天英在離 一名子殺 土神 在斗居貪狼星 天逢已下 皆是星名

◆ 子經者 以子午爲天地之經 位旣在坎 故名經也

◆◆ 天內子成者 坤爲地 能成萬物也

ⓒ 천충天衝 ◆ 천충天衝 또는 자요子翹는, '요'는 움직이는 모습이니 날개가 있어 진동하는 상이다.

❖ 후천팔괘에서 천충신 또는 자요신이 있는 동방의 진괘에서 만물이 움직이며 커 나간다. 진은 우레가 떨치듯이 진동해 나가는 것이니, 하늘을 찌를 듯이(衝天) 커 나가는 것이다.

ⓔ 천보天輔 ◆◆ 천보天輔 또는 자문子文은 손巽卦이 호령하는 것이 되니, 문장이 있게 되는 것이다.

❖ 후천팔괘에서 천보신 또는 자문신이 있는 동남방의 손괘에서 만물이 가지런히 다스려진다. 손은 바람이 초목 위로 불어 한방향으로 가지런히 만들듯이, 양의 기운을 잘 보필해서 그 덕이 행해지도록 하는 것이다.

ⓜ 천금天禽 ◆◆◆ 천금天禽 또는 자공子公은 토의 5자리에 거처하면서 곤(坤卦)에 붙어 있으니, 토는 만물의 부모가 되기 때문에 공이라고 했다.

❖ 후천팔괘에서 천금신 또는 자공신이 있는 서남방의 곤괘에서 만물이 이루어진다. 방위는 곤괘에 의탁해 있지만, 본래 중앙 5토의 토기운이므로, 만물을 낳는 부모의 역할을 한다.

ⓑ 천심天心 ◆◆◆◆ 천심天心 또는 자양子襄은, '양襄'은 착한 것이고, 건(乾卦)은 하늘이 되니, 사랑으로 베풀기 때문에 착한 것이다.

◆ 天衝子翹者 翹動貌 翹在震動之象也

◆◆ 天輔子文者 巽爲號令 有文章也

◆◆◆ 天禽子公者 居五土位 寄在坤 土爲萬物之父 故言公也

◆◆◆◆ 天心子襄者 襄善也 乾爲天 慈施故善也

❖ 후천팔괘에서 천심신 또는 자양신이 있는 서북방의 건괘는 하늘을 상징한다. 하늘의 덕은 베풀어 주기를 좋아하므로 착한 것이다.

ⓢ 천주天柱 ◆ 천주天柱 또는 자위子違는, 태(兌卦)는 금을 주관하니, 금은 살벌함이 있어서, 하늘의 도를 어기기 때문에 '어길 위違'자를 쓴 것이다.

❖ 후천팔괘에서 천주신 또는 자위신이 있는 서방의 태괘는 금기운이 성한 방소이다. 가을에 금의 숙살肅殺하는 기운으로 만물을 쇠하게 하니, 하늘의 베풀어 주기를 좋아하는 덕과 어기는 것이다.

ⓞ 천임天任 ◆◆ 천임天任 또는 자금子金은, 간(艮卦)은 축에 있으니, 축은 금의 근본이다.

❖ 후천팔괘에서 천임신 또는 자금신이 있는 동북방의 간괘는 축방丑方이다. 축토는 금을 생하므로 '금金'자를 넣은 것이다.

ⓩ 천영天英 ◆◆◆ 천영天英 또는 자살子殺은, 리(離卦)는 불이니, 불은 태우고 사르는 뜻이 있기 때문이다.

❖ 후천팔괘에서 천영신 또는 자살신이 있는 남방의 리괘는 불을 상징한다. 불은 만물을 태워서 없애므로, 타는 모습은 꽃같지만 실은 죽여 없애는 것이다.

◆ 天柱子違者 兌主金 金有殺伐 違天之道故也

◆◆ 天任子金者 艮在丑 丑金之本也

◆◆◆ 天英子殺者 離火也 火有燃燒之義也

③ 둔갑 9신의 역할

• 『둔갑경』에 이르기를 "천봉은 변방을 안정시켜 굳게 보존하는데 좋고, 천내는 도를 닦고 벗을 사귀는데 좋으며, 천충은 군사를 내서 원수를 굴복시키는데 좋고, 천보는 예법을 닦고 교육을 하는데 좋으며, 천금은 복을 빌고 악을 제거하는데 좋고, 천심은 병을 피하고 약을 구하는데 좋으며, 천주는 숨기고 군사를 주둔시켜 굳게 지키는데 좋으며, 천임은 경하 사절을 보내고 통상을 하는데 좋고, 천영은 멀리 가고 음악을 짓는데 좋다"고 했다.

❖ 『둔갑경』은 오나라의 오자서伍子胥가 지었다고 하나 전하지 않는다.

•• 아홉 신의 이름이 위에는 모두 '하늘 천天'자를 쓰고, 아래는 모두 '아들 자子'자를 쓴 것은, 이 신이 북두에 속하니 모두 하늘에 속해 있기 때문에 '천'자를 썼고, '자子(결실 자)'는 아름답다는 것이니, 신들이 모두 높고 아름답기 때문이다.

④ 둔갑 9신의 다른 이름

㉠ 공자원진의 설 ••• 『공자원진孔子元辰』에 이르기를 "북두의

• 遁甲經云 天逢宜安邊保固 天內宜宗道結友 天衝宜出軍伏仇 天輔宜脩禮設敎 天禽宜請福除惡 天心宜避病求藥 天柱宜匿屯守固 天任宜慶謁通財 天英宜遠行作樂

•• 九神之名 上竝云天 下皆曰子者 此神屬於北斗 皆隷於天故也 子者美稱 以此神尊美故也

••• 孔子元辰云 北斗第一神 字希神子 第二神 字貞文子 第三神

제일 첫 번째 신은 자字가 희신자希神子고, 두 번째 신은 자가 정문자貞文子며, 세 번째 신은 자가 녹존자祿存子고, 네 번째 신은 자가 세혜자世惠子며, 다섯 번째 신은 자가 위불인자衛不鄰子고, 여섯 번째 신은 자가 미혜자微惠子며, 일곱 번째 신은 자가 대경자大景子다"고 하니, 이것도 또한 모두 '자子'라고 일컬었다.

ⓛ 춘추 좌조기의 설 ◆ 『춘추좌조기春秋佐助期』에 이르기를 "제일 첫 번째 별의 신은 이름이 집음執陰이며 성姓은 경량頸梁이고, 두 번째 별의 신은 이름이 두양斗諒이며 성은 이우당伊偶當이고, 세 번째 별의 신은 이름이 거리拒理며 성은 영등영허英劉領許고, 다섯 번째 별의 신은 이름이 방건 防件이며 성은 계윤도鷄尹堵고, 여섯 번째 별의 신은 이름이 개보開寶고 성은 치蚩이며 일명 창아부蒼兒部라고도 하며, 일곱 번째의 신은 이름이 초招며 성은 비탈락풍肥脫絡馮이다"라고 하니, 일곱 별의 이름은 모두 사람의 나이와 수명에 관계되는 것으로, 항상 생각하고 외워서 복을 구하는 것이다.

6 여덟 사자의 신八使神

◆◆ 『황제팔신도黃帝八神圖』에 이르기를 "건☰의 신 헌원軒轅

字祿存子 第四神 字世惠子 第五神 字衛不鄰子 第六神 字微惠子 第七神 字大景子 此亦竝稱子也

◆ 春秋佐助期云 第一星神名執陰 姓頸梁 第二星神名斗諒 姓伊偶當 第三星神名拒理 姓英劉領許 第五星神名防件 姓鷄尹堵 第六星神名開寶 姓蚩 一名蒼兒部 第七星神名招 姓肥脫絡馮 七星之名竝是人年命之所屬 恒思誦之 以求福也

은 하늘을 받드는 사자로 진성辰星에 자리한다. 태☱의 신 시형時刑은 북두의 사자로, 우성牛星에 자리해서 교통과 연구하는 것을 주관한다. 곤☷의 신 초요招搖는 하늘의 상공上公의 사자로, 각성角星에 자리해서 살해하는 것을 주관한다. 리☲의 신 호시昊時는 하늘의 유격사遊激使로, 익성翼星에 자리한다. 손☴의 신 천후天候는 하늘의 법을 집행하는 사신으로, 자성觜星에 자리한다. 진☳의 신 뇌공雷公은 태음의 문후하는 사신으로, 칠성七星에 자리한다. 간☶의 신 곡융曲隆은 하늘의 조짐(天候)과 동쪽의 밝음을 주는 사신으로, 규성奎星에 자리한다. 감☵의 신 함지咸池는 하늘의 비에 대한 사신으로, 정성井星에 자리해서 비를 주관한다"고 했다. 이것은 여덟 사자의 신으로, 부인이 젖을 먹일 때 그 방향으로 향하는 것을 꺼린다.

❖ 칠성七星 : 여기에서 칠성은 28수 중에 남방에 있는 성수星宿를 뜻한다.

❖ 여덟 사자신使者神의 역할 및 거주하는 별

◆◆ 黃帝八神圖云 乾神軒轅 天承相使 舍於辰星 兌神時刑 北斗之使 舍於牛星 主軒硏 坤神招搖 天之上公使 舍於角星 主殺害 離神昊時 天之遊激使 舍於翼星 巽神天候 天執法使 舍於觜星 震神雷公 太陰之候使 舍於七星 艮神曲隆 天候東明之使 舍於奎星 坎神咸池 天雨師使 舍於井星主雨 此八使之神 婦人産乳 忌低向之 此亦九宮之神 神旣淸虛 遊無定所 故在宮間 牙時有不同 旣八卦配於五行 故附此而錄 諸神占候之法 各有別注 不勞於此 委碎名字之義 故以略談

방향	건	태	곤	리	손	진	간	감
신의 이름	헌원	시형	초요	호시	천후	뇌공	곡융	함지
역할	하늘을 받듦	교통 연구	상공의 사자	하늘의 유격사	하늘의 법 집행	태음의 문후	동쪽의 밝음	하늘의 비
거주하는 별	진성	우성	각성	익성	자성	칠성	규성	정성

이 또한 구궁의 신으로, 신은 이미 맑고 텅비어서 노니는 것에 정해진 장소가 없기 때문에, 궁을 돌 때 시간을 따라 돌아가는 것이 같지 않은 것이 있으나, 이미 팔괘가 오행에 배속되었기 때문에, 여기에 붙여서 기록했다.

모든 신의 징후로 점치는 법은 각각 별도의 주가 있으니, 여기에서 수고롭게 자질구레한 이름 글자의 뜻에 얽매이지 않고 대략만 말했다.

◆ 해와 달과 별과 별(빛이 어두워 눈에 잘 보이지 않는 별), 바람과 비와 우레와 번개, 산과 내와 큰 산과 도랑, 우물과 부엌과 대문과 사람의 몸 등과 같은 것에 이르러서는, 여러 신이 모두 하나가 아니다. 또한 제왕帝王이 높여 제사지내는 것과 백성이 기도하는 것 등의 예는, 이름과 숫자가 심히 많으나, 그것이 오행에 있어서는 별다른 뜻이 없기 때문에 설명을 다 안했다.

◆ 至如日月星辰 風雨雷電 山川岳瀆 井竈衡門 爰及人身 諸神非一 帝王之所崇祭 百姓之所祈禱 如此之例 名數甚多 其於五行 更無別義 故不備說 又卜筮所用 殺曆諸神 正是左右歲月之間 逆順季孟之際 亦無俟於具談 寧勞曲解 此前諸神 占候之綱維 三才之理要 故以次述

또 복서卜筮에 쓰는 살신殺神과 역신曆神 등이 바로 해(歲)와 달(月)사이, 맹월과 계월 사이에서 거슬러 갔다 순히 갔다 하는 데 좌우되나, 또한 모두 설명할 것이 없으니, 무엇하려고 상세한 해설을 할 필요가 있겠는가? 다만 이 앞의 모든 신은 징후로 점치는 것의 벼리이고, 삼재의 이치의 요점이다. 그러므로 차례로 기술했다.

五行大義

제 21편 오제

論五帝

1장. 오제五帝에 관한 세가지 설

• 예로부터 오제를 논한 것에는 세 가지가 있다.

1 영위앙靈威仰 등의 오제

① 하도河圖의 설

•• 『하도』에 이르기를 "동방東方의 청제靑帝 영위앙靈威仰은 목제이고, 남방南方의 적제赤帝 적표노赤熛怒는 화제이며, 중앙中央의 황제黃帝 함추뉴含樞紐는 토제이고, 서방西方의 백제白帝 백초거白招拒는 금제이며, 북방北方의 흑제黑帝 협광기叶光紀는 수제이다"라고 했다.

② 도화양陶華陽의 설

••• 도화양이 이르기를 "황백皇伯·황중皇仲·황숙皇叔·황계皇季·

• 邃古已來 所論五帝 凡有三種

•• 河圖云 東方青帝 靈威仰 木帝也 南方赤帝 赤熛怒 火帝也 中央黃帝 含樞紐 土帝也 西方白帝 白招拒 金帝也 北方黑帝 叶光紀 水帝也

••• 陶華陽云 有皇伯皇仲皇叔皇季皇少兄弟五人 卽靈威仰等 此五帝竝天上神 下治於世 綜理神鬼 次第相接 治太微宮 其精爲五帝之座 五星隨王受氣 卽明堂所祭者也 故云 宗祀文王於明堂 以配上帝

황소皇少의 형제 다섯 사람이 있으니, 곧 영위앙의 무리다. 이 오제는 모두 하늘 위의 신으로, 아래 세상을 다스리고, 귀신을 다스리며, 차례로 서로 교대해서 태미궁을 다스린다. 그 정기가 오제의 자리를 만들고(五帝星), 다섯 별이 왕을 따라 기운을 받으니, 곧 명당에서 제사를 받드는 것이다. 그러므로 '문왕文王을 명당에 높이 제사지내어 상제와 배향한다'고 했다"고 했다.

❖ 오제가 태미궁太微宮(太微垣)을 차례로 다스리기 때문에, 그 정기가 모여 태미원에 오제五帝라는 별자리를 만든 것이다.

❖ 『고문효경古文孝經』「성치장聖治章」에 "옛적에 주공이 후직을 교외에서 제사지내 하늘에 짝했고, 문왕文王을 명당에 높이 제사지내어 상제와 배향했다(昔者周公 郊祀后稷以配天 宗祀文王於明堂 以配上帝)"고 했다.

❖ 하도와 도화양의 오제五帝

방위		동(목)	남(화)	중앙(토)	서(금)	북(수)
오제의 이름	하도의 설	청제 青帝 영위앙 靈威仰	적제 赤帝 적표노 赤熛怒	황제 黃帝 함추뉴 含樞紐	백제 白帝 백초거 白招拒	흑제 黑帝 협광기 叶光紀
	도화양의 설	황백皇伯	황중皇仲	황숙皇叔	황계皇季	황소皇少

2 복희씨伏羲氏 등의 오제

• 『예기』에 이르기를 "봄은 그 상제가 태호太皞고, 여름은 그

◆ 禮記曰 春之月 其帝大皞 夏之月 其帝炎帝 中央土 其帝黃帝 秋之月 其帝少皞 冬之月 其帝顓頊 東方大昊庖義氏主春 蒼精之君 南方炎帝神農氏主夏 赤精之君 中央黃帝軒轅氏主四季 黃精之君 西方白帝金天氏主秋 白精之君 北方黑帝顓頊氏主冬 黑精之君

상제가 염제炎帝며, 중앙토는 그 상제가 황제黃帝고, 가을은 그 상제가 소호少皞며, 겨울은 그 상제가 전욱顓頊이다"라고 했다.

❖ 『예기』「월령月令」의 내용을 요약한 것이다.

❖ 『예기禮記』 등의 오제

사시	봄	여름	계하	가을	겨울
오제	태호	염제	황제	소호	전욱
정기	푸른 정기	붉은 정기	누런 정기	하얀 정기	검은 정기

동방東方의 태호大昊 포희씨庖羲氏는 봄을 주관하니 푸른 정기의 임금이고, 남방南方의 염제炎帝 신농씨神農氏는 여름을 주관하니 붉은 정기의 임금이며, 중앙中央의 황제黃帝 헌원씨軒轅氏는 사계四季를 주관하니 누런 정기의 임금이고, 서방西方의 백제白帝 금천씨金天氏는 가을을 주관하니 하얀 정기의 임금이며, 북방北方의 흑제黑帝 전욱씨顓頊氏는 겨울을 주관하니 검은 정기의 임금이다.

◆ 『주역』에 말하기를 "제帝가 진(震方)에서 나온다"고 했으니, 이것은 사람 임금의 시작(오제의 시작)은 복희씨에서 시작된다. 오행의 차례가 목木이 먼저가 되니, 사시의 서로 바뀌는 것도 봄으로써 머리를 삼는다. 그러므로 포희씨가 오제의 먼저가 되는 것이다.

❖ 『주역』「설괘전」 5장에 "帝出乎震…"이라고 되어 있다.

◆ 易曰 帝出於震 此蓋人帝之始 始於伏羲 五行之次 以木爲先 四時相易 以春爲首 故庖羲爲五帝之先也

3 소호씨少昊氏 등의 오제

◆ 또한 모든 사서史書가 소호少昊·전욱顓頊·고신高辛·당唐·우虞로써 오제라고 했으니, 이것은 순임금 이전의 임금들이, 오행으로 서로 이어 임금이 된 것이다. 『주역』에 위로는 복희씨를 취하고 아래로는 우순虞舜(순임금)에 이르렀으나, 중간에 세 임금을 말하지 않은 것은, 그 세 임금은 전대 임금이 한대로만 답습하고 창제한 것이 없기 때문이니, 무엇을 말하겠는가? 그러므로 논하지 않은 것이다.

❖ 각종 역사책에서 구분한 오제帝

오행	금	수	목	화	토
오제	소호	전욱	고신	당요	우순

❖ 『주역』「계사하전」2장에 복희씨·신농씨·황제씨·요임금(陶唐氏)·순임금(虞舜氏)의 업적이 나열되어 있으나, 소호少昊·전욱顓頊·고신高辛의 세 임금에 대해서는 언급이 없다.

◆ 又諸史以少昊顓頊高辛唐虞 謂之五帝 此蓋自舜已前 五行相承爲帝也 易經乃上取伏羲 下至虞舜 不言中間三帝者 以其因脩無所造作 何以得言之 故不論也

2장. 오제五帝에 대한 풀이

1 태호제大昊帝 포희씨庖義

◆ 태호제 포희씨의 성은 풍風이고, 어머니는 화서華胥로, 큰 사람의 발자취를 밟고 성기成紀에서 낳으니, 뱀의 몸에 사람의 머리를 했다. 목덕으로 왕을 해서 모든 왕의 먼저가 되었으니, 『주역』에 말하기를 "제帝가 진震에서 나왔다"고 했다. 진목震木은 동방으로 봄을 주관하고, 해가 밝은 것을 상징하기 때문에 태호大昊라고 했다.

거북의 무늬를 본떠서 팔괘를 긋고, 그물을 만들어 사냥하며 고기를 잡으니, 옛날에는 사람과 짐승이 서로 잡아 먹어서 해침이 많았다. 그래서 복희씨가 거미줄망을 보고 백성들에게 그물

◆ 大昊帝庖義者 姓風也 母華胥 履大人跡 而生於成紀 蛇身人首 以木德王天下 爲百王先 易曰 帝出于震 震木 東方主春 象日之明 故曰大昊 因象龜文 而劃八卦 爲罔罟以田漁 古者 人畜相食 爲害者多 帝觀蜘蛛之網 教民取犧牲 以充庖廚 故曰庖犧 是謂義皇 後世音謬 謂之伏犧 或云宓義 一號雄皇氏

로 짐승을 잡는 법을 가르쳐서 푸줏간(庖廚)을 채웠다. 그러므로 포희씨라고 했으니, 이를 희황羲皇이라고 불렀다. 후세에 발음이 잘못되어 복희伏犧 혹은 복희宓羲라고 했으며 웅황씨雄皇氏라고도 불렀다.

❖ 포희씨包犧氏의 포는 '푸줏간 포庖'이고, 희는 '희생 희犧'자이다. 여기서 씨는 우두머리, 제후라는 높임말이다.

• 『효경』의 구명결에 이르기를 "복희씨는 이마가 둥글게 튀어나왔고 눈두덩이가 볼록하며 힘이 세었다"고 했으며, 『예함문가』에 이르기를 "복희씨는 덕으로 세상을 다스리니, 하늘에서 찬란한 무늬의 새와 짐승을 보내고 땅에서 거북의 글(洛書)을 보냈다. 이들의 상을 본받아서 복희씨가 팔괘를 만들었다"고 했다.

❖ 『효경구명결孝經句命決』: 효경위孝經緯의 하나로, 송균宋均이 6권으로 주석했으나 전하지 않는다.

❖ 예함문가禮含文嘉: 예위禮緯의 하나로, 정현과 송균이 주석했다고 하나 전하지 않는다.

❖ '일각日角'은 이마의 가운데 뼈가 해모양으로 두둑하게 나온 귀인의 상을 말하고, '주형珠衡'은 눈두덩이(눈썹과 속눈썹사이)에 구슬을 늘어놓은 것 같은 성현聖賢의 상을 말한다.

❖ 『효경원신계』에는 "복희씨는 눈이 크고 코가 오똑하며 이마가 둥글게 나왔으며, 눈두덩이가 구슬을 이어놓은 것 같았다伏義大目山準日角 衡而連珠"고 하였다.

• 孝經鉤命決云 伏義日角珠衡戴勝 禮含文嘉云 伏義德治上下 天應以鳥獸文章 地應以龜書 伏義則象作八卦

2 염제炎帝 신농씨神農氏

◆ 염제 신농씨의 성은 강姜이고, 어머니는 임사任姒이며, 이름은 여등女登이다. 신령스러운 용의 감응을 받아 신농씨를 상양常羊에서 낳으니, 사람의 몸에 소의 머리를 했다. 화로써 목을 잇고, 남쪽에 위치하여 여름을 주관하기 때문에 염제炎帝라고 했다.

쟁기와 보습을 만들어서 백성들에게 밭갈고 농사짓는 법을 가르치고, 풀과 나무를 맛보아서 사람들에게 곡식을 먹게 함으로써, 짐승을 잡아먹는 것을 대신하게 했기 때문에 신농씨라고 이름했다. 일명 괴위씨魁隗氏라고도 하니 이분이 농황農皇이 된다.

❖ 화로써 목을 잇고 : 목덕으로 임금을 한 복희씨를 이어서, 화덕을 받은 신농씨가 다스렸다는 뜻이다(木生火).

『예함문가』에 이르기를 "신농씨가 밭에 길을 만들어서 쟁기와 보습을 쓰니, 하늘에서 아름다운 벼(嘉禾)를 내리고 땅에서 단샘물(醴泉)이 나왔다"고 했다.

◆ 炎帝神農氏 姓姜 母任姒 名女登 感神龍而生帝於常羊 人身牛首 以火承木 位南方主夏 故曰炎帝 作耒耜 始敎民耕農 嘗別草木 令人食穀 以代犧牲之命 故號神農 一號魁隗氏 是爲農皇 禮含文嘉云 神農作田道 取耒耜 天應以嘉禾 地出以醴泉

3 황제黃帝 헌원씨軒轅氏

◆ 황제 헌원씨의 성은 희姬다. 어머니 부보附寶가, 큰 번개 빛이 북두의 추성樞星을 에워싸며 들에 밝게 비추는 것을 보고, 감응해서 헌원씨를 수구壽丘에서 낳았다. 토로써 화를 잇고, 자리가 중앙에 있기 때문에 황제黃帝라고 했다.

다섯 기운을 다스리고 오성의 운행을 살폈으며, 처음으로 의상을 입었고, 배와 수레를 만들고 집을 지었다. 옛날에는 나무 위나 굴 속에 거처했는데, 황제가 서까래를 올리고 지붕을 내려서 바람과 비를 가리는 집으로 바꾸었기 때문에 헌원軒轅이라고 이름했다. 또한 헌원의 언덕에 거처했기 때문에 호號로 했다고도 한다. 다른 호는 제홍씨帝鴻氏 혹은 귀장씨歸藏氏, 유웅씨有熊氏라고도 한다.

❖ 토로써 화를 잇고 : 화덕으로 임금을 한 신농씨를 이어서, 토덕을 받은 황제씨가 다스렸다는 뜻이다(火生土).

◆◆ 『춘추문요구』에 이르기를 "황제는 용의 얼굴로 이마 사이

◆ 黃帝軒轅氏 姓姬 母附寶 見大電光繞北斗樞星 明照郊野 感而生帝於壽丘 以土承火 位在中央 故曰黃帝 治五氣設五星 始垂衣裳作舟車 調屋宇 古者巢居穴處 黃帝易之 以上棟下宇 以蔽風雨 故號軒轅 亦云 居軒轅之丘 因以爲號 一號帝鴻氏 或歸藏氏 或有熊氏

가 널찍해서 이십팔수 중앙의 별들을 본받았으며, 문창성에서 상을 취했다"고 했으며, 『예함문가』에 이르기를 "황제가 병장기를 수선하고 덕행을 닦으니, 황룡이 오고 봉황이 날아와 춤을 추었다"고 했다.

❖ 이십팔수의 중앙의 별을 본받았으며 : 28수는 4방향으로 각기 7개의 별자리로 나뉘는데, 그 4방향의 별자리 중에 중앙에 위치한 별이 중앙의 별이다. 황제씨가 토덕으로 왕을 했으므로, 4방향을 아우를 수 있는 것이고, 그 중앙의 덕을 취했다고 한 것이다.

4 소호 금천씨少昊 金天氏

• 소호 금천씨의 성은 희姬이고, 이름은 지摯며, 자는 청양靑陽이다. 어머니 여절女節이 무지개와 같이 빛나는 물가에 큰 별이 흘러 내려오는 것을 꿈에서 접하고 감응해서 소호 금천씨를 낳았다.

금으로써 토를 이었기 때문에 금천金天이라고 했으니, 도참설

◆◆ 春秋文燿鉤云 黃帝龍顔得天庭 法中宿 取象文昌 禮含文嘉云 黃帝脩兵革 以德行 則黃龍至 鳳皇來儀

◆ 少昊金天氏 姬姓 名摯 字青陽 母女節 有大星如虹下流華渚 夢接意感生帝 以金承土 故曰金天 卽圖讖所謂白帝朱宣也 位在西方主秋 金有光明 居小陰位 故曰少昊 文燿鉤云 帝摯載干 是謂清明發節移度 蓋象招搖

(圖讖)에서 말한 '백제주선白帝朱宣'이라는 것이다. 자리가 서쪽에 있어서 가을을 주관하고, 금은 밝게 빛이 나는 것인데, 소음의 자리에 거처하기 때문에 소호少昊라고 했다.

❖ 금으로써 토를 이었기 때문에 : 토덕으로 임금을 한 황제씨를 이어서, 금덕을 받은 금천씨가 다스렸다는 뜻이다(土生金).

『춘추 문요구』에 이르기를 "임금 지(帝摯)가 일을 시작하니 이것을 청명淸明이라고 이른다. 절기와 도수를 밝혀서 고치니, 대개 초요성을 본뜬 것이다"라고 했다.

❖ 초요招搖 : 동방칠수의 세 번째 별자리인 저氐의 위에도 초요성이 있지만, 여기서는 북두칠성의 일곱 번째 별인 요광성을 의미한다. 사시와 오행을 헤아려 별들의 기강을 잡는 일을 한다.

5 전욱顓頊 고양씨 高陽氏

◆ 전욱 고양씨의 성은 희姬이다. 어머니 경복景僕이 요광성搖光星이 무지개와 같이 달을 꿰뚫는 것을 보고, 감응해서 전욱을 약수若水에서 낳았다.

수로써 금을 잇고, 자리가 북쪽에 있어서 겨울을 주관하기

◆ 顓頊高陽氏 姓姬 母景僕 見搖光星貫月如虹 感而生帝於若水 以水承金 位在北方主冬 故號顓頊 文燿鉤云 顓頊併幹 上法月參 集威成紀 以理陰陽 此五帝卽禮所配五方者也

때문에 전욱顓頊이라고 했다.

❖ 요광성搖光星 : 북두칠성의 제일 끝에 있는 별로, 초요성을 뜻한다.

❖ 수로써 금을 잇고 : 금덕으로 임금을 한 금천씨를 이어서, 수덕을 받은 고양씨가 다스렸다는 뜻이다(金生水).

『춘추문요구』에 이르기를 "전욱이 일을 주관함에 위로 월참月參의 행사를 본받고, 위엄을 모아 기강을 이루어서 음양을 다스린다"고 했다.

❖ 월참月參 : 달과 해가 한달에 한번 만나듯이, 임금과 신하가 한달에 한번 조회를 하는 것을 이름.

이 다섯 임금은 곧 『예기』에 다섯 방위로 배속시킨 분들이다.

❖ 『예기禮記』에서는 위의 다섯 분을 오제로 보았다.

6 제곡帝嚳 고신씨 高辛氏

◆ 제곡 고신씨는 성이 희姬이다. 나면서부터 신령스럽고 특이해서, 스스로 자기의 성명을 준逡이라고 말했다. 목으로써 수를 잇고, 오행으로 벼슬의 이름을 삼았기 때문에 고신씨高辛氏라고 했다.

◆ 帝嚳高辛氏姬姓 生而神異 自言其名曰逡 以木承水 五行名官 故號高辛 帝王世紀云 高辛齒幷齒 有聖德 能順三辰

❖ 목으로써 수를 잇고 : 수덕으로 임금을 한 고양씨를 이어서, 목덕을 받은 고신씨가 다스렸다는 뜻이다(水生木).

『제왕세기』에 이르기를 "고신씨는 통니(齗齒)이고, 성인의 덕이 있어서 삼신三辰을 순히 따를 수 있었다"고 했다.

❖ 삼신三辰 : 해와 달과 별.

7 제요帝堯 도당씨 陶唐氏

◆ 제요 도당씨의 성은 기祁이다. 어머니 경도慶都가 낙수 물가(洛渚)에 나갔다가 붉은 용을 만나고, 감응해서 잉태를 한 지 열네 달만에 요임금을 단릉丹陵에서 낳으니, 이름이 방훈放勛이다. 화로써 목을 이었고, 그의 형인 임금 지(帝摯)가 당에다 봉했기 때문에 도당씨陶唐氏라고 했다.

❖ 화로써 목을 잇고 : 목덕으로 임금을 한 고신씨를 이어서, 화덕을 받은 도당씨가 다스렸다는 뜻이다(木生火).

◆ 帝堯陶唐氏 祁姓 母慶都 出洛渚遇赤龍 感孕十四月 而生帝於丹陵 名放勛 以火承木 其兄帝摯 封之於唐 故是號陶唐氏 文燿鉤云 堯眉八彩 是謂通明 曆象日月 陳剬考功 禮含文嘉云 堯廣被四表 致于龜龍

『춘추문요구』에 이르기를 "요임금의 눈썹은 여덟팔자형으로 빛나니, 이것을 통명通明이라고 한다. 해와 달을 본받아서 역을 만들고, 공을 세밀히 비교하여 상을 주었다"고 했으며, 『예함문가』에 이르기를 "요임금의 덕이 널리 나라의 사방끝까지 입혀져서, 거북과 용이 나타났다"고 했다.

8 제순帝舜 유우씨 有虞氏

◆ 제순 유우씨의 성은 요姚다. 어머니 악등握登이 큰 무지개를 보고, 마음이 감응하여 순임금을 요허에서 낳으니, 이름은 중화重華이고 자는 도군都君이다. 눈동자가 둘이기 때문에 중화라고 이름했고, 토로써 화를 이었다. 요임금이 우땅에 봉했기 때문에 유우씨라고 했고, 오색의 옷을 만들어 입게 했다.

❖ 토로써 화를 잇고 : 화덕으로 임금을 한 도당씨를 이어서, 토덕을 받은 유우씨가 다스렸다는 뜻이다(火生土).

◆ 帝舜有虞氏 姓姚 母握登見大虹 意感生帝於姚墟 名重華 字都君 目重瞳子 故名重華 以土承火 堯封之於虞 故號有虞氏 設五色之服 文燿鉤云 舜重瞳子 是謂言兹諒 上應攝提 以統三光 禮含文嘉云 舜損己 以安百姓 致鳥獸鶬鶬 鳳凰來儀 此三帝幷少昊顓頊 共爲五帝

『춘추문요구』에 이르기를 "순임금은 눈동자가 둘로, 이것을 자량諒諒(믿음직하고 어질다)이라고 한다. 위로 섭제攝提에 응해서 삼광三光을 통솔했다"고 했으며, 『예함문가』에 이르기를 "순이 자기의 것을 덜어서 백성을 편하게 하니, 새와 짐승이 즐겨 노래하고 봉황이 와서 춤을 추었다"고 했다.

이 세 임금에 소호와 전욱을 아우르면 합해서 오제가 된다.

❖ 여기에서 설명한 제곡帝嚳 고신씨高辛氏와 제요帝堯 도당씨陶唐氏와 제순帝舜 유우씨有虞氏의 세 임금에다 앞서 설명한 소호씨와 전욱씨를 합해서 오제五帝라고도 한다. 즉 『예기』에서 다섯 방위에 배속시킨 임금 중에 복희씨·신농씨·황제씨는 삼황이 되고, 소호씨와 전욱씨는 오제에 속한다고 한다.

3장. 오제의 세 가지 설에 대한 평

◆ 『사기』는 복희伏羲·여와女媧·신농神農으로 삼황을 삼고, 황제 이하로 오제를 삼았으며, 『제왕세기』는 희황·신농·황제로 삼황을 삼고, 소호씨 이하로 오제를 삼았으나, 이제 『예기』를 살펴보면 들제사에 오덕을 배향할 때 복희씨부터 전욱씨까지를 오제로 삼으니, 이것이 옳은 자리이다.

그러한 까닭은, 『주역』에 "제가 진에서 나왔다"고 한 것은 오덕의 머리이니, 차례로 나아가서 전욱씨에 이르면 오덕의 수數가 끝난다. 만약 소호씨로 머리를 삼으면 금이 오덕의 먼저가 아니고, 만약 황제씨로 머리를 삼으면 토가 중앙에 있으니, 본래 창시하는 것이 아니다. 그러므로 목으로 먼저를 삼으니, 복희씨로 오덕의 먼저를 삼은 것으로, 『주역』의 말이 옳고 제곡 이하는 모두 차례대로 가서 서로 이은 것이다.

❖ 『오행대의』의 저자 소길은 복희씨부터 전욱씨까지의 다섯 분을 오제로 보아야 한다고 본 것이다.

◆ 史記以伏義女媧神農爲三皇 黃帝已下爲五帝 帝王世紀 以義皇神農黃帝爲三皇 少昊已下爲五帝 今案禮記 郊配五德 自伏義至顓頊爲五帝 是其正位 所以然者 易稱帝出于震 蓋五德之首也 以次而行至顓頊 則五德數終 若以少昊爲首 則金非五德之先 若以黃帝爲首土居中央 本非創始 故從木爲先 伏義爲五德之首 易言是也 其帝嚳已下 皆行次相承也

4장. 오제와 오덕의 상생

◆ 상제가 다섯이 있다든지, 영위앙 등의 성씨에 대한 일은, 복희씨의 연대가 오래되고 멀어서 전적이 유실되어 없으므로 모두 풀이 할 수 없다. 그러나 오덕이 서로 이어지는 것을, "하늘의 밝은 명을 받는다"고 말하니, 반드시 미리 믿을만한 상서로운 조짐이 있어서 번창하게 됨을 밝히는 것이다. 만약 천명에 부응하는 임금이면, 모두 태미원에 있는 오제(五帝宿)의 정기를 받아 세상에 탄생하는 것이니, 반드시 먼저 징조가 있어서 싹트는 조짐을 보여준다.

◆◆ 목의 왕은 창제蒼帝의 아들이고, 화의 왕은 적제赤帝의 아들이며, 토의 왕은 황제黃帝의 아들이고, 금의 왕은 백제白帝의 아들이며, 수의 왕은 흑제黑帝의 아들이다.

◆ 上帝有五 靈威仰等姓氏事 伏羲年代久遠 典籍遺漏 不可具釋 然五德相承 謂受天明命 必豫符瑞 以明會昌 若應命之主 皆承太微五帝之精 以誕於世 必有先徵 示其萌兆也

◆◆ 木王則蒼帝之子 火王則赤帝之子 土王則黃帝之子 金王則白帝之子 水王則黑帝之子

1 녹도錄圖의 설

① 동방의 창제蒼帝와 목생화

◆ 그러므로 『녹도』에 이르기를 "동방의 창제는 본체가 창룡蒼龍이 되니, 그 사람의 머리가 길고, 얼굴이 크며, 골격이 튀어나오고, 눈썹과 등이 풍부하고 넓으며, 금에게 순하고 화에게 이어서 주게 된다.

❖ 목은 금에게 극을 당하므로 금에게 순한 것이고, 목은 화를 생해주므로 자식격인 화에게 주는 것이다.

② 남방의 적제赤帝와 화생토

◆◆ 남방의 적제는 본체가 주조朱鳥(朱雀)이니, 그 사람의 머리가 뾰족하고, 얼굴은 둥글며, 턱은 모나고, 눈이 크며, 상체는 작고 하체는 넓으며, 수염이 가슴에 닿고, 수에게 순하며 토에게 이어주게 된다.

❖ 화는 수에게 극을 당하므로 수에게 순한 것이고, 화는 토를 생해주므로 자식격인 토에게 주는 것이다.

③ 중앙의 황제黃帝와 토생금

◆◆◆ 중앙의 황제는 본체가 헌원軒轅이 되니, 그 사람의 얼굴이

◆ 故錄圖云 東方蒼帝 體爲蒼龍 其人長頭面大角骨起眉背豐博 順金授火

◆◆ 南方赤帝 體爲朱鳥 其人尖頭 圓面方頤張目 小上廣下 鬚髥偃胸 順水授土

◆◆◆ 中央黃帝 體爲軒轅 其人面方廣顙 兌頤緩脣 背豐厚 順木授金

모나고, 이마가 넓으며, 턱이 예리하고, 입술이 완만하며, 등이 풍성하고 두터우며, 목에게 순하고 금에게 이어주게 된다.

❖ 토는 목에게 극을 당하므로 목에게 순한 것이고, 토는 금을 생해주므로 자식격인 금에게 주는 것이다.

④ 서방의 백제白帝와 금생수

• 서방의 백제는 본체가 백호白虎가 되니, 그 사람의 이마가 모나고, 얼굴은 곧으며, 입은 예리하고, 코는 크며, 귀는 작고, 화에는 순하며 수에게 이어주게 된다.

❖ 금은 화에게 극을 당하므로 화에게 순한 것이고, 금은 수를 생해주므로 자식격인 수에게 주는 것이다.

⑤ 북방의 흑제黑帝와 수생목

•• 북방의 흑제는 본체가 현무玄武가 되니, 그 사람의 얼굴이 좁고, 머리의 형태는 예리하며, 눈은 깊고, 귀는 두터우며, 배는 처지고, 털은 거꾸로 서며, 토에게 순하고 목에게 이어주게 된다"고 하니, 이것은 모두 오행의 기운이 그 가는 차례에 따라서 서로 전수하는 것이다.

❖ 수는 토에게 극을 당하므로 토에게 순한 것이고, 수는 목을 생해주므로 자식격인 목에게 주는 것이다.

• 西方白帝 體爲白虎 其人方顙 直面兌口 大鼻小角 順火授水

•• 北方黑帝 體爲玄武 其人夾面 兌頭深目厚耳 垂腹反羽 順土授木 此竝象五行之氣 符依其行次 以相傳授也

2 감정부感精符의 설

◆ 『감정부』에 이르기를 "창제는 멀리 바라보면 넓고 가까이 봐도 넓으며, 적제는 바라보면 불빛이 번쩍번쩍 빛나고 가까이 보면 뾰족하게 올라가며, 황제는 바라보면 적고 가까이 보면 크고 넓으며 두텁고 방정하며, 백제는 바라보면 밝고 가까이 보면 무성하며, 흑제는 바라보면 크고 가까이 보면 어리다"고 했다.

❖ 『감정부』 : 본래 이름은 『춘추감정부春秋感精符』인데 현재 전하지 않는다.

3 춘추원명포의 설

◆◆ 『춘추원명포』에 이르기를 "푸른 정기가 일을 주관하면 세성歲星에 상징이 나타나고, 붉은 정기가 일을 주관하면 형혹성熒惑星에 상징이 나타나며, 누런 정기가 일을 주관하면 진성鎭星에 상징이 나타나고, 흰 정기가 일을 주관하면 태백성太白星에 상징이 나타나며, 검은 정기가 일을 주관하면 진성辰星에 상징이 나타난다"고 하니, 이것은 모두 오덕이 오행에 의지하는 것으로, 아들과 어머니가 서로 전하는 것이니, 그 차례가 아니면 반드시 극하고 쳐서 끝까지 가지 못한다.

◆ 感精符云 蒼帝望之廣 視之博 赤帝望之火 煌煌然 視之尖上 黃帝望之小 視之大 廣厚正方 白帝望之明 視之茂 黑帝望之巨 視之稺

◆◆ 元命苞云 蒼精用事 象歲星 赤精用事 象熒惑 黃精用事 象鎭星 白精用事 象太白 黑精用事 象辰星 此皆五德之依五行 子母相傳也 非其次者 必有剋伐 而不終也

◆ 진秦나라가 금덕金德으로써 주周나라를 쳤으나 두 대(二代)만에 망하고, 한漢나라가 화火로써 주나라를 계승해서 진나라의 가짜 금金을 쳤기 때문에 그 복이 길고 멀었으니, 만약 그것이 행할 차례가 되면 믿을만한 상서로운 조짐이 있게 된다.

❖ 금의 기운을 받은 진나라가 목의 기운을 받은 주나라를 극해서 왕조를 세웠으나, 이 때는 화의 기운이 행해질 때이지, 금의 기운이 행해질 시기가 아니므로 2대만에 망했다. 그러므로 화의 기운을 받은 한나라가 주나라의 목덕의 생함을 받고(木生火), 또 진나라의 금을 극해서(火克金) 화의 기운을 세상에 오래도록 편 것이다.

『춘추원명포』에 이르기를 "요임금은 화의 정기이기 때문에, 그 어머니인 경도慶都가 붉은 용을 보고 감응해서 낳았다"고 했고, 한漢나라는 "공자께서 기린을 잡았다"고 했다. 또 『도서圖書』에 이르기를 "희씨 주나라(姬周가) 망함에 불(火)이 빛나서 유씨劉氏가 일어나니, 묘금卯金이 임금노릇한다"고 했기 때문에, 고조(漢高祖)가 흰뱀을 칼로 베어 죽였을 때, 귀신 어미가 울면서 "적제의 아들이 우리 백제의 아들을 죽였다"고 했고, 광무제는 적복부赤伏符에 감응받고 중흥을 했으니, 이것은 모두 화덕火德의 징조이다.

❖ 화덕으로 왕조를 세우는 조짐의 예를 든 것이다.

① 주나라는 화덕으로 왕을 했으므로 붉은 용을 보고 요임금을 낳았

◆ 秦以金德伐周 二世而亡 漢以火行繼周 伐秦僞金 故其祚長遠 若是其行 此者則有符瑞也 春秋元命苞云 堯火精 故慶都感赤龍而生 漢以孔子獲麟 得圖書云 姬周亡 火曜劉起 帝卯金 故高祖斬白蛇而神母哭云 赤帝子殺我白帝子 光武感赤伏符而中興 此皆火德之徵也 四行所感 例皆如此 往代帝王符瑞非一 不可具述 今略論五帝配五行如此

다.

② 공자께서 『춘추』를 집필하실 때 기린이 잡힌 것을 보고는, "서쪽에서 수렵하여 기린을 잡았다(西狩獲麟)"는 글을 끝으로 쓰기를 그만두셨으니, 기린은 화덕을 상징한다.

③ 예언서인 『도서』에 주나라가 망하고 한나라가 설 것이 쓰여 있었다. 또 묘금卯金은 고조의 성인 유(劉=卯+金+刂)를 말한 것이다.

④ 『사기』의 기록에 의하면 고조가 술에 취해 길을 가다가 커다란 흰 뱀을 죽이자, 노파가 적제의 아들이 백제를 죽였다"고 하며 통곡을 했다는 고사.

⑤ 신나라의 왕망에게 전한이 멸하고 후한을 세울 때, 적복부를 보고 광무제가 힘을 얻어 나라를 세웠다는 고사.

나머지 네 행의 감응의 예도 이와 같다. 그러나 지나간 시대의 제왕帝王에 대한 믿을만한 상서로운 조짐이 한두 가지가 아니므로, 모두 기술할 수 없고, 이제 대략 오제가 오행에 배속됨이 이와 같음을 논설했다.

제 22편 벼슬

論諸官

1장. 시대에 따른 벼슬이름

1 삼황三皇 · 오제五帝까지의 벼슬이름

◆ 삼황·오제 이래로 벼슬 이름이 정해진 것이 없고, 모두 상서로운 조짐을 따라서 이름했으니, 이름이 같지 않게 되었다. 혹 새나 용으로 이름짓고, 혹 구름이나 불로 이름지었으나, 모두 위로 하늘을 쳐다보고 아래로 땅을 살펴서 일에 따라 벼슬을 두었기 때문에, 비록 벼슬 이름을 짓는 때와 세상이 같지는 않았으나, 오행에는 어긋나지 않았다.

2 전욱顓頊시대의 벼슬이름

◆◆ 전욱顓頊의 시대에 이르러서는 사람의 일을 가지고 벼슬 이름을 정했으니, 남정 중南正重에게 하늘을 맡겨서 신을 받들게 하고, 북정 려北正黎에게는 땅을 맡겨서 백성을 먹고 살게 했다. 그러므로 신과 백성이 이탈하지 않았다.

❖ 『사기역서史記曆書』에는 '북정 려北正黎'가 '화정 려火正黎'로 되어 있

◆ 自三五已來 紀官無定 皆因符瑞 名號不同 或以鳥龍 或以雲火 莫不仰觀俯察 因事而置事 雖時世不一 五行無爽

◆◆ 至于顓頊 以人事紀官 南正重司天以屬神 北正黎司地以屬民 於是神民不離

다. 이 때에 나라제사(神)와 일반인 제사(人)를 나눈 것이다.

3 고신씨高辛氏 시대의 벼슬이름

◆ 고신씨高辛氏는 오행의 이름으로 벼슬을 세워서, 구망勾芒으로 목정木正을 삼고, 축융祝融으로 화정火正을 삼았으며, 욕수蓐收로 금정金正을 삼고, 현명玄冥으로 수정水正을 삼았으며, 후토后土로는 토정土正을 삼아서 그 직책을 나눠 맡겼다.

❖ 여기서 목정木正·화정火正·금정金正·수정水正·토정土正 등은 각기 해당하는 오행의 관리를 책임지는 장관을 뜻하고, 구망勾芒·축융祝融·욕수蓐收·현명玄冥·후토后土·욕수蓐收 등은 해당하는 오행의 신의 이름이다.

❖ 고신씨 시대의 벼슬이름

오행	목	화	금	수	토
벼슬(신)이름	구망	축융	욕수	현명	후토
장관	목정	화정	금정	수정	토정

4 소호씨少皓氏시대의 벼슬이름

◆◆ 소호씨少皓氏에게는 중重·해該·수脩·희熙의 네 아들이 있었다. 중은 구망이 되니 목관木官이 신이고, 해는 욕수가 되니 금

◆ 高辛氏立五行名官 以勾芒爲木正 祝融爲火正 蓐收爲金正 玄冥爲水正 后土爲土正 分掌其職

◆◆ 少皓氏有四子 重該脩熙 重爲勾芒 木官之神 該爲蓐收 金官之神 脩熙竝爲玄冥 水官之神 顓頊氏子曰黎 爲祝融 火官之神 共工氏子曰勾龍 爲后土 土官之神 此五神生而爲上公 死爲貴神 別稱五祀 已配五行

관金官의 신이며, 수와 희는 모두 현명이 되니 수관水官의 신이다. 전욱의 아들 여黎는 축융이 되니 화관火官의 신이고, 공공씨共工氏의 아들 구룡勾龍은 후토가 되니 토관土官의 신이다.

이 다섯 신은 살아서는 높은 벼슬아치가 되고, 죽어서는 귀한 신이 되어서, 각각 다섯 신사神祀로 명칭되니, 이미 오행에 배속됐다.

❖ 소호씨 시대의 벼슬이름

오행	목	화	금	수	토
벼슬이름	구망	축융	욕수	현명	후토
장관신	목관	화관	금관	수관	토관

5 주나라 무왕武王시대의 신이름

◆『주서』에 이르기를 "무왕武王이 낙읍洛邑을 경영하여, 아직 완전히 다스려지지 않았을 때, 사해의 신이 모두 모여서 말하기를, '주나라 왕은 신성하니 당연히 내 이름을 알 것이다. 만약 모르면 홍수지고 가뭄들게 해서 패망시키고, 내년에는 100여 일 동안을 비오고 눈오게 하여 깊이가 두어 길씩 되도록 할 것이다'라고 하며, 두 기병의 호위를 받으며 수레를 탄 다섯 대부가 왕의 궁궐문에 멈춰섰다.

◆ 周書云 武王營洛邑未成 四海之神皆會曰 周王神聖 當知我名 若不知水旱敗之 明年雨雪十餘旬 深丈餘 五大夫乘車 從兩騎止王門 太公曰 車騎無跡 謂人之變 乃使人持粥進之曰 不知客尊卑何 從騎曰 先進南海御 次東海御 次北海御 次西海御 次河伯 次風伯 次雨師 武王問太空 竝何名 太公曰 南海神名祝融 東海神名句芒 北海神名玄冥 西海神名蓐收

태공(姜太公)이 말하기를 '수레와 말의 발자국이 없는 것을 사람들은 신이라고 한다'고 하며, 사람을 시켜 죽을 드리면서 묻기를, '손님은 누구십니까?'하였다. 따라온 기병이 말하기를 '먼저 나간 분은 남해어사南海御使이고, 다음 분은 동해어사東海御使이며, 다음 분은 북해어사北海御使이고, 다음 분은 서해어사西海御使이며, 다음 분은 하백河伯이고, 다음 분은 풍백風伯이며, 다음 분은 우사雨師입니다'고 했다.

무왕이 태공에게 묻기를 '이분들은 이름이 무엇이냐?'고 물으니, 태공이 답하기를 '남해신은 이름이 축융이고, 동해신은 이름이 구망이며, 북해신은 이름이 현명이고, 서해신은 이름이 욕수입니다'"고 했다.

❖ 남해어사는 남해를 맡아 다스리는 신이고, 동해어사는 동해를 맡아 다스리는 신이며, 북해어사는 북해를 맡아 다스리는 신이고, 서해어사는 서해를 맡아 다스리는 신이다. 하백은 육지에 있는 모든 물을 다스리는 신이고, 풍백은 바람을 맡아 다스리는 신이며, 우사는 비를 맡아 다스리는 신이다.

❖ 신의 직책과 이름

직책	동해어사	남해어사	서해어사	북해어사	하백	풍백	우사
이름	구망	축융	욕수	현명	·	·	·

6 예기의 계절과 신의 이름

• 『예기』「월령」에 이르기를 "봄은 그 신이 구망이고, 여름은 그 신이 축융이며, 중앙토는 그 신이 후토고, 가을은 그 신이

◆ 禮記月令云 春之月 其神句芒 夏之月 其神祝融 中央土 其神后土 秋之月 其神蓐收 冬之月 其神玄冥 是也 此五方之神 以配五行

욕수며, 겨울은 그 신이 현명이다"라고 했으니 바로 이것이다. 이것은 다섯 방위의 신으로 오행에 배속시킨 것이다.

❖ 계절과 신의 이름

계절	봄	여름	계하	가을	겨울
신의 이름	구망	축융	후토	욕수	현명

2장. 음양 오행의 운행과 벼슬이름

1 삼공三公과 이감二監

◆ 또한 황제黃帝가 삼공三公의 직책을 두어서 삼태성三台星을 상징했으니, 풍후風后는 상태(上台星)에 배속하고, 천로天老는 중태(中台星)에 배속하며, 오성五聖은 하태(下台星)에 배속하고, 좌우에 두 감監을 두었으니, 이것 또한 오행으로 한 것이다.

2 사사四司와 사악四嶽

◆◆ 사사四司를 두어 사방을 나누어 장악했으니 사계절의 법도이다. 요임금은 희씨羲氏와 화씨和氏의 네 자식으로써, 사시와 사방의 높은 직책을 나눠 맡게해서 사악四嶽이라고 말했다.

◆ 又黃帝置三公之職 以象三台星 風后配上台 天老配中台 五聖配下台 置左右二監 此亦五行之謂也

◆◆ 四司分掌四方 卽四時之法也 堯以羲和四子 分掌四時方嶽之職 謂之四嶽

3 사보四輔

① 사보의 이름풀이

㉠ 태사太師 ◆ 태공이 말하기를 "태사太師는 심복의 신하(心腹之臣)로, 사람 중에 영결스러운 사람을 시켜야 하기 때문에 전의前疑라고 하니, 항상 앞에 서서 의심스러운 일을 결단하는 것이다.

太傅 四輔 太保
太師 太史

㉡ 태사太史 ◆◆ 태사太史는 귀와 눈 같은 신하(耳目之臣)로, 보고 듣는 일을 한다. 이것은 뒤에서 하는 것이기 때문에 후승後承이라고 하니, 항상 뒤에 서서 임금의 허물을 보필해서 하늘의 징후를 아는 것이다.

㉢ 태부太傅 ◆◆◆ 태부太傅는 손톱과 어금니 같은 신하(爪牙之臣)로, 지키고 호위하는 일을 한다. 이것은 걸출한 사람이므로 좌보左輔라고도 하니, 인사의 결함을 보조하면서, 왼쪽에 서서 임금의 환난을 방어하는 것이다.

㉣ 태보太保 ◆◆◆◆ 태보太保는 날개와 같은 신하(羽翼之臣)로, 살피

◆ 太公曰 太師者 心腹之臣 所使是人之英 故曰前疑 常立於前 決疑事也

◆◆ 太史者 耳目之臣 所使視聽 是以之後 故曰後承 常立於後 承主之過 取驗於天

◆◆◆ 太傅者 爪牙之臣 所使守衛 是人之傑 故曰左輔 輔人之缺事 立於左 拒君之難

◆◆◆◆ 太保者 羽翼之臣 所使察伺 是人之警 故曰右弼 常立於右 弼

고 엿보는 일을 한다. 이것은 사람을 경계시키는 것이기 때문에 우필右弼이라고도 하니, 항상 오른쪽에 서서 임금이 사특邪慝하지 못하도록 보필하는 것이다.

네 보필자가 잘 세워졌으면 임금은 편안해서 아무 할 일이 없게 되며, 백성도 편안히 살고 해가 없게 될 것이다. 만약 네 보필이 갖춰지지 않았으면, 호랑이를 잡으려는데 준비가 없고, 강을 건너는데 배가 없는 것과 같다"고 했다.

② 사보의 역할

㉠ 태사太師 ◆ 만약 임금이 옛날과 지금의 정치를 몰라서, 먼 지방에 대한 계획을 제후와 상의하지 않으며, 말이 소통이 안되어서 움직이고 하는 일이 제도와 합치되지 않으면 태사太師가 임금에게 시정을 요구한다.

㉡ 태사太史 ◆◆ 하늘의 변화와, 별과 해의 운행과, 천관天官의 동정과, 음률의 소리를 몰라서, 산과 내에 괴변이 일어나고 좋지 않은 재앙과 해가 있으면, 태사太史가 천문을 봐서 임금에게 시정을 요구한다.

❖ 천관天官 : 주周나라 때의 육부의 장관, 또는 모든 벼슬아치를 일컫는다. 여기서는 천문天文이라는 뜻이다.

人主之邪 四輔旣立 王者安而無爲 百姓濟而無害 若四輔不具 猶格虎無備 濟河無舟

◆ 若王者 不知古今之務 遠方之謀 不謀於諸侯 不達言語 動作不合於制 太師爭之

◆◆ 不知天變星歷之運 天官動靜 鍾律之音 山川怪異 不善災害 太史陳天文 以爭之

ⓒ 태부太傅 ◆ 명령을 하되 선왕의 법도에 맞지 않게 하고, 대신들을 무례하게 대하며, 백성을 잘못 다스려서 형벌이 공평치 못하고, 자신만 믿고 마음대로 하며 정사를 게을리하고, 신하와 하인들을 생각하지 않으면, 태부太傅가 임금에게 시정을 요구한다.

ⓔ 태보太保 ◆◆ 수레를 오르는데 방울소리에 맞추지 않고, 읍하고 물러나고 할 때 옥패소리에 맞추지 않으며, 음탕하게 놀고 말하며 사냥이나 하고 주색에 빠져서 종묘를 공경하지 않으며, 수레와 복장이 법도에 맞지 않으며, 조정에 절도가 없으면 태보太保가 임금에게 시정을 요구하니, 이것이 곧 사시四時의 벼슬에 해당한다.

4 120관리

◆◆◆ 사악四嶽의 직분은, 전의前疑는 여름을 주관하고, 후승後承은 겨울을 주관하며, 좌보左輔는 봄을 주관하고, 우필右弼은 가을을 주관하니, 요·순 시대에 벼슬의 명칭이 이미 백 가지나 됐다.

① 서경의 설

◆◆◆◆ 『서경』에 이르기를 "일백 관료들이 스승으로 삼고 본받는

◆ 發號令 不應先王法度 與大臣無禮 枉道於民 處刑不平 獨信自專 臨政不莊 又不恤臣僕 太傅爭之

◆◆ 昇車不應和鸞 揖讓不中磬佩 淫蕩馳騁 沈冒酒色 宗廟不敬 輿服失度 朝廷無節 太保爭之 此則四時之官

◆◆◆ 四嶽之分職 前疑主夏 後承主冬 左輔主春 右弼主秋 唐虞之時 官名已百

다"고 했으며, 하나라와 은나라의 관명을 정한 것이 120이 되어서, 하늘·땅의 음양의 대수大數에 대응시켰다. 그러므로 삼공三公 구경九卿 이십칠대부(27大夫) 팔십일원사(81元士)가 있었으니, 셋에 셋씩 서로 곱해서 참여시키니, 합해서 120이 된다.

❖ 『서경』 「우서虞書」 '고도모皐陶謨'에 출전.

❖ 삼공에 각기 세 명의 경이 참여하여 9경이 되고, 9경에 각기 세 명의 대부가 참여하여 27대부가 되며, 27대부에 각기 3명의 원사가 참여하여 81원사가 벼슬길에 있었다. 이들을 합하면 120(3+9+27+81=120)이다. 하늘과 땅 및 사람의 수를 합하면 3이므로, 세 명씩 늘린 것이다.

② 제왕세기帝王世紀의 설

• 『제왕세기』에 이르기를 "은나라 탕왕이 이지伊摯(이윤)에게 묻기를 '옛날에 삼공·구경·대부·열사를 세운 것은 어째서입니까?'하니, 이지가 답하기를 '삼공은 임금과 함께 임금의 일을 참여하고, 구경은 삼공의 일을 참여하며, 대부는 구경의 일을 참여하고, 원사는 대부의 일을 참여합니다. 참여한 것에 또 참여하는 것을 일의 근본이라고 하니, 일의 근본을 잃지 않으면 안과 바깥이 한결같이 될 것입니다'고 했다.

❖ 이지伊摯(이윤) : 탕왕을 도와 은나라를 건국하고 다스리는데 큰 공을 세운 재상으로, 본명은 지摯이다.

•••• 尙書云 百僚師師 夏殷定名 爲百二十 以應天地陰陽之大數也 故有三公九卿二十七大夫八十一元士 三三相參 合有百二十也

• 帝王世紀云 殷湯問伊摯曰 故者立三公九卿大夫列士者何 摯曰 三公以與主參王事 九卿以參三公 大夫以參九卿 元士以參大夫 故參而又參 是謂事宗 事宗不失 內外若一

㉠ 삼공의 도道 • 또 묻기를 "'서로 간의 차이가 얼마나 됩니까?' 하니, 이지가 답하기를 '삼공三公은 지혜가 하늘과 땅을 통달하고, 변화에 대응하여 막힘이 없어서 만물의 실정을 분별하니, 그의 말은 음양과 사시를 조화시키고 바람과 비를 조절합니다. 이와 같은 사람을 발탁해서 삼공으로 삼기 때문에 삼공의 일에는 항상 도道가 있습니다.

㉡ 구경九卿의 덕德 •• 구경九卿은 사시에 어긋나지 않게 하고, 하수구와 도랑을 소통시키며, 제방을 수선하고, 오곡을 심으니, 지리에 통달해서 이롭고 이롭지 못한 것을 압니다. 이와 같은 사람을 발탁해서 구경으로 삼기 때문에, 구경의 일에는 항상 덕德이 있습니다.

㉢ 대부大夫의 인仁 ••• 대부大夫는 백성과 더불어 함께 나고 들며, 취하고 버리는 것을 백성과 같이 하니, 사람의 일에 능통해서 일을 할 때 일의 벼리를 잡아주고, 말로 사람을 상하게 하지 않으며, 말이 세상에 법이 될 만해서 자기 몸을 해치지 않고, 관문과 교량을 개통시키며, 관청의 창고를 채웁니다. 이와 같은 사

• 又曰 相去幾何 摯曰 三公智通於天地 應變而無窮 辨於萬物之情 其言足以調陰陽四時 而節風雨 如是者 擧之以爲三公 故三公之事 常在於道

•• 九卿者 不出四時 通溝渠 脩隄防 樹種五穀 通於地理 能通利不利 如此者 擧以爲九卿 故九卿之事 常在於德

••• 大夫者 出入與民同象 取去與民同解 通於人事 行內擧繩 不傷於言 言足法於世 不害於身 通關梁實府庫 如是者 擧以爲大夫 故大夫之事 常在於仁

람을 발탁해서 대부로 삼기 때문에, 대부의 일에는 항상 어짊(仁)이 있습니다.

㉣ 원사元士의 의義 • 원사元士는 의리를 알아서 기한을 잊지 않고, 일을 이룬 공적을 혼자 마음대로 하지 않으며, 중도로 바르게 행하고 강직하게 간하여 간사함이 없으며, 사사로운 일에도 공평하게 해서 백성의 모범이 될 수 있습니다. 이와 같은 사람을 발탁해서 원사로 삼기 때문에, 원사의 일에는 항상 의로움(義)이 있습니다. 그러므로 도道·덕德·인仁·의義가 정해지고 세상이 바로되는 것입니다'고 했다.

또 말하기를 '삼공은 넓적다리와 팔과 같은 신하(股肱之臣)이고, 구경은 손과 발같은 신하(手足之臣)이며, 대부는 힘줄과 혈맥같은 신하(筋脈之臣)이고, 원사는 살갗과 살같은 신하(肌肉之臣)입니다'"고 했다.

❖ 제왕세기에 나오는 120관리

이름	삼공	구경	대부	원사
벼슬의 수	3	9	27	81
도덕인의	道	德	仁	義
역할	股肱之臣	手足之臣	筋脈之臣	肌肉之臣

• 元士者 知義而不失期 事功而不獨專 中正强諫 而無姦詐 在私立公 而可立法度 如是者 擧以爲元士 故元士之事 常在於義 道德仁義定 而天下正矣 又曰 三公股肱之臣 九卿手足之臣 大夫筋脈之臣 元士肌肉之臣

③ 공자의 설**1**

◆ 공자께서 말씀하시기를 "삼공은 오악五岳을 상징하고, 구경은 강과 바다(河海)를 본받으며, 이십칠대부는 산과 구릉山陵을 본받고, 팔십일원사는 골짜기와 언덕(谷阜)을 본받는다"고 하셨다.

삼공은 하늘에서는 삼능성三能星이 되고, 구경은 북두성(北斗)이 되며, 소미성(少微)은 대부에 해당하고, 낭위성(郎位)의 별들은 원사가 되니, 관직의 수가 모두 합해서 120으로 하늘과 땅의 큰 수가 있게 된다.

❖ 삼능三能 : 태미원에 있는 삼태성의 다른 이름으로, 총 여섯 개의 별로 이루어졌다. 두 개씩 짝을 지어 상태上台(司命)는 수명을 맡고, 중태中台(司中)는 종실宗室을 맡으며, 하태下台(司祿)는 덕을 밝히고 거짓을 막는 역할을 한다.

❖ 소미성少微 : 네 개의 붉은 별로 사대부에 해당하며, 태미원의 삼태성 밑에 놓여있다. 남쪽부터 차례로 처사處士, 의사義士, 박사博士, 대부大夫라고 한다.

❖ 낭위郎位 : 열다섯 개의 붉은 별로, 태미원의 삼태성의 왼쪽에 놓여있다. 주나라의 원사元士 또는 한漢나라의 광록훈(궁전이나 금문禁門의 일을 맡은 벼슬), 간관諫官, 상서랑尚書郎이라고도 하는데, 주로 궁전을 지키는 일을 한다.

④ 합성도의 설

㉠ 삼능성三能星과 삼공 ◆◆ 『합성도合誠圖』에 이르기를 "하늘이

◆ 孔子曰 三公象五岳 九卿法河海 二十七大夫法山陵 八十一元士法谷阜 三公在天爲三能 九卿爲北斗 少微之比爲大夫 郎位之類爲元士 合百二十大數存焉

홀로 서 있지 않고, 음과 양이 함께 움직여서 붙들고 도와주며 계통을 세우니 둘 씩해서 여섯으로 합치된다. 여섯은 셋으로써 세운 것이기 때문에, 삼능은 여섯 별이 둘씩 가지런히 있어서 삼공이 된다.

❖ 음과 양이 세가 지 방법으로 도와서 하늘이 설 수 있게 하니, 삼공(임금을 세 가지 방법으로 돕는 세 신하)을 상징하는 삼능도 둘씩 짝을 지어 모두 여섯 별로 존재하게 된다.

ⓛ 북두성과 구경九卿 ◆ 3×3=9로 양의 정기가 일어나기 때문에, 북두의 아홉 별이 구경이 된다.

ⓒ 섭제 · 소미 · 사공 · 집법 · 오제후와 27대부 ◆◆ 3×9=27이기 때문에, 섭제攝提·소미少微·사공司空·집법執法·오제후五諸侯가 있어서 그 별이 스물일곱이니 대부가 된다.

❖ 섭제는 6개, 소미는 4개, 사공은4개, 집법은 2개, 오제후는 5개

ⓔ 81개의 별과 81원사 ◆◆◆ 9×9=81이므로, 안으로는 모시고 호위하는 별이 배열되고 복도에는 낭위가 있어서, 천자를 보좌

◆◆ 合誠圖云 天不獨立 陰陽俱動 扶佐立緒 合於二六 以三爲擧 故三能六星 兩兩而比 以爲三公

◆ 三三而九 陽精起 故北斗九星 以爲九卿

◆◆ 三九二十七 故有攝提少微司空執法五諸侯 其星二十七 以爲大夫

◆◆◆ 九九八十一 故內列倍衛 閣道郎位 扶匡天子之類 八十一星以爲元士 凡有百二十官 下應十二月 數之經緯 皆五精流氣以立官廷

하고 바르게 하는 무리가 여든한 개의 별로 원사元士가 된다. 모두 120개의 벼슬로 아래로는 열두 달과 대응되고, 숫자의 내용은 모두 오행의 정기가 흐르는 것으로써 벼슬과 관아를 세웠다"고 했다.

⑤ 서경의 설**1**

◆ 『서경』에 말하기를 "태사太師·태부太傅·태보太保를 세우니 이것이 삼공이다. 도를 논하고 나라를 다스리며 음양을 화합시키고 다스리니, 벼슬자리를 반드시 모두 채울 것은 없고, 오직 합당한 사람이라야 한다"고 했다.

❖ 『서경』「주서周書」의 '주관周官'에 출전.

⑥ 회남자의 설

◆◆ 『회남자』에 말하기를 "세상에서 제일 훌륭한 사람을 발탁해서 삼공을 삼고, 한 나라의 훌륭한 이로 구경을 삼으며, 한 고을(縣)의 훌륭한 사람으로 이십칠대부를 삼고, 한 마을(鄕)의 훌륭한 사람으로 팔십일원사를 삼는다"고 했다.

❖ 『회남자』「태족훈泰族訓」에 출전.

⑦ 감정부感精符의 설

◆ 尙書曰 立太師太傅太保 茲惟三公 論道經邦 燮理陰陽 官弗必備 唯其人

◆◆ 淮南子曰 擧天下之高 以爲三公 一國之高 以爲九卿 一縣之高 以爲二十七大夫 一鄕之高 以爲八十一元士

• 『감정부』에 말하기를 “삼공이 합당한 사람이 아니면 산이 무너지고 삼능성三能星이 옮겨가며, 구경이 합당한 사람이 아니면 강과 하수가 터지고 보성輔星의 별끝이 뿔같이 빛나며, 대부가 합당한 사람이 아니면 언덕이 무너지고 소미성少微星 등에 변이 있으며, 원사가 합당한 사람이 아니면 골짜기와 언덕이 허물어지고 잘 돕고 보필하는 별들이 없어진다”고 했다.

❖ 보성輔星 : 자미원의 천추天樞를 에워싸며 보좌하는 사보(四輔星)의 네 별, 또는 북두의 아홉 별을 뜻한다.

그러므로 왕은 위로는 하늘의 상을 관찰하고 아래로는 땅을 살펴서 본받으며, 세상에서 어질고 유능한 이를 가려서 맡기니, 맡김에 합당한 사람을 얻게 되면 나라가 번창하고 백성이 편안하며, 맡김에 합당한 사람이 아니면 나라가 위태하고 백성이 피폐해진다. 『주역』에 말하기를 “솥의 발이 부러져서 공의 밥을 쏟는다”고 했으니, 이것은 삼공을 잘못 맡김에, 솥의 발을 부러뜨려서 내용물이 쏟아지게 된 것과 같다는 말이다.

❖ 『주역』「정괘鼎卦」 구사효 “구사는 솥이 다리가 부러져서 공의 밥을 엎으니, 그 얼굴이 땀으로 젖음이라 흉하다. 상에 말하길 공의 밥을 엎었으니, 신용이 어떠하겠는가?(九四 鼎折足 覆公餗 其形渥凶, 象曰 覆公餗 信如何也)” 「계사하전」 5장에도 “공자께서 말씀하시길, ‘덕은 박한데 지위는 높으며, 지혜는 적은데 꾀하는 것은 크며, 힘은 적은데 책임이 무거우면 화를 면할 자가 적으니, 역에 말하길 ‘솥의 발이 부

• 感精符曰 三公非其人 則山崩三能移 九卿非其人 則江河潰輔星角 大夫非其人 則丘陵偃墀 少微等有變 元士非其人 則谷阜毀扶匡失 是以王者 仰視象於天 俯察法於地 中擇賢能 以任之 任得其人 則國昌民安 任非其人 則邦危民弊 易曰 鼎折足 覆公餗 此喻三公失人如鼎折足 不堪容著也

러져서 공의 밥을 엎으니, 얼굴이 땀에 젖어 흉하다'고 하니, 그 책임을 이기지 못함을 말한다."'고 하였다.

⑧ 서경의 설2

◆ 『서경』「주관周官」에 이르기를 "천관天官은 총재冢宰이고, 지관地官은 사도司徒이며, 춘관春官은 종백宗伯이고, 하관夏官은 사마司馬이며, 추관秋官은 사구司寇이고, 동관冬官은 사공司空을 뜻한다"고 하였다.

총재는 회계會計하는 것을 주관하고, 사도는 토지를 주관하며, 종백은 예악禮樂을 주관하고, 사마는 전쟁과 정벌을 주관하며, 사구는 형벌을 주관하고, 사공은 물건을 만드는 것을 주관한다.

⑨ 공자의 설2

◆◆ 공자께서 말씀하시기를 "총재의 관직은 도를 이루게 하고, 사도의 관직은 덕을 이루게 하며, 종백의 관직은 인을 이루게 하고, 사마의 관직은 성인聖人을 이루게 하며, 사구의 관직은 의로움을 이루게 하고, 사공의 관직은 예를 이루게 하니, 도로써 하면 나라가 다스려지고, 덕으로써 하면 나라가 편안하며, 인으로써 하면 나라가 화합하고, 성스러움으로써 하면 나라가 태평

◆ 周官云 天官冢宰 地官司徒 春官宗伯 夏官司馬 秋官司寇 冬官司空 冢宰主會計 司徒主土地 宗伯主禮樂 司馬主兵戎 司寇主刑罰 司空主造作

◆◆ 孔子曰 冢宰之官 以成道 司徒之官 以成德 宗伯之官 以成仁 司馬之官 以成聖 司寇之官 以成義 司空之官 以成禮 以之道則國治 以之德則國安 以之仁則國和 以之聖則國平 以之禮則國定 以之義則國成

해지며, 예로써 하면 나라가 안정되고, 의로써 하면 나라가 이루어진다."

❖ 『공자가어』 「집비執轡」에 출전.

㉠ 총재가 잘못했을 때 일어나는 현상 ◆ "그러므로 관속들이 다스려지지 않고, 나눠 가진 직책이 분명하지 않으며, 법과 정사政事가 한결같지 않고, 백 가지 일이 기강을 잃는 것을 어지러운 것(亂)이라고 하니, 어지러우면 총재를 단단히 타일러서 경계한다.

㉡ 사도가 잘못했을 때 일어나는 현상 ◆◆ 땅에 나는 물건이 번식하지 않으며, 재물이 번창하지 않고, 만 백성이 배고프고 추우며, 교화가 행해지지 않고, 풍속이 어지러워지며, 백성들이 걸식하며 흩어지는 것을 위태하다(危)고 하니, 위태하면 사도를 단단히 타일러서 경계한다.

㉢ 종백이 잘못했을 때 일어나는 현상 ◆◆◆ 부자간에 친하지 않고, 어른과 어린이가 차례를 잃으며, 임금과 신하, 윗사람과 아랫사람이 어긋나서 뜻을 달리하는 것을 불화不和라고 하니, 불화하면 종백을 단단히 타일러서 경계한다.

㉣ 사마가 잘못했을 때 일어나는 현상 ◆◆◆◆ 어질고 유능한데 관

◆ 故屬不理 分職不明 法正不一 百事失紀曰亂 亂則飭家宰

◆◆ 地宜不殖 財物不蕃 萬民飢寒 教化不行 風俗漂亂 人民流散曰危 危則飭司徒

◆◆◆ 父子不親 長幼失序 君臣上下 乖離異志曰不和 不和則飭宗伯

◆◆◆◆ 賢能而失官爵 功勞而失賞祿 士卒疾怨 兵弱不用曰不平 不

직을 잃게 하고, 공로가 있는데 상과 녹을 잃어서, 사졸들이 미워하고 원망하여 군사가 약해져 쓰지 못하는 것을 공평하지 못하다(不平)고 하니, 공평하지 못하면 사마를 단단히 타일러서 경계한다.

ⓜ 사구가 잘못했을 때 일어나는 현상 ◆ 형벌을 사납고 어지럽게 하고, 간사함을 이기지 못하는 것을 의롭지 못하다(不義)고 하니, 의롭지 못하면 사구를 단단히 타일러서 경계한다.

ⓑ 사공이 잘못했을 때 일어나는 현상 ◆◆ 살펴서 헤아리지 못하여 일을 하는 것이 이치에 어긋나며, 도시와 농촌이 정비되지 않고, 재물이 그 가야할 장소를 잃음을 가난하다(貧)고 하니, 가난하면 사공을 단단히 타일러서 경계한다.

그렇기 때문에 옛날의 왕이, 항상 겨울이 끝날 무렵에 덕을 살펴보고 법을 바르게 해서, 다스리고 어지러워짐을 살핀다. 덕이 융성하면 법을 닦고, 덕이 성하지 않으면 정사를 단단히 타일러 경계한다. 그러므로 법과 정사가 융성해서 쇠퇴하지 않는다"고 하셨다.

平則飭司馬

◆ 刑罰暴亂 姦邪不勝曰不義 不義則飭司寇

◆◆ 度量不審 擧事失理 都鄙不脩 財物失所曰貧 貧則飭司空 故古之王者 常以季冬 考德正法 以觀治亂 德盛者則脩法 德不盛者則飭政 故法與政盛而不衰

⑩ 회남자의 설

◆『회남자』「천문天文」에 이르기를 "동쪽은 전관田官이 되고, 남쪽은 사마司馬가 되며, 서쪽은 대리大理가 되고, 북쪽은 사공司空이 되며, 중앙은 도관都官이 된다"고 했다.

⑪ 춘추번로의 설

◆◆『춘추번로』에 이르기를 "목은 사농司農이고, 화는 사마司馬이며, 토는 사공司空이고, 금은 사도司徒이며, 수는 사구司寇이다"고 하니, 이것은 모두 오행에서 배속한 것이다. 『서경』의 주관周官에서는 총재가 회계를 맡고 사도가 토지를 맡음으로써, 두 부서가 함께 중앙의 뜻을 가졌으니, 『회남자』와 『춘추번로』의 뜻과 같다.

❖『서경』·『회남자』·『춘추번로』의 벼슬의 오행배속

	목	화	토	금	수
서경(周官)	종백	사마	총재 · 사도	사구	사공
회남자	전관	사마	도관	대리	사공
춘추번로	사농	사마	사공	사도	사구

◆ 淮南子天文篇云 東方爲田官 南方爲司馬 西方爲大理 北方爲司空 中央爲都官

◆◆ 春秋繁露云 木司農 火司馬 土司空 金司徒 水司寇 此竝配五行也 周官以冢宰計會 司徒土地 竝中央之義 與淮南繁露意同

5 120관리에 대한 평

① 춘관春官

◆ 춘관이 예악禮樂을 주관하는 것은, 예는 위와 아래를 가지런히 하게 하고 악은 인정을 화합시키니, 이것은 모두 인仁에 해당한다. 그러므로 '종백의 관리는 인仁을 이루는 것이다'고 한 것이니, 인은 목에 속하고 동쪽이다. 『회남자』와 『춘추번로』에 모두 농사를 주관한다고 한 것은, 봄이 농사의 근본이기 때문이다.

② 하관夏官

◆◆ 하관이 전쟁과 정벌을 주관하는 것은, 불기운이 맹렬한 것이 전쟁의 상이기 때문이다. 그러나 불기운 중에 형벌만은 사구(冬官)에게 귀속시킨 것은, 사마司馬는 예절로써 가지런히 함을 주관할 뿐 형벌은 쓰지 않으니, 『회남자』와 『춘추번로』가 모두 같다.

③ 추관秋官

◆◆◆ 추관이 형벌을 주관하는 것은, 금의 본성은 죽이고 정벌하

◆ 春官主禮樂者 禮齊上下 樂和人情 皆是仁也 故云 宗伯之官以成仁 仁屬木東方也 淮南繁露 竝主農者 取春是農之本也

◆◆ 夏官主兵戎者 火氣猛烈 兵之象也 然刑罰歸于司寇 司馬以禮節齊之 主而不用刑也 淮南繁露竝同

◆◆◆ 秋官主刑罰者 金之本性 主殺伐也 淮南大理 亦主刑也 繁露爲司徒者 名異事同 故云 因時之威 以成大理司徒

는 것을 주관하기 때문이다. 『회남자』에서 말한 대리大理도 또한 형벌을 주관하고, 『춘추번로』에서는 사도司徒가 형벌을 주관하게 되는 것은, 이름은 달라도 하는 일은 같기 때문이다. 그러므로 '계절의 위엄을 따라서 대리 또는 사도를 이룬다'고 한 것이다.

④ 동관冬官

◆ 동관이 만드는 것(造作)을 주관하는 것은, 겨울에는 만물을 걷어 감추고, 여러 가지 물건을 만드는 기술자가 모두 자기의 거처하는 곳으로 돌아오기 때문이다. 그러므로 기구와 용구를 만들어 왕의 일에 이바지하는 것이니, 『회남자』의 말과 같다.

그러나 『춘추번로』에서는 담당관을 사구司寇로 한 것은, 법을 집행하는 관리는 공평하고 곧은 사람이라야 하니, 물이 수평을 이루는 것과 같음을 말한 것이다.

◆◆ 그러므로 '법을 집행하는 사람이 아부하고 무리지어 공평하지 못하게 하면, 죽임을 당하기 때문에 토가 물을 이긴다'고 했으니, 이것은 물의 공평하고 곧은 뜻을 취한 것이다. 비록 다섯 운(오행의 운)이 교대로 일어나고 벼슬의 이름이 왕조마다 바뀌나, 오행의 일에 쓰임은 그 이치가 모두 같다.

❖ 『춘추번로』「오행상승五行相勝」에 "수水라는 것은 법을 집행하는 것이니 사구이다. 무리짓고 불공평하게 하면 사영司營이 죽이기 때문

◆ 冬官主造作者 冬時萬物收藏 百工咸歸其所 故造器用 以供王事 淮南說同 繁露以爲司寇者 謂執法之官 須平直之人 如水能平均也

◆◆ 故云 執法阿黨 不平則誅之 故土勝水 是其水取平直之意也 雖五運遞興 官名世革 而五行用事 其理齊同

에, 토가 물을 이긴다고 하였다(水者執法 阿黨不平 則司營誅之 故土勝水)"고 하였다. 10편 265쪽 참조.

◆ 그래서 우禹임금이 홍수를 평정할 때 몸소 사공의 직책을 맡으니 구주에서 세금을 바치고, 백이伯夷가 종친의 차례를 정할 때 반드시 세 가지 예법을 갖췄으며, 설契이 사도가 됨에 경건하게 다섯 가지 가르침을 베풀고, 구요咎繇(고요)가 군사를 통솔할 때 형법을 밝게 쓰니, 이와 같이 직책을 나눔은 주나라 관제의 신하들이다.

❖ 설契 : 우임금을 도와 9년 홍수를 다스리고, 그 공으로 상商 땅에 봉해졌다.

옛날부터 내려오면서 벼슬의 숫자가 셋으로 시작되어 여든하나에서 끝나는 것은, 양은 셋에서 이뤄지고 아홉에서 극도로 가기 때문에 삼공과 구경이 있는 것이고, 9×9=81의 여든하나는 황종률黃鍾律의 극에 간 수다. 그러므로 높은 벼슬은 그 시작하는 수를 삼고, 얕은 벼슬은 그 끝 수를 쓴다. 1을 말하지 않은 것은, 1은 원기元氣니 천자에 속한다. 천자를 원수元首라고 하니, 그것은 하나이고 둘이 없기 때문이다. 『서경』에 말하기를 "원수元首가 밝다"고 했으니, 신하는 으뜸가는 하나가 아니기 때문에, 셋

◆ 所以禹平洪水 身任司空 九土納賦 伯夷秩宗 必備三禮 契爲司徒 敬敷五教 咎繇士師 明用刑典 如此分職 則周官臣是也 自古已來 官數起自於三 極八十一者 陽成於三 極於九 故三公而九卿 九九八十一 黃鍾律之極數也 故尊官取其始數 卑官者用其末數 所以不云一者 一是元氣 屬於天子 故號天子爲元首 以其一無二也 尚書曰 元首明哉 臣非元一 故自三而起

으로부터 시작하는 것이다.

• 주나라가 단지 육경만을 둔 것은, 육합을 통하게 한 것으로, 여섯 기운을 따라서 여섯 부를 설치한 것이다. 이것은 시대가 다르기 때문일 뿐, 오행을 벗어난 것이 아니다.

또한 삼대三代(하·은·주)의 벼슬 이름이 모두 아홉에서 그쳤다. 그러므로 사士에 세 등급이 있었으니, 하사는 1명命, 중사는 2명, 상사는 3명이라고 하였다. 대부도 세 등급이 있었으니, 하대부는 4명, 중대부는 5명, 상대부는 6명이라고 하였다. 경 이상을 또한 셋으로 나누었으니, 소경은 7명, 대경은 8명, 공은 9명으로 나누었다. 세 가지가 셋씩 있어 아홉이니, 또한 양의 바른 숫자를 쓴 것이다.

•• 끝대에 와서 명命을 품品으로 바꾸었으나, 또한 아홉을 넘지 않았다. 다만 명과는 반대로 1품은 높은 벼슬이 되고, 9품은 낮은 벼슬이 된다. 명을 취할 때는, 명령은 위로부터 나와서 차례로 아래 벼슬까지 내려가기 때문에 많은 것이 중한 것이 되고, 품은 그 차례를 품격으로 정하는 것이니, 하나가 제일 먼저

• 周止六卿者 以爲通六合 因六氣而設六府也 此乃時代異 故非越五行 又三代命官 皆止於九 故士有三等 下士一命 中士二命 上士三命 大夫三等 下大夫四命 中大夫五命 上大夫六命 卿已上亦三 少卿七命 大卿八命 公則九命 三三而九 亦以陽之正數也

•• 末代以命爲品 亦不過九 但以一爲尊官 九爲卑官 取命是出自上命 秩下官名 故以多者爲重 品是品其次第 一旣居先 故以一爲貴 此竝方位及數配五行

있기 때문에 1품이 귀한 것이 된다. 이것은 모두 방위와 수로써 오행에 배속한 것이다.

3장. 천간 지지와 벼슬이름

◆ 이제 다음으로 천간과 지지(支干)로 관명을 논하면 다음과 같다.

1 홍범오행전洪範五行傳의 설

① 천간天干과 벼슬이름

◆◆ 『홍범오행전』에 이르기를 "갑은 창조倉曹가 되어서 농사와 부역과 세금을 주관하고, 을은 호조戶曹가 되어서 인구수를 주관하며, 병은 사조辭曹가 되어서 소송을 주관하고, 정은 적조賊曹가 되어서 옥과 체포하는 것을 주관하며, 무는 공조功曹가 되어서 관리를 임명하는 것을 주관하고, 기는 전조田曹가 되어서 뭇 가축을 주관하며, 경은 금조金曹가 되어서 금전과 재물을 주관하고, 신은 위조尉曹가 되어서 부리는 사람(使人)을 주관하며, 임은 시조時曹가 되어서 정치와 교육을 주관하고, 계는 집조集曹가 되어서 받아들이고 수송하는 것을 주관한다.

◆ 今次爲論 支干爲官者

◆◆ 洪範五行傳云 甲爲倉曹 共農賦 乙爲戶曹 共口數 丙爲辭曹 共訴訟 丁爲賊曹 共獄捕 戊爲功曹 共除吏 己爲田曹 共羣畜 庚爲金曹 共錢布 辛爲尉曹 共本使 壬爲時曹 共政敎 癸爲集曹 共納輸

❖ 천간과 벼슬이름

천간	갑	을	병	정	무	기	경	신	임	계
벼슬	창조	호조	사조	적조	공조	전조	금조	위조	시조	집조
주관	농사 부역 세금	인구 수	소송	옥 체포	관리 임명	가축	금전 재물	부리는 사람	정치 교육	수송

② 지지와 벼슬이름

◆ 자는 전사傳舍가 되어서 경하하고 조문하는 사절을 출입하게 하며, 축은 사공司空이 되어서 장수를 파견해서 지키고 다스림을 베풀며, 인은 시관市官이 되어서 사고 파는 일을 감독하고, 묘는 향관鄕官이 되어서 다섯 가지 가르침을 몸소 베풀며, 진은 소부少府가 되어서 금·동·돈 등 재물을 맡고, 사는 우정郵亭이 되어서 문서를 전달하고 역참驛站을 두며, 오는 위관尉官이 되어서 말을 달리고 쫓아서 도적과 범죄자를 잡고, 미는 주관廚官이 되어서 여러 가지(廚房) 맛을 모두 갖추게 하며, 신은 고관庫官이 되어서 병장기와 기계를 맡아 간직하고, 유는 창관倉官이 되어서 오곡을 쌓아 두며, 술은 옥관獄官이 되어서 금지시키고 신문함을 모두 갖추고, 해는 재관宰官이 되어서 닫고 감추는 것을 완전하게 한다"고 했다.

천간과 지지(支干)로 벼슬에 배속함은 모두 그 오행의 본체를

◆ 子爲傳舍 出入敬忌 丑爲司空 守將班治 寅爲市官 平準賣買 卯爲鄕官 親事五教 辰爲少府 金銅錢布 巳爲郵亭 行書驛置 午爲尉官 馳逐追捕 未爲廚官 百味悉具 申爲庫官 兵戎器械 酉爲倉官 五穀畜積 戌爲獄官 禁訊具備 亥爲宰官 閉藏完具 支干配官 皆從其五行本體 意略可解 不勞繁述

따른 것이니, 뜻을 대략 알 수 있고 번거롭게 논술할 필요가 없다.

❖ 지지와 벼슬이름

지지	자	축	인	묘	진	사	오	미	신	유	술	해
벼슬	전사	사공	시관	향관	소부	우정	위관	주관	고관	창관	옥관	재관
주관	사절 출입	국방	사고 파는 일	다섯 가지 가르침	재물 관리	문서 전달 역참 관리	도적 체포	주방	병장기, 기계 보관	오곡 보관	죄인 심문	닫고 감추는 일 단속

2 익봉의 설

◆ 익봉이 말하기를 "간장肝臟의 벼슬인 위조尉曹는, 목의 성질이 어질고 위조는 사졸을 주관하니, 마땅히 인仁을 얻어야 한다. 심장心臟의 벼슬인 호조는, 화의 성질이 양陽이고 호조는 혼인을 주관하니, 예禮로 인도해야 한다. 폐장肺臟의 벼슬인 금조는, 금의 성질이 굳으므로 구리와 철을 주관한다. 신장腎臟의 벼슬인 창조는, 수의 성질이 음습해서 엉기고 물건을 감추니, 창조는 겨울에 걷어들이는 것이다. 그러므로 옛적에 왕들이 본받아서, 동짓날에 관문을 닫고 상인과 나그네를 통과시키지 않는 것은, 음의 기운을 삼가는 것이다. 비장脾臟의 벼슬인 공조는, 토의 성질이 신의가 있어서 사방에 나가 나눠주니, 공조가 임금을 신

◆ 翼奉云 肝之官尉曹 木性仁 尉曹主士卒 宜得仁 心之官戶曹 火性陽 戶曹主婚 道之禮 肺之官金曹 金性堅 主銅鐵 腎之官倉曹 水性陰凝藏物 倉曹冬收也 先王以冬至閉關 不通商旅 愼陰氣也 脾之官功曹 土性信 出稟四方 功曹事君以信 授敎四方也

의로써 섬겨서 사방에 가르쳐 주는 것이다.

❖ 오행과 오조五曹

관청	위조	호조	금조	창조	공조
오장	간장	심장	폐장	신장	비장
주관	사졸	호적 · 손님	도적	조세	출납
오상	인	예	의	지	신
부서	옥 · 사공	전사	전쟁 · 도적 · 색부	부엌	소부

❖ 『주역』「복괘復卦」'대상전'에 "우레가 땅 속에 있는 것이 복괘니, 선왕이 본받아서 동짓날에 관문을 닫아서 장사치와 여행자가 다니지 못하게 하며, 임금이 지방을 순찰하지 않느니라(雷在地中復 先王以 至日閉關 商旅不行 后不省方)"고 하였다.

① 위조尉曹

◆ 위조는 옥獄과 사공司空으로 부서를 삼아서, 사졸을 주관하고 도망가는 이를 옥으로 가두니, 간사한 자에게 소임을 맡기면 명충螟蟲이 생긴다. 목의 성질이 고요해서, 백성과 통하게 되면 백성이 고기(魚)를 먹게 되나, 같은 종류끼리는 서로 따라가기 때문에 벌레가 나는 것이다.

❖ 위조가 잘 다스려지면 백성이 고기를 먹게 되나, 잘못되면 오히려 같은 음의 종류인 벌레가 생긴다.

② 호조戶曹

◆◆ 호조는 전사傳舍로 부서를 삼아서 이름과 호적을 주관하고,

◆ 尉曹以獄司空爲府 主士卒 獄閉逋亡 與之姦 則螟蟲生 木性靜 與百姓通 則魚食於民 從類故蟲

전사는 손님을 주관하니, 간사한 이에게 호조를 맡기면, 백성들이 고향을 떠나게 된다. 또 호조는 백성들의 이익과 호구를 주관하니, 백성들에게 이득되는 것을 빼앗아 모아들이기 때문에, 백성이 모두 떠나가게 되는 것이다.

③ 창조倉曹

◆ 창조는 부엌(廚)으로 부서를 삼아서 주고 빌려주는 것을 주관한다. 부엌은 주고 받는 것을 주관하니, 간사한 이에게 맡기게 되면, 도적이 떼로 일어나게 된다. 창조가 백성에게 조세를 걷어서 백성을 침탈하고 극하여 궁핍하게 하기 때문이다.

④ 공조功曹

◆◆ 공조는 소부小府로 부서를 삼아서 나머지 사조四曹와 더불어 계산하고 의논한다. 소부가 또한 네 부서와 더불어 쓰이게 되기 때문에, 소부가 출납의 창고가 되어 먹이고 심는 것을 주관한다. 공조에 두 부서가 있어서 오관과 육부가 되는 것이니, 유요游徼·정장亭長·외부外部의 벼슬아치가 모두 공조에 속한다.

◆◆ 戶曹以傳舍爲府 主名籍 傳舍主賓客 與之姦 則民去鄕里 戶曹主民利戶口 集民利 故悉去之

◆ 倉曹以廚爲府 主廩假 廚主受付 與之姦 則賊盜起 倉曹收以民租侵剋百姓窮故

◆◆ 功曹以小府爲府 與四曹計義 小府亦與四府則用 故小府倉出納主餉種 功曹有二府 所以爲五官六府游徼亭長外部吏 皆屬功曹 與之姦 則虎狼食人 功曹職在刑罰 內爲姦 故虎狼盜賊 殺奪於民 上姦下亂也

간사한 이에게 맡기면 호랑이와 이리가 사람을 잡아먹게 된다. 공조의 직책에 형벌이 있으니, 안에서 간사한 짓을 하기 때문에, 호랑이와 이리 및 도적이 백성을 죽이고 뺏는 것으로, 윗사람이 간사하면 아래가 어지러워지는 것이다.

❖ 오관과 육부가 되는 것 : 부서는 위조·호조·창조·공조·금조의 다섯이지만, 공조에 부서가 둘이 있기 때문에 6부서가 된다는 말이다.

❖ 유요游徼·정장亭長·외부外部 : 유요는 향리를 순찰하며 도적을 단속하던 벼슬, 정장은 숙역宿驛 또는 향촌鄕村의 장, 외부는 내무부 이외의 벼슬아치.

⑤ 금조金曹

◆ 금조는 전쟁(兵)·도적(賊)·색부嗇夫로 부서를 삼아서 치고 잡는 것을 주관하니, 간사한 이에게 맡기면 성곽에 도적이 둘씩 일어나서 횡행하게 된다. 금조는 시장의 조세와 침탈하는 것을 주관하기 때문에, 위에서 하면 아래가 이어받아서 시장의 가격이 공평치 않게 되는 것이다.

❖ 색부嗇夫 : 화폐를 맡아보던 벼슬로, 사공司空에 딸렸다.

❖ 금조는 위와 아래가 서로 이어받기 때문에, 잘못되어 도적이 일어나더라도 둘씩 일어난다고 하였다.

이것은 모두 오행을 따라서 오장과 육부에 배속한 것이고, 이미 모두 관의 이름으로 했기 때문에 여기에서 풀이했다.

◆ 金曹以兵賊嗇夫爲府 主討捕 與之姦 則城墎盜賊 起兩偏施 金曹主市租侵奪 故上下相承 故市賈不平 此竝從五行 以五藏配六府也 旣竝名官 故於此釋

五行大義

제 23편 사람

論諸人

1장. 사람을 오행에 배속함論人配五行

1 오행의 기운과 사람의 성품

① 예기의 설

◆ 『예기』 「예운」에 이르기를 "사람은 하늘과 땅의 덕이고, 음과 양의 사귐이며, 귀와 신의 모임이고, 오행의 빼어난 기운이다"라고 했다.

② 문자文子의 설

◆◆ 『문자文子』에 말하기를 "사람은 하늘과 땅의 마음이고 오행의 단서다"고 했다. 그러므로 하늘과 땅의 오행 기운을 타고 나서 만물의 주인이 되고, 양의兩儀에 짝해서 삼재가 되는 것이다.

❖ 양의兩儀 : 음의陰儀와 양의陽儀의 뜻으로, 여기서는 하늘과 땅을 뜻한다. 즉 사람은 하늘·땅과 나란히 이 세상을 대표하는 삼재三才를

◆ 禮記禮運篇云 人者天地之德 陰陽之交 鬼神之會 五行之秀氣也

◆◆ 文子曰 人者天地之心 五行之端 是以稟天地五行之氣而生 爲萬物之主 配二儀以爲三材 然受氣者 各有多小 受木氣多者 其性勁直而懷仁 受火氣多者 其性猛烈而尙禮 受土氣多者 其性寬和而有信 受金氣多者 其性剛斷而含義 受水氣多者 其性沈隱而多智 五氣湊合 共成其身 氣若淸叡 則其人精俊爽如也 昏濁則其愚頑

구성하는 것이다.

그러나 기운을 받은 것에 각각 많고 적음이 있어서, 목의 기운을 많이 받은 사람은 그 성질이 굳세고 바르며 어질고(仁), 화의 기운을 많이 받은 사람은 그 성질이 맹렬하고 예의바르며(禮), 토의 기운을 많이 받은 사람은 그 성질이 너그럽고 온화하며 신의가 있고(信), 금의 기운을 많이 받은 사람은 그 성질이 강하고 결단을 잘하며 의리가 있고(義), 수의 기운을 많이 받은 사람은 그 성질이 침착하고 드러내지 않으며 지혜가 많다(智). 다섯 기운이 모여 합쳐져서 함께 몸을 이루니, 만약 기가 맑고 밝으면 그 사람이 정미로와 준수하고 밝으며, 혼탁하면 그 사람이 어리석고 우악스럽다.

❖ 문자에서 말한 사람의 성품과 오행의 기운

오행의 기운	목	화	토	금	수
사람의 성품	굳세고 바르며 어질다(仁)	맹렬하고 예의바르다(禮)	너그럽고 온화하며 신의가 있다(信)	굳세어 강하고 결단을 잘하며 의리가 있다(義)	침착하고 드러내지 않으며 지혜가 많다(智)

③ 노자老子의 설

• 『노자』에 이르기를 "음양의 정기精氣가 사람이 되는데, 기에는 두텁고 엷은 것이 있다. 중화中和의 진액을 얻으면 어질고 지혜로운 사람이 나고, 어지럽게 섞이고 흐리며 더럽혀진 기운을 얻으면 탐욕스럽고 음란한 사람이 나온다"고 했다.

• 老子云 陰陽精氣爲人 氣有厚薄 得中和滋液 則生賢智人 得錯亂濁辱 則生貪婬人

④ 녹명서祿命書의 설

◆ 『녹명서』에 이르기를 "금기운의 사람은 강하고 굳세어서 자주적으로 일을 하고, 목기운의 사람은 화려하고 단아하며, 수기운의 사람은 열려서 통해 있고 지혜가 많으며, 화기운의 사람은 자신을 귀중히 여기고 성질이 급하며, 토기운의 사람은 충성스럽고 신의있고 곧다"고 했다.

❖ 『녹명서祿命書』는 유효공劉孝恭이 지었다고도 하며, 왕침王琛이 지었다고도 하나, 현재 전하지 않는다.

❖ 녹명서에서 말한 사람의 성품과 오행의 기운

오행의 기운	목	화	토	금	수
사람의 성품	화려하고 단아하다	자신을 귀중히 여기고 성질이 급함	충성스럽고 신의있고 곧다	강하고 굳세어서 자주적으로 일을 함	열려서 통해 있고 지혜가 많음

2 사람이 10개월만에 태어나는 이유

① 주서周書의 설

◆◆ 『주서』에 이르기를 "사람이 열 달만에 태어나는 것은, 하늘의 오행과 땅의 오행이 합해서 열이 되기 때문이다. 하늘의 오행은 오상五常이 되고, 땅의 오행은 오장五藏이 되기 때문에 『

◆ 祿命書云 金人剛强自用 木人多華而雅 水人開通智惠 火人自貴性急 土人忠信而直

◆◆ 周書云 人感十而生 天五行地五行 合爲十也 天五行爲五常 地五行爲五藏 故易曰 在天成象 在地成形者也

주역』에 말하기를 '하늘에 있어서는 상을 이루고, 땅에 있어서는 형체를 이룬다'고 한 것이다"라고 했다.

② 공자가어孔子家語의 설

◆『공자가어』에 말하기를 "하늘 하나, 땅 둘, 사람 셋이니, 셋에 셋을 해서 아홉이고, 아홉에 아홉을 해서 여든 하나다. 하나는 날을 주관하고, 날의 수는 열이기 때문에 사람이 열 달만에 태어나는 것이다"라고 했다.

❖『공자가어』「집비執轡」에 출전.

③ 문자의 설

◆◆『문자』에 이르기를 "사람이 하늘과 땅의 변화를 받아 생겨나서 한 달이면 기름(膏)이 생기고, 두 달이면 혈맥(脉)이 생기며, 세 달이면 태보(胞)가 생기고, 네 달이면 살(肌)이 생기며, 다섯 달이면 힘줄(筋)이 생기고, 여섯 달이면 뼈(骨)가 생기며, 일곱 달이면 형체(成形)가 생기고, 여덟 달이면 움직이며(動), 아홉 달이면 뛰고(躁), 열 달이면 태어난다.

형체와 뼈가 이미 이뤄지고 오장이 형성되어서, 바깥은 거죽

◆ 家語曰 天一地二人三 三三而九 九九八十一 一主日 日數十 故人十月而生

◆◆ 文子云 人受天地變化而生 一月而膏 二月而脉 三月而胞 四月而肌 五月而筋 六月而骨 七月而成形 八月而動 九月而躁 十月而生 形骸已成 五藏乃形 外爲表 中爲裏 頭圓法天 足方象地 天有四時五行九星三百六十日 人亦有四支五藏九竅三百六十節 天有風雨寒暑 人亦有喜怒哀樂

이 되고, 가운데는 속이 되며, 둥근 머리는 하늘을 본받고, 모난 발은 땅을 상징한다. 하늘에 사시와 오행·9성·360일이 있으니, 사람 또한 사지 오장·아홉 구멍·360마디가 있으며, 하늘에 바람과 비와 춥고 더운 것(風雨寒暑)이 있으니, 사람도 또한 기뻐하고 성내고 슬퍼하고 즐거워하는 것(喜怒哀樂)이 있다"고 했다.

❖ 『문자』「구수편九守」에 출전. 「구수」에는 "형체와 뼈가 이미 이뤄지고 오장이 형성되어서"와 "바깥은 거죽이 되고, 가운데는 속이 되며"의 사이에 "간장은 눈을 주관하고, 신장은 귀를 주관하며, 비장은 혀를 주관하고, 폐장은 코를 주관하며, 담은 입을 주관한다(肝主目 腎主耳 脾主舌 肺主鼻 膽主口)"가 더 있다.

3 인체와 천지자연

① 회남자淮南子와 문자의 설

• 『회남자』와 『문자』에 모두 말하기를 "담膽은 구름이 되고, 폐장은 기운이 되며, 비장은 바람이 되고, 신장은 비가 되며, 간장은 번개가 되니 하늘과 더불어 서로 같다. 또 마음(또는 심장)이 주인이 되며, 귀와 눈은 해와 달이고, 기운과 피는 바람과 비다"고 했다.

❖ 『문자』「구수」와 『회남자』「정신훈精神訓」을 뜻함.

◆ 淮南子及文子竝云 膽爲雲 肺爲氣 脾爲風 腎爲雨 肝爲電 與天相類 而心爲主 耳目者日月也 氣血者風雨也

② 황제소문의 설

◆『황제소문』에 이르기를 "사람은 하늘과 땅을 본받았기 때문에, 성인聖人은 위로 하늘을 본받아 머리(頭)를 기르고, 아래로 땅을 본따서 발(足)을 기르며, 가운데서 사람의 일로써 오장五藏을 기른다.

하늘의 기운은 폐장으로 통하고, 땅의 기운은 목구멍으로 통하며, 바람의 기운은 간장으로 통하고, 우레의 기운은 심장으로 통하며, 곡식의 기운은 비장으로 통하고, 비(雨)의 기운은 신장으로 통하며, 여섯 경맥은 냇물이 되고, 장腸과 위胃는 바다가 되며, 아홉 구멍은 물이 된다. 따라서 하늘의 기강을 본받고 땅의 이치를 이용하면 재앙과 화가 없어진다"고 했다.

③ 좌자상결左慈相訣의 설

◆◆『좌자상결』에 이르기를 "사람의 머리는 둥그니 하늘을 본받고, 발은 모난 땅을 본뜨며, 왼쪽 눈은 해가 되고, 오른쪽 눈은 달이 되며, 왼쪽 눈썹은 청룡이 되고, 오른쪽 눈썹은 백호가 되며, 코는 구진勾陳이 되고, 이마뼈(伏犀)는 주작이 되며, 뒤통수

◆ 素問云 夫人法天地 故聖人上配天以養頭 下象地以養足 中傍人事以養五藏 天氣通於肺 地氣通於咽 風氣通於肝 雷氣通於心 穀氣通於脾 雨氣通於腎 六經爲川 腸胃爲海 九竅爲水 法天之紀 用地之理 則灾禍去矣

◆◆ 左慈相訣云 人頭圓以法天 足方以象地 左目爲日 右目爲月 左眉爲青龍 右眉爲白虎 鼻爲勾陳 伏犀爲朱雀 玉枕爲玄武 又云 前爲朱雀 後爲玄武 左爲青龍 右爲白虎 是曰四體 頭爲勾陳 是身之主 又曰 左耳後爲太山 右耳後爲華山 額爲衡山 頂後爲恒山 鼻爲嵩高山

(玉枕)는 현무가 된다"고 했다.

또 말하기를 "앞은 주작이 되고, 뒤는 현무가 되며, 왼쪽은 청룡이 되고, 오른쪽은 백호가 되니, 이것을 사체四體라고 한다. 머리는 구진이 되니 이것은 몸의 주인이다"라고 했다.

또 말하기를 "왼쪽 귀의 뒤는 태산太山이 되고, 오른쪽 귀의 뒤는 화산華山이 되며, 이마는 형산衡山이 되고, 정수리 뒤는 항산恒山이 되며, 코는 숭고산嵩高山이 된다"고 했다.

④ 상비결相秘訣의 설

• 『상비결』에 이르기를 "이마는 형산衡山이 되고, 턱은 항산恒山이 되며, 코는 숭고산嵩高山이 되고, 눈썹은 대산岱山이 되며, 광대뼈는 곤륜산崑崙山이 된다.

양의兩儀(머리와 발)는 하늘과 땅을 본받고, 삼정三亭(이마·턱·코)은 삼재三才를 본받으며, 사독四瀆은 사시를 주관하고, 오관은 오행에 응하며, 육부는 육률을 따르고, 칠문七門은 칠성에 배속되며, 팔절八節은 팔풍에서 취하고, 구후九候는 구주에 비유하며, 열 손가락은 십일에 응하고, 12덕德은 12개월을 상징하며, 28절은 28수에 대응한다"고 했다.

• 相秘訣云 額爲衡山 頣爲恒山 鼻爲嵩高山 眉爲岱山 權爲崑崙山 二儀象天地 三亭法三才 四瀆主四時 五官應五行 六府從六律 七門配七星 八節取八風 九候比九州 十指應十日 十二德象十二月 二十八節應二十八宿

⑤ 공자가어孔子家語의 설

◆『공자가어』에 이르기를 "사람이 난지 석 달만에 눈을 깜짝이고 볼 수 있으며, 여덟 달에 이가 나서 먹을 수 있고, 첫 돌에 종지뼈가 생긴 다음에 걷고, 삼 년에 정수리에 있는 숨구멍이 합쳐진 뒤에 말을 한다.

음이 다하면 양으로 돌아오기 때문에 음은 양으로써 변하고, 양이 다하면 음이 돌아오기 때문에 양은 음으로써 화한다. 그러므로 남자는 여덟 달만에 이가 나고, 여덟 살에 영구치로 이를 갈며, 열여섯에 정기가 통해서 자식을 낳을 수 있다. 여자는 일곱 달만에 이가 나고, 일곱 살에 영구치로 이를 갈며, 열네 살에 자식을 낳을 수 있다"고 하셨다.

❖『공자가어』「본명해本命解」에 출전.

⑥ 예기의 설

◆◆ 또 "『예기』에 남자는 스무 살에 관례를 하니 아버지가 되는 시작이 되고, 여자는 열다섯에 비녀를 하고 시집을 가는 것을 허락하니 어머니가 되는 도가 있다"고 하셨으니, 이것은 모두 하늘·땅과 오행의 큰 숫자를 따른 것이다.

❖『공자가어』「본명해本命解」에 출전.

◆ 家語云 人生三月微眴 然後目能見 八月生齒 然後能食 期而臏 然後能行 三年顖合 然後能言 陰窮反陽 故陰以陽變 陽窮反陰 故陽以陰化 是以男子八月生齒 八歲而齔 十六精通 然後能化 女子七月生齒 七歲而齔 十四而化

◆◆ 禮男子二十而冠 有成人父之端 女子十五而笄而許嫁 有成人母之道 此皆從天地五行之大數也

4 사람을 25등급으로 나눔

① 문자의 25등급설

◆ 『문자』에 말하기를 "옛날에 중황자中黃子가 이르기를 '하늘에는 오행이 있고, 땅에는 오악五嶽이 있으며, 소리에는 오음이 있고, 물건에는 다섯 가지 맛(五味)이 있으며, 색에는 다섯 가지 빛(五章)이 있고, 사람은 다섯 품계의 벼슬(五位)이 있다.

그러므로 하늘과 땅 사이에 스물다섯 사람이 있으니, 상급의 다섯 사람은 신인神人·진인眞人·도인道人·지인至人·성인聖人이고, 차상급의 다섯은 덕인德人·현인賢人·선인善人·중인中人·변인辨人이며, 중급의 다섯 사람은 인인仁人·예인禮人·신인信人·의인義人·지인智人이고, 차중급의 다섯 사람은 사인仕人·서인庶人·농인農人·상인商人·공인工人이 있으며, 하급의 다섯 사람은 중인衆人·소인小人·노인駑人·우인愚人·육인肉人이다. 상급의 다섯 사람과 하급의 다섯 사람의 차이는 사람과 소牛·말馬의 차이와 같다.

◆ 文子曰 昔者中黃子云 天有五行 地有五嶽 聲有五音 物有五味 色有五章 人有五位 故天地之間 二十有五人 上五有神人眞人道人至人聖人 次五有德人賢人善人中人辨人 中五有仁人禮人信人義人智人 次五有仕人庶人農人商人工人 下五有衆人小人駑人愚人肉人 上五之與下五 猶人之與牛馬也 聖人者 以目視 以耳聽 以口言 以足行 眞人者 不視而明 不聽而聰 不言而云 不行而從 故聖人之所動天下者 眞人未嘗過焉 賢人之所矯世俗者 聖人未嘗觀焉 所謂道人者 无前无後 无左无右 萬物玄同 无非无是

❖ 『문자』의 25등급의 사람

등급	상급					차상급					중급					차중급					하급				
	1	2	3	4	5	1	2	3	4	5	1	2	3	4	5	1	2	3	4	5	1	2	3	4	5
명칭	神人	眞人	道人	至人	聖人	德人	賢人	善人	中人	辨人	仁人	禮人	信人	義人	智人	仕人	庶人	農人	商人	工人	衆人	小人	駑人	愚人	肉人

성인聖人은 눈으로써 보고, 귀로써 들으며, 입으로써 말하고, 발로써 다니나, 진인眞人은 보지 않고도 밝게 보고, 듣지 않고도 귀밝게 들으며, 말하지 않고도 의사를 소통하고, 다니지 않아도 이르게 된다. 그러므로 성인이 움직이는 세상을 진인은 만나지 않으며, 현인이 바로잡는 세상풍속을 성인은 보지 않는다. 도인道人이라는 사람은 앞도 없고 뒤도 없으며, 왼쪽도 없고 오른쪽도 없으며, 만물이 현묘하게 통해서 그른 것도 없고 옳은 것도 없다"고 했다.

❖ 『문자』 「미명微明」에 출전.

② 문자의 25등급의 사람에 대한 소길蕭吉의 보충

◆ 『문자』에서는 스물다섯 종류의 사람을 네 가지만 논하고 모두 해석하지 않았으니, 이제 모든 경서를 봐서 대략 해석한다.

㉠ 상급의 다섯 등급 사람

신인神人 ◆◆ 상급의 다섯 사람 중 신인神人은, 공자께서 말씀하

◆ 文子發言二十五人 論止有四 未爲具釋 今依諸經書略解

◆◆ 上五謂神人者 孔子曰 陰陽不測 之謂神 曾子曰 陽之精氣爲神

시기를 "음으로 변하고 양으로 변하기를 예측할 수 없는 것을 신이라고 한다"고 하셨고, 증자는 말씀하시기를 "양의 정기精氣가 신이 된다"고 하셨으니, 신은 신령스럽고 지혜롭다는 뜻으로, 신령스럽고 지혜로워 밝게 비치기를 신과 같이 한다는 것이다. 그러므로 신인이라고 한 것이니, 공자께서 말씀하시기를 "요임금의 지혜가 신과 같다"고 하셨다.

❖ 『주역』「계사상전」5장에 출전.

❖ 『대대예기』「증자천원曾子天圓」에 "양의 정미로운 기운을 신이라고 하고, 음의 정미로운 신을 령이라고 하니, 신령이라는 것은 만물의 근본이다(陽之精氣曰神 陰之精神曰靈 神靈者 品物本也)"고 했다.

❖ 『공자가어』「오제덕五帝德」에 재아宰我가 요임금에 대해서 묻자, "고신씨의 자식으로 도당씨(陶唐)라고 하는데, 어질기가 하늘과 같았고 지혜가 신과 같았다(高辛氏之子 曰陶唐 其仁如天 其知如神)"고 하셨다.

진인眞人 • 진인은 성품이 도와 합치된 사람이다. 있는데도 없는 것 같고, 실한데도 허한 것 같으며, 밝고 희며 크게 소박하고 지극하여 아무것도 하는 것이 없다. 그러므로 진인이라고 한다.

도인道人 •• 도인道人이라는 것은, 공자께서 말씀하시기를 "그 덕이 하늘·땅과 같이 크고, 그 국량이 해와 달 같아서 헤아릴 수

神以靈智爲義 謂靈智其照如神 故曰神人也 孔子曰 堯之智如神

• 眞人者 性合乎道 有若無 實若虛 明白太素 至極弊然無爲 故曰眞人

•• 道人者 孔子曰 其德大乎天地 其量總乎日月 莫之能測者 有此德量 故曰道人

없는 것이니, 이와 같은 덕과 국량이 있기 때문에 도인이라고 한다"고 하셨다.

지인至人 ◆ 지인至人은, 진실하고 곧은 것으로 바탕을 삼고, 한결같이 진리를 지켜 옮기지 않는다. 착하고 악한 것이 그 생각에 영향을 주지 못하고, 영화와 욕됨이 그 마음을 움직이지 못한다. 그러므로 지인이라고 한다.

성인聖人 ◆◆ 성인이라는 것은, 『공자가어』에 이르기를 "덕이 하늘·땅과 합하고, 변화하며 통함이 어느 곳에서나 가능해서, 모든 일의 시작과 끝을 궁구窮究하고 만물의 자연스러움과 화합하며, 그 큰 도를 펴서 성품과 정情을 성취시킨다. 밝음이 해와 달 같고 변화의 행동이 신과 같으니, 백성이 그 덕을 알아보지 못하고, 보는 사람이 그 착함을 알지 못하는 것이다"라고 했으니, 이것을 성인이라고 한다.

❖ 『공자가어』 「오의해五儀解」에 출전.

장자莊子가 말씀하시길 "하늘로 종마루를 삼고, 덕으로 근본을 삼으며, 도로 문을 삼아서, 변화에 밝은 것을 성인이라고 한다"고 했다.

❖ 『장자』 「잡편雜篇」에는 "明於變"이 "兆於變化"로 되어 있다.

◆ 至人者 眞直爲素 守一不移 善惡不能逈其慮 榮辱不能動其心 故曰至人

◆◆ 聖人者 家語云 德合天地 變通无方 窮萬事之終始 協萬品之自然 敷其大道 遂成情性 明竝日月 化行若神 民不知其德 覩者不識其善 此謂聖人也 莊子曰 以天爲宗 以德爲本 以道爲門 明於變 謂之聖人

오행대의 下

ⓛ 차상급의 다섯등급 사람

덕인德人 ◆ 차상급의 다섯 사람 중 덕인德人이라는 것은, 덕이 물건에 미쳐서 백성들로 하여금 각각 그 하고자 하는 바를 얻게 하되, 백성들이 날마다 쓰면서도 덕인의 공을 알지 못하며, 차별하지 않고 모두를 이롭게 해주어서 하늘·땅과 더불어 덕이 합치되는 것이다. 『주역』에 말하기를 "대인은 하늘·땅과 그 덕을 합하고, 해와 달과 그 밝음을 합하며, 귀신과 더불어 그 길흉을 합한다"고 했으니, 이것을 덕인이라고 한다.

❖ 『주역』「건문언전乾文言傳」'구오효'에 출전.

현인賢人 ◆◆ 현인賢人이라는 것은, 지혜가 모든 일에 두루 알아통하고, 움직이고 그침이 이치에 맞는 자이다. 공자께서 말씀하시기를 "좋고 나쁜 일에 백성들과 정을 같이 하고, 취하고 버리는 것을 백성들과 함께 하며, 행동이 법규에 맞고 말에 신의가 있어 법이 될 만하다. 서민이 되어도 원망하지 않고, 제후가 되어도 교만하지 않으며, 도는 백성을 화합시킬 수 있고 몸을 상하지 않으며, 세상에 재물을 베풀어주어 가난하지 않게 하는 것이다"라고 하셨으니, 이것을 현인이라고 한다.

❖ 『대대례기大戴禮記』「애공문오의哀公問五義」의 내용 중 일부를 요약한 것이다.

◆ 次五德人者 德被於物 使百姓各得其所欲 日用而不知 兼利无擇 與天地合 易曰 大人者 與天地合其德 與日月合其明 如鬼神合其吉凶 此謂德也

◆◆ 賢人者 智周萬物 動靜合理 孔子曰 好惡與民同情 取捨與民同統 行中規矩 言可法則 爲匹夫而不怨 在諸侯而不憍 道足化於百姓 而不傷於身 施財天下不貧 此賢人也

선인善人 • 선인善人이라는 것은, 착한 것을 보면 미치지 못하는 것 같이 하고, 말을 많이 하더라도 구설수로 인한 잘못이 없는 것이다. 공자께서 말씀하시기를 "몸소 충성되고 신실되게 행하되 마음에 원망이 없으며, 어질고 의로운 일을 방치하지 않는다. 뜻과 마음이 넓고 미치지 못하는 곳이 없으되 얼굴에 자랑하는 기색이 없으며, 생각이 밝고 통달했으되 다투지 않고 사양한다. 독실히 행하고 도를 믿으며, 스스로 굳세고 쉬지 않아서, 장차 뛰어나지만 모자라는 것 같이 하면, 이것은 군자니 또한 선인이라고 한다"고 하셨다.

❖ 『공자가어』 「오의해五儀解」에 비슷한 내용이 있다.

중인中人 •• 중인中人이라는 것은, 한마음으로 임금을 섬겨서, 벼슬길에 나아가서는 충성을 다할 것을 생각하고, 물러나서는 허물을 보완할 것을 생각한다. 아름다운 것을 따르고 악한 것을 바로 잡으며, 임금의 잘못을 직간하여 숨김이 없으며, 공적인 일을 먼저하고 사적인 것을 뒤로 하며, 자기의 노고를 자랑하지 않으면, 이것은 중인이다.

변인辨人 ••• 변인辨人이라는 것은, 지혜로운 생각이 끝이 없어

• 善人者 見善如不及 言滿天下無口過 孔子曰 躬行忠信 而心不怨 不置仁義 志意廣博 而色不伐 思慮明達 而辭不爭 篤行信道 自强不息 猶然如將可越 而不可及 此君子人也 又謂善人

•• 中人者 一心以事主 進思盡忠 退思補過 順美匡惡 犯而无隱 先公後私 不伐其勞 此中人也

••• 辨人者 智思無窮 情鑒善惡 問无礙滯 巧言如流 去邪從正 無有可匿 此辨人也

서 착하고 악한 것을 살펴서 분별하며, 묻는 것에 막힘이 없어 물 흐르는 것과 같이 말을 잘하고, 사특한 것을 제거하고 바른 것을 따라서 숨겨야 할 잘못이 없으면, 이것은 변인이다.

㉢ 중급의 다섯 등급 사람

인인仁人 ◆ 중급의 다섯 사람 중, 인인仁人은 윗사람이 되어서는 그 공을 자랑하지 않고, 아랫사람이 되어서도 그 누추함을 부끄럽게 생각하지 않는다. 사랑으로 베풀고 측은한 생각을 가져서 끝까지 쇠퇴하지 않으니, 이것은 인인이다.

예인禮人 ◆◆ 예인禮人이라는 것은, 높고 낮은 것을 분별해서, 청렴하고 사양하며 겸손하고 삼간다. 윗사람이 되어서는 공손하고 경건하며, 아랫사람이 되서는 공경할 것을 생각하면, 이것은 예인이다.

신인信人 ◆◆◆ 신인信人이라는 것은, 성실하고 속이지 않아서, 한마디로 옥獄에 관한 일을 판결하고, 일이 잘 풀릴 때도 마음대로 하지 않으며, 궁해도 지조를 바꾸지 않으니, 이것은 신인이다.

의인義人 ◆◆◆◆ 의인義人이라는 것은, 결단하는 것을 분명하게 해

◆ 中五仁人者 爲上不侈其功 爲下不羞其陋 慈施惻隱 終而不衰 此仁人也

◆◆ 禮人者 分別尊卑 廉讓謙謹 爲上恭敬 爲下思敬 此禮人也

◆◆◆ 信人者 誠實不欺 片言折獄 達不肆意 窮不易操 此信人也

서 단번에 헤아려서 이치를 따르고, 착한 것을 쫓고 악한 것을 물리쳐서 일이 막히고 지체됨이 없으니, 이것은 의인이다.

지인智人 ◆ 지인智人은, 지식 및 꾀와 생각이 통달해서, 사물의 실정을 살피면 싹트는 조짐을 알고, 착하고 악한 것을 미리 아니, 이것은 지인이다.

㉣ 차중급의 다섯 등급 사람

사인仕人 ◆◆ 차중급의 다섯 사람 중 사인仕人이라는 것은, 공자께서 말씀하시기를 "지혜는 많은 것을 모르나 반드시 그 연유를 살피고, 말은 많이 하려 않으나 반드시 그 말해야 할 것을 살펴 하며, 마음에 정한 바가 있고 계획을 잘 지킨다. 비록 도술의 근본을 다하지는 못하나 반드시 도를 쫓아서 행하게 되고, 비록 하는 일이 모두 다 착한 아름다움은 없으나 반드시 착하게 처신함이 있는 것이다. 착한 행동을 하고, 지혜로 이미 알며, 말이 이미 맞으면, 성품과 명命과 형체가 바뀌지 않는 것이다. 부귀도 여기에 더할 수 없고, 빈천도 여기서 덜어낼 것이 없으니, 이것을 사인이라고 한다"고 하셨다.

❖『공자가어』「오의해」 출전. 사인仕人을 사인士人이라고도 한다.

◆◆◆◆ 義人者 決斷分了 一度順理 從善屛惡 事无礙滯 此義人也

◆ 智人者 識達謀慮 鑒察物情 能知萌兆 豫覩善惡 此智人也

◆◆ 次五仕人者 孔子曰 知不擧多 必審其所由 言不務多 必審其所謂 心有所定 計有所守 雖不能盡道術之本 必有從行也 雖不能遍百善之美 必有所處也 行旣由之 智旣知之 言旣得之 則性命形骸之不易也 富貴不足以益 貧賤不足以損 此仕人也

서인庶人 ◆ 서인庶人이라는 것은, 벼슬은 하지 않고 아직 농촌에 있는 사람, 또는 혹 면천免賤을 했으나 벼슬의 품계는 받지 않은 사람이다. 『주례』에 이르기를 "서인이 벼슬에 있는 것은, 처음으로 품계에 든 것이다"라고 했으니, 이것을 서인이라고 한다.

농인農人 ◆◆ 농인農人이라는 것은, 하늘의 때를 이용하고 땅의 이익을 따르는 사람으로, 봄에 경작하고 가을에 걷어서 항상 심고 거두니, 이것을 농인이라고 한다.

상인商人 ◆◆◆ 상인商人은, 시장 점포에서 등짐지고 판매하며, 때에 따라 재화를 사서 귀하고 천한 것을 서로 바꿈으로써 산업의 바탕이 되는 것이니, 이것은 상인이고 또한 고인賈人이라고도 한다.

공인工人 ◆◆◆◆ 공인工人이라는 것은, 아로새기고 깎는 기교를 다하여 기구와 용품을 비축하고, 새로운 것을 만들고 헌 것을 고쳐서 재화생산을 힘쓰는 것이니, 이것을 공인이라고 한다.

◆ 庶人者 未人仕位 猶居壟畝之間 或始解褐 未沾品命 周禮云 庶人在官者 始入秩也 此謂庶人也

◆◆ 農人者 用天之道 因地之利 春耕秋收 常在稼穡 此曰農人也

◆◆◆ 商人者 負販市廛 隨時鬻貨 貴賤相易 以資產業 此商人也 亦曰賈人也

◆◆◆◆ 工人者 雕斲伎巧 備諸器用 造新脩故 以力貨財 此曰工人

ⓜ 하급의 다섯 등급 사람

중인衆人 ◆ 하급의 다섯 사람중 중인衆人이라는 것은, 모든 잡다한 사람을 중인이라고 하니, 예양豫讓이 말하기를 "범중행씨가 중인으로써 나를 대우했다"고 했다.

❖ 지백智伯의 신하인 예양이 주군主君의 원수를 갚으려다 오히려 조양자趙襄子에게 붙잡혔다. 조양자가 "그대는 범중행씨를 모셨던 사람이 아닌가? 범중행씨를 망하게 한 지백을 오히려 주군으로 모셨으면서, 이제 와서 나에게만 원수를 갚으려 하는 이유가 무엇인가?"하고 물었다. 예양이 답하기를 "범중행씨는 나를 한낱 중인衆人으로 대했지만, 지백께서는 나를 국사國士로 대접하셨기 때문이오"라고 하였다는 『전국책戰國策』에 실린 고사.

소인小人 ◆◆ 소인小人은 비루하고 악한 것을 행하는 것이니, 이것을 소인이라고 한다. 공자께서 말씀하시기를 "걸桀과 주紂는 비록 제왕이나 소인과 같다"고 하셨으며, 『문자』에 말하기를 "법도에 맞는 것을 군자라고 하고, 법도에 맞지 않는 것을 소인이라고 하니, 군자는 비록 죽더라도 그 이름이 없어지지 않고, 소인은 비록 세력을 얻었더라도 그 죄가 없어지지 않는다"고 했다.

❖ 『문자』 「상의편上義」에 출전.

노인駑人 ◆◆◆ 노인駑人이라는 것은, '노'는 둔한 것이며 또한 죄

◆ 下五衆人者 凡雜云衆人 豫讓曰 范中行氏 以衆人遇我也

◆◆ 小人者 卑鄙行惡 此曰小人 孔子曰 桀紂雖帝王 其猶小人也 文子曰 中繩謂之君子 不中繩謂之小人 君子雖死 其名不滅 小人雖得勢 其罪不除

진 노예를 말하니, 옛날에는 죄가 있으면 노예가 되었다. 『서경』에 말하기를 "내가 너의 가족을 종으로 삼고, 너는 죽인다"고 했으니 죄를 주는 것이고, 주왕紂王은 기자箕子를 종으로 삼았으니 또한 죽이고 욕보이는 것이며, 말(馬)에 노둔한 말(馬+奴)이 있는 것은 둔하기 때문이다.

❖ 『서경』 「하서夏書」 '감서甘誓'와 『상서商書』 「탕서湯誓」에 출전.

우인愚人 • 우인愚人은 소란스럽고 어두우며 아는 것이 없어서, 콩과 보리를 분별하지 못하는 것을 우인이라고 한다. 공자께서 말씀하시기를 "지혜롭게 함은 흉내 내서 따를 수 있지만 그 어리석게 함은 흉내 내서 따를 수 없다."고 하셨으니, 그 사람이 혼탁한 기운을 타고났기 때문으로 배우고 숙달해서 어리석은 것이 아니다. 이를 또한 용인庸人이라고도 한다.

❖ 『논어』 「공야장公冶長」에서 영무자甯武子를 평한 내용에는 "공자께서 말씀하시기를 '영무자가 나라에 도가 있을 때는 지혜롭게 하였고, 나라에 도가 없었을 때는 어리석은 체 했으니, 그 지혜롭게 함은 흉내 내서 따를 수 있지만 그 어리석게 함은 흉내 내서 따를 수 없다. (子曰 甯武子邦有道則知 邦無道則愚 其知可及也 其愚不可及也)"고 했다.

공자께서 말씀하시기를 "마음에는 시작하고 끝까지 하는 법도가 없고, 입에는 교훈되는 격언을 말하지 않는다. 또한 어진 이에게

◆◆◆ 駑人者 駑鈍也 亦罪隷爲名 古者有罪爲奴 尚書曰 予則奴戮汝罪之也 紂以箕子爲奴 亦戮辱也 馬有駑者 以其鈍也

◆ 愚人者 囂闇无知 菽麥不辨 謂之愚人 孔子曰其智可及 其愚不可及者 以其稟昏濁之氣而生 非學所得也 亦曰庸人 孔子曰 心不存始終之規 口不吐訓格之言 又不擇賢以託身 不力行以自定 見小闇大而不知所傷 從物如流 而不知所執 此庸人也

가르침을 받지 않고, 힘써 실행하고 스스로 몸과 마음을 안정시키지 않아서, 소견은 좁고 어두움이 많으면서도 슬퍼할 줄 모르며, 물 흘러가듯 남을 따라가면서 자기 자신을 잡아 세우지 못하면, 이것은 용인이다"라고 하셨다.

육인肉人 ◆ 육인肉人이라는 것은, 광기있고 미련하고 아는 것이 없어서 아픈 것과 가려운 것도 분별하지 못하니, 비록 움직이고 그칠 줄은 아나 고기덩어리와 다름이 없는 것이다. 이런 것을 육인이라고 한다.

㉥ 25등급의 사람을 사품四品으로 나눔

◆◆ 이 스물다섯 등급의 사람은, 오행의 기운을 받음에 각각 우열이 있기 때문에, 이렇게 많은 등급이 있게 되고 또 착하고 악한 것이 같지 않다.

이제 또다시 나눠 사품四品으로 만들면, 신神·진眞·도道·지至·성聖·덕德·현賢의 일곱 사람은 왕王한 기운을 받아 난 것이고, 선善·중中·변辨·인仁·예禮·신信·의義·지智의 여덟 사람은 상相한 기운을 받아 난 것이며, 사士·서庶·농農·상商·공工의 다섯 사람은 휴休한 기운을 받아 난 것이고, 중衆·소小·노駑·우愚·육肉의 다섯 사람은 수囚한 기운을 받아 난 것이다.

◆ 肉人者 狂癡无識 痛癢莫分 雖能動靜 與肉不異 是爲肉人

◆◆ 此二十五等人 由稟五行之氣 各有優劣 故有多等 善惡不同 今且分爲四品 其神眞道至聖德賢七者 受王氣而生也 善中辨仁禮信義智八者 相氣而生也 士庶農商工五者 休氣而生也 衆小駑愚肉五者 囚氣而生也 王氣當其盛時 故最靈聖 相氣微劣於王 故自善忠已下 伏王政 休氣已衰 故當仕庶之例 囚氣最劣 故當衆小之流

왕한 기운은 그 성한 때를 당했기 때문에 가장 신령스럽고 성스러우며, 상한 기운은 왕한 것보다 조금 열등하기 때문에 스스로 착하고 충성해서 왕의 정치에 따르는 것이고, 휴한 기운은 이미 쇠퇴했기 때문에 사인仕人·서인庶人의 예에 해당하며, 수한 기운은 가장 열등하기 때문에 중인衆人·소인小人의 류에 해당된다.

왕상휴수	25등급
왕기王氣	신神 · 진眞 · 도道 · 지至 · 성聖 · 덕德 · 현賢
상기相氣	선善 · 중中 · 변辨 · 인仁 · 예禮 · 신信 · 의義 · 지智
휴기休氣	사士 · 서庶 · 농農 · 상商 · 공工
수기囚氣	중衆 · 소小 · 노駑 · 우愚 · 육肉

ⓢ 소길의 평

◆ 『문자』에 상등급의 사람과 하등급의 사람을 사람과 짐승에 비유했으니, 또한 맞는 말이다. 그러나 이 다섯 기운은 맑은 것이 있고 탁한 것이 있으며, 바른 것이 있고 사특한 것이 있으며, 처음이 있고 끝이 있으니, 만약 바른 기운을 얻으면 비록 낮은 자리에 있더라도 크고 좋게 될 것이고, 사특한 기운을 받았으면 비록 높고 성한 자리에 있더라도 크게 악한 행동이 무리로 일어날 것이다.

걸왕桀王이 하나라를 멸망하게 한 것과, 주왕紂王의 은나라를 패망시킨 것과, 주나라가 유왕幽王·여왕厲王때 쇠퇴한 것과, 한나

◆ 文子以上四下 喩人比畜 亦近之矣 然此五氣 有淸有濁 有正有邪 有初有末 若得正氣 雖在卑劣 方爲大善 若受邪氣 雖居尊勝 衆興大惡 至如桀覆夏宗 紂亡殷族 周衰幽厲 漢滅桓靈 此則處尊興惡者也 負鼎於殷廟 垂釣於磻溪 商賈南陽 飼牛車下 當此之時 其善未見 及登師輔 仁聖竝彰 此豈非卑下而能弘濟

라가 환제桓帝·영제靈帝로 해서 멸망한 것은, 곧 높은 자리에 있으면서 악한 일을 일으킨 것이다.

은나라 사당에 솥을 지고 간 것과, 반계에 낚시를 드리운 것과, 남양에 장사하고 수레 아래에서 소를 먹인 것은, 그 당시에는 그들의 착한 것이 나타나지 않았지만, 등용되어 국사와 재상이 되어서 어질고 성스러움이 아울러 드러났으니, 이것이 어찌 낮고 아래에 있었으면서도 널리 백성을 구제한 것이 아니겠는가?

❖ 은나라 사당에 솥을 지고 간 것 : 이윤伊尹이 자신의 경륜을 펴서 백성을 돕고자 탕湯을 만나려 하였으나 방법이 없었다. 그러다 유신씨有莘氏의 딸이 탕의 비가 되어 입궐하게 되자, 스스로 유신씨의 잉신媵臣이 되어 솥과 제기를 들고 따라 들어가서는 음식의 맛을 예로 들어 왕도정치에 대한 자신의 포부를 펴 나갔다고 한다.

여기에 대해 맹자는 「만장萬章」에서, "탕왕이 세 번이나 사람을 보내어 초빙하자, 처사處士로 남아 있으려던 마음을 고쳐먹고, 탕왕을 도와 선각자로서의 의무를 다한 것이지, 선비가 자신의 도를 낮추어 먼저 벼슬을 얻고자 스스로 입궐한 것이 아니다"라고 하였다.

❖ 반계에 낚시를 드리운 것 : 강태공은 선도仙道에 마음을 두어 32세 때 곤륜산에 입산하여 원시천존元始天尊의 문하에서 수도를 했으나, 도를 이루지 못하고 72세 때 스승의 명에 의하여 하산을 하게 되었다. 40년을 수도생활을 하다 보니, 친척도 친지도 없어지고 생계유지가 곤란했다. 그래서 이전에 결의 형제를 맺었던 송이인宋異人을 찾아 의지하게 되었으며, 송이인의 소개로 마씨馬氏부인을 얻게 된다.

1년은 송이인의 보살핌으로 그럭저럭 살았으나, 도만 닦던 사람이 배운 재주가 있을 리 없으니, 돈은 한 푼도 벌지 못하였다. 송이인 보기도 미안하고 마씨부인의 성화도 심하여 대조리 장사를 하기로 하였는데, 조리를 한 짐 지고 조가의 성안을 몇바퀴 돌았으나 한 개도 팔지를 못했다.

대나무만 축내고 난 강태공은 국수장사, 음식장수, 심지어는 소·돼지·말 등을 잡아파는 고기장사 등 별 수를 다했으나 여의치 않았다.

잠시 운을 타서 벼슬을 하였으나, 이도 쫓겨나게 되고 마씨부인도 고생끝에 헤어지자고 하여 홀몸이 되었다.

하는 수 없이 혈혈단신으로 주周나라 기산岐山 밑에까지 도망간 강태공은, 위수渭水에서 곧은 낚시를 드리우며 세월을 낚게 되었다. 그러다가 나이 80에 문왕文王에게 발탁되어 주나라를 강성하게 만들고, 결국 무왕武王을 도와 은나라를 멸하고 주나라가 중국을 800년 동안 다스릴 기업을 이루며, 자신은 삼공三公의 하나로 제齊 땅에 봉해지게 된다.

전하는 말로는 강태공이 160세까지 살았다고 한다. 그래서 태공의 평생을 "팔십년은 곤궁하게, 팔십년은 영달을 누렸다(窮八十 達八十)"이라고 한다.

❖ 남양에 장사하고 수레 아래에서 소를 먹인 것 : 백리해百里奚는 춘추시대 진秦나라 사람으로, 자는 정백井伯이다. 여러 나라에서 벼슬을 하고자 소를 먹이는 목동은 물론, 걸식까지 해가며 떠돌아 다녔다. 모두 그를 등용하지 않았으나, 진晉(獻公)나라의 포로로 잡혀 진秦나라로 시집가는 목희穆姬의 잉신媵臣으로 가게 하자, 이를 수치스럽게 여겨서 도망쳤다가 초나라 사람들에게 붙잡혔다.

진秦나라의 목공穆公이 그가 어진 사람이라는 말을 듣고, 검정 숫양의 가죽 다섯 장과 바꾸어 데려와서는, 그를 오고대부五羖大夫(검정 숫양의 가죽 다섯 장과 바꾸었다는 뜻)에 임명하고, 그가 천거한 친구 건숙蹇叔을 상대부上大夫로 등용하는 등 두 사람의 덕과 재주를 높이 사, 나라를 부유롭게하고 군사적으로 강대한 국가가 되었다.

• 현인과 덕인 이상은, 기운이 바르고 간사함이 없기 때문에 가장 위에 있다. 그러나 기운의 처음에는 수명이 길고, 기운의 끝에는 목숨이 짧고 고달프다. 이 네 기운은 또한 네 가지 구분이

◆ 其賢德已上 氣正无邪 故居最上 然氣之初也 齡齒脩長 氣之末也 命相短役 此四氣又有四別 若上清秀 靈智愈高 上而濁汙 乃須脩飭 下而清秀 劉磨方以爲器 加之昏濁 朽木不可復雕 兼貴賤富貧好醜 善惡性情年命 乃有萬途 竝五行氣感所致

있다. 만약 상등급의 사람이 맑고 수려하면 신령스럽고 지혜로움이 더욱 높고, 상등급의 사람이 혼탁하고 더러운 기운을 타면 곧 심신을 닦고 삼가해야 한다. 하등급의 사람이 맑고 수려하면 갈고 닦아서 쓰일 수 있는 그릇이 되나, 혼탁한 기운을 더하면 썩은 나무와 같아 다시 조각해 쓸 수 없을 것이다. 귀하고 천하며, 부유하고 가난하며, 잘생기고 추하며, 착하고 악하며, 성품과 정 그리고 수명이 있어서, 곧 만 가지 다른 길이 있으니, 모두 오행의 기운이 느껴져서 이뤄진 것이다.

◆ 이제 『문자』의 말대로 스물다섯 등급으로 품계와 차등을 한다면, 바깥으로부터 오는 무리를 모두 구별하기 어렵다. 사람을 밝게 아는 것은 명철한 임금이라도 어려운 일이니, 밝고 성스러운 사람이 아니면 누가 분별해서 알 수 있겠는가?

◆◆ 『녹명결』에 이르기를 "왕王한 기운으로 난 사람은 왕과 정승으로, 마땅히 벼슬과 녹을 먹을 것이다. 상相한 기운으로 난 사람은 벼슬하는 사람이 많으며, 사死한 기운으로 난 사람은 질병이 있고 품계가 오래가지 못한다"고 했으니, 이것은 단지 그의 태어난 달이 당한 오행의 기운의 성하고 쇠한 때를 논한 것이다. 하물며 그 기운을 받은 사람의 형질·성정·골육·장부가 모두 오행을 상징하고 있음에랴?

◆ 今且就文子 論其二十五等 以爲階差 自外諸徒 難以具辨 知人則哲 惟帝其難 非明聖者 孰能辨識

◆◆ 祿命決云 王氣中生者 其人王相宜爵祿 相氣中生者 其人多官 死氣中生者 其人多疾病短品 此竝論其生月當五行氣盛衰時也 況其稟受氣者 其人形質情性骨肉藏府 皆象五行

5 오행과 인체

① 오행의 기운에 따른 생김새

◆ 『상서相書』에 이르기를 "목기운의 사람은 가늘고 길며 몸이 곧고, 화기운의 사람은 머리가 작고 하체가 풍부하며 짧고 작으며, 토기운의 사람은 얼굴이 둥글고 배가 크며, 금기운의 사람은 얼굴이 모나고 입은 예리하며, 수기운의 사람은 얼굴이 엷고 몸이 한쪽으로 치우치며 뱀이 기어가는 것처럼 걸음을 걷는다.

② 인체의 색과 상극

◆◆ 목기운의 사람은 청색이니, 얼굴에 흰색이 나면 이것은 해로운 기운이다(金克木). 화기운의 사람은 붉은 색이니, 얼굴에 검은 기운이 있으면 이것은 해로운 기운이다(水克火). 토기운의 사람은 황색이니, 얼굴에 푸른 기운이 있으면 해로운 기운이다(木克土). 금기운의 사람은 흰색이니, 얼굴에 붉은 기운이 있으면 해로운 기운이다(火克金). 수기운의 사람은 흙색이니 얼굴에 노란 기운이 있으면 이것은 해로운 기운이다(土克水)."고 했다.

③ 인체를 천간에 배속시킴

◆◆◆ 천간에 배속시키면 갑甲·을乙은 가죽과 털이 되고, 병丙·정

◆ 相書云 木人細長直身 火人小頭豐下短小 土人員面大腹 金人方面兌口 水人面薄身偏蛇行

◆◆ 木人青色 眞有白是害氣 火人赤色 眞有黑是害氣 土人黃色 眞有青是害氣 金人白色 眞有赤是害氣 水人黑色 眞有黃是害氣

丁은 손톱과 힘줄이 되며, 무戊·기己는 살이 되고, 경庚·신辛은 뼈가 되며, 임壬·계癸는 피와 핏줄이 된다.

❖ 인체와 천간

천간	갑·을	병·정	무·기	경·신	임·계
인체	가죽과 털	손톱과 힘줄	살	뼈	피와 핏줄

④ 인체를 팔괘에 배속시킴

• 괘로 배속시키면 건☰은 머리가 되고, 리☲는 눈이 되며, 감☵은 귀가 되고, 태☱는 입이 되며, 곤☷은 배가 되고, 손☴은 손이 되며, 간☶은 허벅다리와 무릎이 되고, 진☳은 발이 된다.

❖ 팔괘와 인체

팔괘	건	리	감	태	곤	손	간	진
인체	머리	눈	귀	입	배	손(手)	허벅다리, 무릎	발

❖『역경』「설괘전」에는 "간괘가 손(手)이고 손괘가 허벅다리"라고 하였다.

⑤ 방위에 따른 인체와 성질

•• 그 장부藏府와 성품과 정은 각각 별도의 풀이가 있으나, 사

••• 配日則甲乙爲皮毛 丙丁爲爪筋 戊己爲肉 庚辛爲骨 壬癸爲血脈

• 配卦則乾爲頭 離爲目 坎爲耳 兌爲口 坤爲腹 巽爲手 艮爲股膝 震爲足

•• 其藏府性情 各有別解 然人居天地之內 在山川之中 各隨方位

람이 하늘·땅 안에 살고 산과 내의 가운데 있으니, 각각 그 방위를 따라서 형체와 성질이 같지 않다.

㉠ 동이東夷 ◆ 그러므로 동이東夷 사람은 그 형체가 가늘고 길며, 눈썹은 세워지고 눈이 길며, 의관도 또한 좁고 긴 것을 숭상한다.

동해의 구려(高句麗) 사람은 그 관冠이 높고 좁으며, 그 위에 새의 깃털을 더해서 나뭇가지를 상징한다. 눈이 긴데, 눈은 간장(肝)을 주관하고, 간장은 목木이기 때문에 가늘고 긴 것이니, 모두 목을 상징한 것이다.

㉡ 남만南蠻 ◆◆ 남만南蠻 사람은 짧고 작으며 가볍고 골이 졌으며, 입은 높고 털이 적으며, 의복 또한 가볍고 짧은 것을 숭상한다. 입이 높은 것은, 입과 인중은 심장을 주관하고, 심장은 불이니, 불은 뜨겁게 타오르기 때문에 높게 타오른다. 그래서 털이 적은 것이다.

㉢ 서융西戎 ◆◆◆ 서융西戎 사람은 눈이 깊고 코가 높으며, 옷은

形性不等

◆ 所以東夷之人 其形細長 脩眉長目 衣冠亦尚狹長 東海勾麗之人 其冠高狹 加以鳥羽 象於木枝 長目者 目主肝 肝木也 故細而長 皆象木也

◆◆ 南蠻之人 短小輕壑 高口少髮 衣服亦尚短輕 高口者 口人中主心 心火也 火炎上 故高炎上 故少髮也

◆◆◆ 西戎之人 深目高鼻 衣而无冠者 鼻主肺 肺金也 故高 目肝也

입지만 관은 쓰지 않는다. 코는 폐를 주관하고, 폐는 금이기 때문에 높은 것이다. 눈은 간장에 해당하고 간장은 목에 속한다. 목은 금이 깎는 것이기 때문에 눈이 깊은 것이다. 또 금은 마름질하고 자르는 것을 주관하기 때문에, 털이 짧고 관을 안 쓰는 것이다.

㉣ 북적北狄 ◆ 북적北狄 사람이 광대뼈가 높고 산발을 하며 옷이 긴 것은, 광대뼈는 신장을 주관하고, 신장은 수이기 때문에 광대뼈가 높은 것이다. 산발을 한 것은, 물의 흐름이 자유분방한 것을 상징한 것이며, 옷이 긴 것 또한 물이 길게 흐름을 상징한 것이다.

㉤ 중하中夏(중국 사람) ◆◆ 중하中夏 사람의 용모가 평평하게 정돈된 것은, 토지가 평평하고 조화로운 것을 상징하며, 의관과 수레와 옷이 다섯 가지 색을 갖춘 것은, 토의 덕이 나머지 4행을 포함함을 상징한 것이다.

㉥ 공자의 설 ◆◆◆ 공자께서 말씀하시기를 "동쪽에 치우쳐 사는

肝爲木 金之所削 故深 金主裁斷 故髮斷無冠

◆ 北狄之人 高權被髮 衣長者 權主腎 腎水也 故高權 被髮者象水流漫也 衣長亦象水行也

◆◆ 中夏之人 容貌平整者 象土地和平也 其衣冠車服 備五色者 象土德包含四行也

◆◆◆ 孔子曰 東僻之人曰夷 精以僥 南僻之人曰蠻 信以朴 西僻之人曰戎 頑以剛 北僻之人曰狄 肥以戾 中國之人 安居和味

사람을 이夷라고 하니, 정교하고 요행을 바란다. 남쪽에 치우친 사람은 만蠻이라고 하니, 신의 있고 소박하다. 서쪽에 치우친 사람을 융戎이라고 하니, 완고하고 강하다. 북쪽에 치우친 사람을 적狄이라고 하니, 살찌고 흉포하다. 중앙에 있는 사람은 편안히 거처해서 음식이 조화롭다"고 하셨다.

❖ 『예기』「왕제王制」에 출전.

ㅅ 제왕세기帝王世紀의 설 ◆『제왕세기』에 이르기를 "요堯임금은 공공씨共工氏를 유주에 유배시켜 북적으로 귀양보냈고, 삼묘三苗를 삼위三危에 옮겨서 서융으로 귀양보냈으며, 환도驩兜를 숭산崇山에 내쳐서 남만으로 귀양보냈고, 곤鯀을 우산禹山에서 귀양보냈다가 동이로 내쳤다"고 했다.

ㅇ 춘추문요구의 설 ◆◆『춘추문요구春秋文燿鉤』에 이르기를 "기운에 따라 사람의 형체가 다르다. 그러므로 남쪽은 지극히 따스하니, 남방사람의 입이 큰 것은, 기운이 늘어지는 것을 상징한다. 북방은 지극히 차니, 그 사람의 목이 짧은 것은 기운이 급하고 오그라드는 것을 상징한다. 동방은 냇물과 골짜기가 빠지는 곳으로, 그 사람의 머리가 작고 형체가 예리하니, 목木이 위로 갈수록 작아지는 것을 상징한다. 서방은 땅이 높고 해와 달

◆ 帝王世紀云 堯流共工于幽洲 以竄北狄 遷三苗于三危 以竄西戎 放驩兜于崇山 以竄南蠻 殛鯀于禹山 以竄東夷

◆◆ 春秋文燿鉤云 氣隨人形 故南方至溫 其人大口 象氣緩舒也 北方至寒 其人短頸 象氣急縮也 東方川谷所注 其人小頭兌形 象木小上也 西方高土日月所入 其人面多毛 象山多草木也 中央四通 雨露所施 其人面大 象土平廣也

이 지는 곳이니, 그 사람의 얼굴에 털이 많은 것은, 산에 초목이 많은 것을 상징한다. 중앙은 사방으로 통하고 비와 이슬이 오게 되니, 그 사람의 얼굴이 큰 것은 토土가 평평하고 넓음을 상징한 것이다"라고 했다.

㉧ 공자가어의 설 ◆『공자가어』에 이르기를 "공자께서 말씀하시기를 '굳은 땅에 사는 사람은 강하고, 약한 땅에 사는 사람은 부드러우며, 큰 언덕에 사는 사람은 크고, 모래땅에 사는 사람은 가늘며, 비옥한 땅에 사는 사람은 아름답고, 척박한 땅에 사는 사람은 추하다.

❖『공자가어』「집비執轡」에 출전.

남방에는 불사초不死草가 있고, 북방에는 녹지 않는 얼음이 있으며, 동방에는 군자의 나라가 있고, 서방에는 잔악한 형체의 시체가 있으며, 중원의 땅에는 성인이 많다'고 하셨으니, 모두 그 기운을 상징한 것이다.

❖『회남자』「추형훈墬形訓」에 출전.

◆◆ 그러므로 산山의 기운은 남자가 많고, 못(澤)의 기운은 여자가 많으며, 물(水)의 기운은 벙어리가 많고, 바람(風)의 기운은 귀머거리가 많으며, 숲(休)의 기운은 파리한 사람이 많고, 목木의

◆ 家語云 孔子曰 堅土之人剛 弱土之人柔 墟土之人大 沙土之人細 息土之人美 耗土之人醜 南方有不死之草 北方有不釋之冰 東方有君子之國 西方有形殘之尸 中土多聖人 皆象其氣也

◆◆ 故曰 山氣多男 澤氣多女 水氣多瘖 風氣多聾 休氣多癃 木氣多傴 岸下濕氣多踵 正氣多力 險阻之氣多癭 寒氣多壽 熱氣多夭 谷氣多痺 丘氣多狂 衢氣多仁 陵氣多貪 輕土多利足 重土多遲鈍 急水人輕 遲水人重 此竝隨陰陽五行之氣 故善惡斯別

기운은 곱추가 많으며, 물가의 언덕(岸) 밑에는 습기가 있어 종기가 많다.

또 바른 기운(正氣)은 힘이 세며, 험하고 막히는 기운(險阻之氣)은 혹이 많고, 추운 기운(寒氣)은 장수하는 이가 많으며, 뜨거운 기운(熱氣)은 요사夭死를 많이 하고, 골짜기의 기운(谷氣)은 각기증(비痺)이 많으며, 언덕의 기운(丘氣)은 광기가 많고, 거리의 기운(街氣)은 어진이가 많으며, 언덕(陵氣)의 기운은 탐내는 이가 많고, 가벼운 땅(輕土)에 사는 사람은 발이 예리하며, 무거운 땅(重土)에 사는 사람은 더디고 둔한 사람이 많고, 급한 물(急水)이 내려가는 데 사는 사람은 가볍고, 더딘 물(遲水)이 내려가는 데 사는 사람은 무겁다"고 했다. 이것은 모두 음양오행의 기운을 따른 것이기 때문에 좋고 나쁜 것이 구별이 되는 것이다.

❖ 『회남자』「추형훈墜形訓」에 출전.

2장. 사람의 유년과 연립論人遊年年立

1 유년의 세 가지 이름

◆ 유년遊年은 모두 세 가지 이름이 있고, 두 가지로 구별한다. 세 가지 이름은, 첫 번째는 유년이고, 두 번째는 행년行年이며, 세 번째는 연립年立이다.

① 유년遊年

◆◆ 유년이라는 이름은, 모든 것이 운동해서 멈추지 않는 것으로써 뜻을 삼았으니(운이 계속 바뀜), 해(歲)마다 돌아다녀서 한 장소에 정해져 있지 않기 때문이다.

② 연립年立과 행년行年

◆◆◆ 연립年立이라는 것은 곧 행년行年을 말한다. '립立(선다)'은 머물러 서는 것으로 뜻을 삼으니, 금년이 북두칠성 중에 어느 별에 있는가에 따른다.

◆ 遊年凡有三名 而爲二別 三名者 一遊年 二行年 三年立

◆◆ 遊年之名 皆以運動不住爲義 以其隨歲行遊 不定一所也

◆◆◆ 年立卽是行年 立者是住立爲義 以其今年立於北辰也 就人而論 常行不息 故謂曰行 就歲而論 今之一歲 年住於此 故謂之立

사람을 중심으로 말하면, 항상 행해서 쉬지 않기 때문에 '행년行年'이라 하고, 해(歲)를 중심으로 말하면, 올 해(歲)는 년年이 여기에 머무는 것이기 때문에 연립年立이라고 하는 것이다.

2 유년의 두 가지 구별

◆ 두 가지로 구별하는 것은, 유년은 팔괘를 따라서 세고, 연립은 육갑六甲을 따라서 행하기 때문이다.

① 연립은 육갑을 따라 행한다

◆◆ 남자는 병인丙寅을 따라서 왼쪽으로 행하고, 여자는 임신壬申을 따라서 오른쪽으로 회전하되, 모두 그 년수에 이르러서 그치니, 곧 행년이 이르는 장소에 서 있는 것이다. 만약 계산해서 알고자 할 때는, 남자는 실제 나이에다 둘을 더해서 왼쪽으로 세고, 여자는 실제 나이에다 하나를 더하여 오른쪽으로 센다. 모두 갑자순을 따라 시작해서 그 계산이 다되면, 이것이 연립이 있는 곳이다.

㉠ 남자는 병인丙寅을 따라서 센다 ◆◆◆ 남자는 병인丙寅을 따라서

◆ 二別者 遊年從八卦而數 年立從六甲而行

◆◆ 六甲者 男從丙寅左行 女從壬申右轉 竝至其年數而止 卽是行年所至 立於其處也 若欲算知之者 男以實年加二算而左數 女以實年加一算而右數 竝從甲子旬始 盡其算 卽是立處也

◆◆◆ 所以男從丙寅數 何者日生於寅 日爲陽精 男從陽 故取日 丙爲

세는 이유는 어째서인가? 해日는 인방寅方에서 나오고, 양의 정수가 된다. 남자는 양을 따르기 때문에 해를 취한 것이고(인), 병丙은 태양이 되기 때문에 병을 취해서 인과 짝한 것이다.

ⓛ 여자는 임신壬申부터 센다 ◆ 여자는 임신壬申부터 세는 이유는 어째서인가? 달(月)은 신방申方에서 나오고, 음의 정수가 된다. 여자는 음을 따르기 때문에 달에서 취한 것이며(신), 임壬은 태음이 되기 때문에 임을 취해서 신과 짝한 것이다.

또 양이기 때문에 왼쪽으로 가고 음이기 때문에 오른쪽으로 회전하는 것이다.

ⓒ 공자원진경의 예 ◆◆ 『공자원진경』에 이르기를 "만약 갑자순甲子旬에 태어났으면, 남자는 병인을 따르고 여자는 임신을 따른다. 갑술순甲戌旬에 태어났으면, 남자는 병자를 따르고 여자는 임오를 따른다. 갑신순甲申旬에 태어났으면, 남자는 병술을 따르고 여자는 임진을 따른다. 갑오순甲午旬에 태어났으면, 남자는 병신을 따르고 여자는 임인을 따른다. 갑진순甲辰旬에 태어났으면, 남자는 병오를 따르고 여자는 임자를 따른다. 갑인순甲寅旬에 태어났으면, 남자는 병진을 따르고 여자는 임술을 따르니, 이

太陽 故取丙以配寅

◆ 女從壬申數 何者月生於申 月爲陰精 女從陰 故取月 壬爲大陰 故取壬以配申 陽故左行 陰故右轉

◆◆ 孔子元辰經云 若甲子旬 男從丙寅 女從壬申 甲戌旬 男從丙子 女從壬午 甲申旬 男從丙戌 女從壬辰 甲午旬 男從丙申 女從壬寅 甲辰旬 男從丙午 女從壬子 甲寅旬 男從丙辰 女從壬戌 皆曰行年 此竝候病之法 非通常用

를 모두 행년이라고 한다"고 했다. 이것은 모두 병을 진찰하는 법으로, 통상적으로 쓰는 것이 아니다.

❖ 아래의 60갑자표에서 남자는 천간이 '병'인 병인·병자·병술·병신·병오·병진에서 시작하고, 여자는 천간이 '임'인 임신·임오·임진·임인·임자·임술에서 시작한다.

❖ 육십갑자표

갑자순	갑자	을축	병인	정묘	무진	기사	경오	신미	임신	계유
갑술순	갑술	을해	병자	정축	무인	기묘	경진	신사	임오	계미
갑신순	갑신	을유	병술	정해	무자	기축	경인	신묘	임진	계사
갑오순	갑오	을미	병신	정유	무술	기해	경자	신축	임인	계묘
갑진순	갑진	을사	병오	정미	무신	기유	경술	신해	임자	계축
갑인순	갑인	을묘	병진	정사	무오	기미	경신	신유	임술	계해

② 유년은 팔괘를 따라서 센다

㉠ 남자의 유년 • 유년이라는 것은, 남자는 한 살을 리☲로부터 세어서 좌선하여 팔괘를 행하면 두 살은 곤☷에 있고, 세 살은 태☱에 있으며, 네 살은 건☰에 있고, 다섯 살은 감☵에 있으며, 여섯 살은 간☶에 있고, 일곱 살은 진☳에 있으며, 여덟 살은 손☴에 있게 된다.

그러나 손은 여덟을 받지 않고 앞으로 나가 리에 나가니, 리괘가 곧 여덟 살이 된다. 곤이 아홉, 태가 열로써 차례대로 세고, 하나가 만약 곤에 이르게 되면, 곤은 하나를 받지 않고 뒤로 돌

• 遊年者 男一歲數從離起 左行八卦 則二在坤 三則在兌 四則在乾 五則在坎 六則在艮 七則在震 八則在巽 巽不受八 進而就離 離則是八 坤卽九 兌卽十 以次而數 一若至坤 坤不受一 還退就離 故至十數 皆在正方也

아가서 리로 나간다. 그러므로 숫자가 열까지 이르면 모두 정방위에 있게 된다.

❖ 후천팔괘를 구궁에 배속함

손	리	곤
진	中	태
간	감	건

ⓛ 여자의 유년 ◆ 여자는 한 살을 감☵으로부터 세어 우선하여 행해서, 또한 위의 법과 같이 하되, 간은 여덟을 받지 않고, 건은 하나를 받지 않으니, 모두 감으로 돌아오게 된다.

ⓒ 남자의 유년에서 예외 ◆◆ 손☴이 여덟을 받지 않고 곤☷이 하나를 받지 않는 이유는 다음과 같다. 손과 곤의 자리가 리궁☲을 사이에 두고 좌우에 있으며, 손은 양의 방위인 까닭에 나아가는 뜻이 있고 마치는 뜻은 없는데, 여덟은 팔괘의 마지막 수이기 때문에 받지 않고 앞에 있는 리에 붙이는 것이다.

또 곤은 음의 방위인 까닭에 물러나는 뜻은 있고 나아가는 뜻은 없는데, 물러나는 것은 소멸되는 것으로 양의 시작하는 숫자인 1을 감당할 수 없다. 그러므로 물러나서 리에게 양보하는 것이다.

◆ 女年一從坎右行 亦加離法 艮不受八 乾不受一 皆歸於坎

◆◆ 所以巽不受八 坤不受一者 坤巽依位 竝夾離宮 巽是陽位 有進義而无終義 八是卦之終數 故不受之 前以付離 坤是陰位 陰有退而无進 退則須滅 不敢當其陽始之數 故退讓就離

㉣ 여자의 유년에서 예외 ◆ 건☰이 하나를 받지 않고 간☶이 여덟을 받지 않는 이유는 다음과 같다. 건은 양이고 또 하늘이니 스스로 그 시작에 있는 것이고, 시작이라는 것은 하나라는 뜻이다. 거듭 1을 붙이면 짝수가 되고, 짝수는 음이 되기 때문에 감☵에 붙이는 것이다.

간은 음이며 간은 또한 산이 되니, 산은 곧 끝나는 곳이다. 유년이 팔괘를 두루 행하는데 괘의 숫자는 여덟에서 마치니, 곧 그치는 것이며 스스로 마침이 있는 것이다. 그러므로 이치가 두 번 받는 것이기 때문에 감에 붙인다.

㉤ 남자의 1궁은 리이고, 여자의 1궁은 감인 이유 ◆◆ 혹자가 묻기를 "하늘의 주재자(천일天一)의 운행은 감으로 1궁을 삼고 리로 9궁을 삼는데, 팔괘의 유년은 리로써 1궁을 삼는 것은 어째서입니까?" 대답하기를 "하늘의 주재자는 온 세상과 구주九州를 창시하는 일을 하기 때문에 시작하는 하나로부터 행하는 것이고, 유년은 사람의 해마다의 운명에 대한 일이기 때문에 마지막인 아홉으로부터 일으키는 것이다.

지금 여자의 유년을 감으로부터 하는 것은, 남자의 덕은 마침과 시작을 포괄하기 때문에, 아홉과 하나를 함께 세서 태양의

◆ 乾不受一艮不受八者 乾是陽也 又爲天也 自在其始 始是一義 重則數偶 數偶則成陰 故以付坎 艮是陰也 艮又爲山 山則是終 遊年歷行八卦 卦數於八終 卽止也 自有其終 理不重受 故付坎

◆◆ 或問云 天一之行 以坎爲一宮 離爲九宮 八卦遊年 乃以離爲一宮者何 答曰 天一於天下九州之事 故從始一而行 遊年於人年命之事 故以終九而起 今女遊年從坎 男以德苞終始 故九一竝數 起太陽之位 女以陰生陽 故從其創始陰位而行 坎位本一 受數一起 共爲二陰數也

자리인 리에서 일으키는 것이고, 여자는 음으로써 양을 낳기 때문에, 음의 자리를 창시하는데 따라서 행하는 것이다. 감의 자리는 본래가 하나의 자리로, 하나의 숫자를 더 받게 되면 합해서 둘이 되니 음의 숫자가 된다.”

ⓑ 유년괘의 삼변三變 ◆ 유년이 이르는 괘는 세 번을 변하니, 한 번 변하면 화해禍害가 되고, 두 번 변하면 절명絶命이 되며, 세 번 변하면 생기生氣가 된다. 생기는 길하고, 화해와 절명은 흉하니, 길하면 그 방위로 나아가고 흉하면 그 장소를 피한다.

1변과 화해禍害 : ◆◆ 화해는 서로 극하고 해가 되는 것을 뜻한다. 만일 건괘☰ 초구의 갑자수甲子水가 변해서 손괘☴가 되면, 손괘의 초육은 신축토辛丑土니, 이것은 비신飛辰이 와서 복신伏辰을 이기는 것이다. 감괘☵의 초육 무인목戊寅木이 변해서 태괘☱가 되면, 태괘 초구는 정사화丁巳火니, 이것은 비신과 복신이 서로 해가 되는 것이다.

❖ 초효변을 1변이라고 한다. 갑자 신축 등의 간지는 납갑참조.

2변은 절명絶命 : ◆◆◆ 절명絶命은 그 괘체가 극과 제재를 받기 때문이니, 만일 진☳이 변해서 태☱가 되면 금이 목을

◆ 遊年所至之卦 因三變之 一變爲禍害 再變爲絶命 三變爲生氣 生氣則吉 禍害絶命則凶 吉則可就其方 凶則宜避其所

◆◆ 禍害者 以其相剋害也 如乾初九甲子 水變成巽 巽初六辛丑土 是飛辰來 剋伏辰也 坎初六戊寅 木變成兌 兌初九丁巳火 是飛伏相害也

◆◆◆ 絶命者 以其卦體被剋制也 加震變爲兌 金剋木也 艮變爲巽 木剋土也

이기는 것이고, 간☶이 변해서 손☴이 되면 목이 토를 극하는 것이다.

❖ 중효변을 2변이라고 한다.

3변은 생기生氣 : ◆ 생기生氣는 서로 생해주거나 같은 몸체이기 때문이니, 만일 건☰이 변해서 태☱가 되면 같은 금의 몸체이고, 진☳이 변해서 리☲가 되면 목이 화를 생해주는 것이다.

❖ 상효변을 3변이라고 한다.

ⓢ 화해와 절명의 피흉 ◆◆ 화해와 절명이 또한 가기 싫어하는 데가 있는 것은, 그 괘가 가는 곳에 서로 제재하는 것이 있어 물리치기 때문이다. 화로 충을 해서 전쟁의 재앙을 피하고, 잣나무 하나를 매달아서 벼락맞아 죽는 것을 물리침은, 모두 오행이 서로 제재하는 증거다.

유년·연립은 곧 사람의 해마다의 운명이니, 모두 오행에 배속된다. 그러므로 여기에서 풀이했다.

❖ 『세설신어世說新語』「술해術解」에 "왕승상이 곽박에게 명하여 시험삼아 괘를 하나 지으라고 하였다. 괘를 지음에 곽박의 안색이 심히 좋지 않았다. 곽박이 말하길 '승상께서는 벼락에 맞을 액운이 있습니다'고 하였다. 승상이 '액운을 없앨 방법이 있는가?'하고 묻자, 곽박이 말하길 '거마를 타고 서쪽으로 몇 리를 가서 잣나무를 보거든, 승상의

◆ 生氣者 以其相生同體也 如乾變成兌 體同金也 震變成離 木生火也

◆◆ 禍害絶命亦有厭行 以其卦所至 相制者攘之 如衝火以避兵災 懸一栢木 而攘震死 此竝五行相制之驗也 遊年年立 卽是人之年命 皆配五行故於此以釋之

키만큼 잘라서 항상 주무시는 침상 위에 놓으시면 재앙을 면할 수 있을 것입니다'고 하였다. 왕승상이 그 말에 따랐는데, 과연 수일 후에 벼락이 떨어져 침상 위에 둔 잣나무가 부서졌고, 승상의 자제들이 모두 액운이 없어짐을 경하하였다(王丞相令郭璞試作一卦 卦成 郭意色甚惡云 公有震厄 王問有可消伏理不 郭曰 命駕西出數里 得一栢樹 截斷如公長置牀上常寢處 災可消矣 王從其語 數日中果震 栢粉碎 子弟皆稱慶)"고 하였다.

五行大義

제 24편 새와 벌레

論禽蟲

1장. 다섯 가지 영물論五靈

1 음양과 오행의 영향

◆ 살아서 움직이고 감각이 있는 것들은 오행의 기운으로 성품을 이루고, 음양에 바탕해서 형체를 세운다. 그러므로 육지에 살고 물속에 살아서 잠기고 나타나는 길이 다르고, 헤엄치고 날으며 걸어가되, 빠르고 느림의 차이가 있는 것은, 모두 기운의 맑고 흐림과 타고난 성품의 깊고 얕음에 기인한 것이다.

① 음양에 의한 구분

㉠ 춘추고이우春秋考異郵의 설 ◆◆ 『춘추고이우』에 이르기를 "어금니와 뿔이 있고, 뒷발톱이 있으며, 침이 있는 것은 모두 음이 된다. 음은 살기殺氣가 있기 때문에 모두 손톱과 어금니와 같은 독이 있고, 독충이나 전갈같이 쏘는 것이 이에 해당한다.

날개로 날며 부드럽고 착한 짐승은 모두 양이 되니, 양은 어진 기운이 있어서 죽이는 성질이 없는 것이다"라고 했다.

◆ 凡含生蠢動 有知之數 莫不籍五氣而成性 資陰陽以立形 故其陸處水居 潛見道別 遊翔飛走 駑駿不同 皆由氣之淸濁 稟性深淺

◆◆ 考異郵云 含牙戴角 著距垂芒 皆爲陰也 陰有殺氣 故備有爪牙之毒 螫蠆之類也 飛翔羽翮 柔善之獸 皆爲陽也 陽有仁氣 无殺性也

ⓛ 공자가어의 설 ◆『공자가어』에 이르기를 "씹지 않고 삼키는 동물은 여덟 구멍이고 난생卵生을 하며, 씹어서 삼키는 것은 아홉 구멍이고 태생胎生을 한다.

낮에 난 것은 아비를 닮고, 밤에 난 것은 어미를 닮으며, 지극히 음한 것은 암컷이 되고, 지극히 양한 것은 수컷이 되니, 모두 기가 그렇게 한 것이다"라고 했다.

❖『공자가어』「집비執轡」에 출전. "다리가 넷인 것은 날개가 없고, 뿔이 달린 것은 윗 이빨이 없으며, 뿔이 없고 앞 이빨이 없는 것은 기름지고, 뿔이 없고 어금니가 없는 것은 지방질이 많다(四足者無羽翼 戴角者無上齒 無角無前齒者膏 無角無後齒者脂)"라는 말이 더 있다.

② 충蟲은 새와 짐승 및 벌레로 나뉜다

◆◆ 움직이는 물건은 모두 충蟲의 류가 되나, 이제 또 대략해서 세 종류로 나누면 하나는 새(禽)이고, 둘 째는 짐승(獸)이며, 셋째는 벌레(蟲)다. 날개가 있어 나는 것이 새고, 네 발이 있어 달리는 것이 짐승이 되며, 날개와 발이 없는 것이 벌레가 된다.

하루살이 같은 것에 날개가 있는 것과, 사마귀와 배추벌레나비와 매미 등에 날개가 있는 것과, 나는 벌레의 백 개의 발과, 모기와 파리매 등의 여섯 손이 있는 것은 비록 날개와 발이 있으나, 그래도 벌레이다.

오행대의 下

◆ 家語云 齕呑者八竅而卵生 齟齒爵者九竅而胎生 晝生似父 夜生類母 至陰者牝 至陽者牡 皆氣使然也

◆◆ 凡是蠢動之物 竝爲蟲類 今略分三種 一曰禽 二曰獸 三曰蟲 有羽飛者爲禽 有四足走者爲獸 无羽足者爲蟲 至如蜉蝣之羽 蜨蟟之翼 飛蚉百足 蚊蚋六手 此雖有羽足 猶是蟲例 其朝生暮死 腐穢蠱濕 此皆因變化 隨類生者 亦竝蟲也

그 외에 아침에 태어났다가 저녁에 죽고, 오물을 썩히고 습한 데서 좀먹는 것들은, 모두 변화를 따라서 부류를 좇아 사는 것들이니, 이 또한 벌레의 종류다.

❖ 이 편의 제목에서와 마찬가지로, 충蟲에는 두 가지 뜻이 있다. 즉 모든 생물을 총칭하는 이름으로써의 충蟲이 있고, 또 하나는 새와 짐승 및 벌레로 나뉠 때의 충이 있다. 앞으로는 생물을 총칭할 때는 충이라 하고, 작은 단위로 부를 때는 벌레라고 번역한다.

㉠ 춘추고이우의 설 ◆『춘추고이우』에 이르기를 "벌레는 팔일이면 부화하니, 작기 때문에 생활기간이 촉박한 것이다. 또한 새(禽)와 물고기(魚)는 벌레와 구별하기는 하나, 새는 나는 것이므로 곧 새(禽)이지만, 물고기는 물에 잠기고 헤엄치므로 벌레(蟲)의 종류다"고 했다.

❖『태평어람』에서『춘추고이우』를 인용해서 말하기를 "2×9=18이니 바람을 주관한다. 바람의 정수는 벌레가 되니, 8일만에 부화한다. 바람은 물결을 격하게 하므로 그 운명이 벌레를 따르는 것이니, 벌레의 뜻은 구부리고 펴는 것이다(二九十八主風 精爲蟲 八日而化 風列波激 故其命從蟲 蟲之爲言屈申也)"고 했다.

㉡ 공자가어의 설 ◆◆『공자가어』에 이르기를 "새와 물고기는 음에서 생겼지만 양에 속하기 때문에 모두 알로 낳는다. 물고기는 물에서 놀고 새는 구름에 노니나, 입동이 되면 제비와 참새

◆ 考異郵云 蟲八日而化 微故今促 又鳥魚二名 於此二者 其號雖別 鳥則飛翔 卽是禽也 魚則潛游 蟲之屬也

◆◆ 家語云 鳥魚生於陰 而屬於陽 故皆卵生 魚遊於水 鳥遊於雲 所以立冬 則燕雀入海 化而爲蛤 本其類也 禽名通於獸 獸名不通於禽 故知禽有趍地之能 獸无飛空之用

가 바다에 들어가서 조개가 되는 것은 본래 음의 종류이기 때문이다"라고 했다.

❖ 『공자가어』 「집비執轡」에 출전. 새나 물고기는 본래 음이기 때문에 난생을 하는 것이다.

새(禽)라는 이름은 짐승에도 통하지만, 짐승이라는 이름은 새에는 통하지 못하니, 새는 땅을 기어 다닐 수 있지만, 짐승은 공중을 날 수 없음을 알 수 있다.

2 다섯 가지 영물五靈

• 이 세 가지의 이름이 매우 많아서 모두 풀이할 수 없고, 이제 먼저 다섯 가지 영물靈物을 논하고, 다음 장에서 괘의 배속과 36금禽에 대해서 논의한다.

① 다섯 가지 충蟲

㉠ 충의 어른 •• 『공자가어』에 이르기를 "날개 달린 충 360가지 중에서 봉황새가 어른이 되고, 털있는 충 360가지 중에서 기린이 어른이 되며, 껍질있는 충 360가지 중에서 거북이 어른이 되고, 비늘 달린 충 360가지 중에서 용이 어른이 되며, 알몸인 충 360가지 중에서 사람이 어른이 된다."

• 然此三等名例甚多 不可具釋 今且先論五靈 次配卦及三十六禽

•• 家語云 羽蟲三百六十 鳳爲之長 毛蟲三百六十 麟爲之長 甲蟲三百六十 龜爲之長 鱗蟲三百六十 龍爲之長 倮蟲三百六十 人爲之長

❖『공자가어』「집비執轡」에 출전.

ⓛ 충의 정수精髓 ◆ 또 말하기를 "털있는 충의 정수는 기린이고, 날개 달린 충의 정수는 봉황이며, 껍질 있는 충의 정수는 거북이고, 비늘달린 충의 정수는 용이며, 알몸인 충의 정수는 성인聖人이다.

털있는 충은 서방에 해당하고, 날개 달린 충은 남방에 해당하며, 껍질있는 충은 북방에 해당하고, 비늘달린 충은 동방에 해당하며, 알몸인 충은 중앙에 해당된다"고 했으니, 여기서는 모두 충이라고 말을 했다.

❖『공자가어』와『대대예기』에서 말하는 다섯 영물

❖『대대예기』「증자천원曾子天圓」에 출전.

충	비늘달린 충	날개달린 충	알몸인 충	털있는 충	껍질있는 충
방위	동	남	중앙	서	북
충의 어른대표	용	봉황	사람	기린	거북
충의 정수	용	봉황	성인聖人	기린	거북
종류	360	360	360	360	360

◆◆ 다섯 가지 영물이 모든 충의 우두머리가 되나, 이제 그 넷만을 방위에 배속하고 사람을 중앙에 둔 것은, 성품과 정이 있는

◆ 又曰 毛蟲之精曰麒麟 羽蟲之精曰鳳 介蟲之精曰龜 鱗蟲之精曰龍 倮蟲之精曰聖人 毛蟲西方 羽蟲南方 甲蟲北方 鱗蟲東方 倮蟲中央 此則皆稱蟲也

◆◆ 五靈惣爲諸蟲之首 今止言其四 以人處中央者 謂有性情之物 人最爲主故也 靈者神靈之義 五禽於蟲獸之中最靈 故曰五靈

【24편】 새와 벌레

물건 중에서 사람이 가장 주인이 됨을 말한 것이다. '영靈'이라는 것은 신령하다는 뜻이니, 다섯 영물이 모든 생물 중에서 가장 신령하기 때문에, 다섯 가지 영물(五靈)이라고 말했다.

② 충에 대한 여러 설

㉠ 정현鄭玄의 설 ◆『예기』「월령」에 이르기를 "봄의 충은 비늘 달린 것이다"라고 하니, 정현의 주에 이르기를 "용과 뱀의 종류다"고 했다. "여름의 충은 날개가 있는 것이다"라고 하니, "나는 새의 종류다"고 주석했다. "중앙의 충은 알몸인 것이다"라고 하니, "호랑이 표범같은 옅은 털이 있는 종류이다"라고 주석했다. "가을의 충은 털이 있는 것이다"라고 하니, "여우와 오소리의 종류이다"라고 주석했다. "겨울의 충은 껍질있는 것이다"라고 하니, "거북과 자라의 종류다"고 주석했다.

또 "나라의 임금이 나갈 때 앞에는 주작, 뒤에는 현무, 왼쪽은 창룡, 오른쪽은 백호가 있게 한다"고 했다.

❖『예기』「곡례曲禮」에 출전.

㉡ 상서형덕고尙書刑德攷의 설 ◆◆『상서형덕고』에 말하기를 "동쪽은 봄이고 창룡이니 지혜롭고 어질다. 남쪽은 여름이고 주작이니 예를 좋아한다. 서쪽은 가을이고 백호이니 의리있는 일을

◆ 禮記月令云 春其蟲鱗 鄭玄注云 龍蛇之屬 夏其蟲羽 飛鳥之屬 中央其蟲倮 虎豹淺毛之屬 秋其蟲毛 狐狢之屬 冬其蟲介 龜鼈之屬 又云 國君行前朱雀 後玄武 左蒼龍 右白虎

◆◆ 尙書刑德攷言 東方春 蒼龍其智仁 南方夏 朱雀好禮 西方秋 白虎執義 北方冬 玄龜主信 會中央土之精 禮運則不論五德 止辨四靈而已

집행한다. 북방은 겨울이고 현구玄龜(현무玄武)이니 신의를 주관한다. 이들 네 기운은 중앙토의 정기에 모인다"고 했다.

『예기』「예운禮運」에는 오덕을 논하지 않고, 사령四靈(네 가지 영물)만 분별했을 뿐이다.

❖ 예운에서 말한 사령四靈(네가지 영물) : 기린·봉황·용·거북(현무, 현구). 아래 [예기의 설] 참조.

ⓒ 구명결鉤命決의 설 ◆『구명결』에 이르기를 "인仁을 잃으면 용과 기린이 춤을 추지 않고, 예禮를 잃으면 봉황새가 날지 않으며, 지혜智를 잃으면 황룡이 나타나지 않고, 의義를 잃으면 백호가 나오지 않으며, 신의信를 잃으면 현구가 나오지 않는다"고 했다.

ⓔ 예기의 설 ◆◆『예기』에 말하기를 "기린과 봉황새와 거북과 용은 네 가지 영물(四靈)이라고 이른다"고 했다.

ⓜ 춘추좌전의 설 ◆◆◆『춘추좌전』에 이르기를 "기린과 봉황새 등의 다섯 가지 영물은, 왕이 정치를 잘할 때 나타나는 아름다운 상서祥瑞 조짐이다"고 했다.

◆ 鉤命決云 失仁則龍麟不舞 失禮則鸞鳳不翔 失智則黃龍不見 失義則白虎不出 失信則玄龜不見

◆◆ 禮記曰 麟鳳龜龍 謂之四靈

◆◆◆ 左傳云 麟鳳五靈 王者之嘉瑞

③ 여러 설에 대한 소길蕭吉의 평

㉠ 예기의 영물에 대한 평 ◆ 『예기』에 기린·봉황·거북·용만 말하고 호랑이를 말하지 않은 것은, 금기운이 행하는 데는 호랑이를 말하나, 대표하는 영물의 뜻으로는 부족하기 때문이다. 앞에 있는 주작과 뒤에 있는 현무도 같은 뜻이니, 나머지 세 충에 대한 것도 모두 그런 차이가 있는 것이다.

❖ 『예기』에서는 영물을 칭할 때, 호랑이를 기린으로 대신하고, 주작을 봉황으로 대신했으며, 현무를 거북이라고 칭했다.

㉡ 예기와 춘추원명포에 대한 평 ◆◆ 『춘추원명포』에 이르기를 "리☲가 봉황새가 된다"고 했으며, 또 말하기를 "봉황새는 화의 정수이고, 신령스러운 거북은 물(水)을 낳으니, 현무가 북방에 이르는 것이다"라고 했으니, 이것은 『예기』의 말과 같으나, 오직 용과 기린 그리고 호랑이의 세 가지가 같지 않다.

㉢ 기린의 오행과 방위에 대한 평 ◆◆◆ 왼쪽에 청룡이 있고 오른쪽에 백호가 있다는 것은, 옛날 학설로 의심할 것 없다. 그러나 『춘추연공도春秋衍孔圖』에서 기린을 목木의 정기라고 했으니, 그렇다면 용은 목이 아니다. 또 『대대예기』에 기린을 털있는 충이

◆ 禮云麟鳳龜龍 不見有虎 於金行稱虎 義則不足 前朱雀 後玄武是同 其餘三蟲竝有差異

◆◆ 元命苞云 離爲鳳 又言 鳳火精 靈龜生水 玄武至北方 此同禮說唯龍麟虎三者不同

◆◆◆ 左青龍 右白虎 舊說不疑 衍孔圖以麟爲木精 龍則非木 大戴禮以麟爲毛蟲 麟復成金 麟若爲金 虎則无用 公羊高以麟爲木精 木生於火 夫子脩春秋 至麟而止 豈知爲漢之瑞 今所不執

라고 하여, 기린이 다시 금을 이루었으니, 만약 기린이 금이 된다면 호랑이는 쓸데없게 된다.

❖『초학기初學記』에서『춘추연공도』의 말을 인용하면서 "창룡이 없어질 때 기린도 영화롭지 않다(나타나 잡힌다). 기린은 목의 정수이기 때문이다. 송균이 말하길 '기린은 목의 정수로 화를 생하기 때문에 음이라고 한다. 목의 기운은 토를 좋아하고, 토는 황색이고 목은 청색이다. 그러므로 기린의 색깔이 푸르고 누렇다.「영화롭지 않다」고 한 것은 나타나 묶임을 뜻한다'고 했다(蒼之滅也 麟不榮也 麟木精也 宋均曰 麟木精生火 故曰陰 木氣好土 土黃木青 故麟色青黃 不榮謂見䌸)"

공양고公羊高(춘추공양전)가 기린으로써 목의 정기라고 했고, 목은 화를 낳는다. 공자께서『춘추』를 쓰실 때 기린이 이르름에 쓰시기를 그치셨으니, 어찌 한漢나라가 일어날 것을 알게 한 상서로운 일을 알았겠는가? 이제 이것으로 집착할 것은 아니다.

❖『춘추공양전』「애공哀公」14년조에 "기린은 어진 짐승이니, 왕도를 펼치는 왕이 있으면 나타나고, 왕이 없으면 이르지 않는다(麟者 仁獸也 有王者則至 無王者則不至)"고 했다.『춘추공양전春秋公羊傳』은 제齊나라의 공양公羊 고高가 지은 것으로 춘추삼전의 하나로 불린다.

❖ 기린이 목의 정기라고 할 때, 목은 화를 생한다. 따라서 기린이 출현하여 잡혔다는 것은, 목기운이 자신의 역할을 다하고 화기운을 낳았다는 뜻으로, 목기운의 주周나라가 망하고 화기운을 받은 한나라가 성한다는 상서로운 조짐이 될 수도 있다. 그러나 소길은 이러한 설에 집착하는 않겠다고 한 것이다.

◆ 채옹의『월령장구』에 천관天官(하늘의 방위를 지키는 별자리)의

◆ 案蔡邕月令章句言 天官五獸 左蒼龍 大辰之貌 右白虎 大梁之文 前朱雀 鶉火之體 後玄武 龜蛇之質 中央大角 軒轅麒麟之信 亦龍生於水 遊於木 鳥生於木 遊於火 麟生於火 遊於土 虎生於土 遊於

다섯 짐승을 말했으니, "왼쪽 창룡은 대진大辰(大火)의 모습이고, 오른쪽 백호는 대량大梁의 무늬이며, 앞의 주작은 순화鶉火의 몸체고, 뒤의 현무는 거북과 뱀의 체질이며, 중앙의 대각大角은 헌원과 기린의 신의있음이다"라고 했으니, 또한 용은 수에서 나서 목에서 놀고, 새는 목에서 나서 화에서 놀며, 기린은 화에서 나서 토에서 놀고, 호랑이는 토에서 나서 금에서 놀며, 거북은 금에서 나서 수에서 노니, 그 어미를 닦으면 그 자식이 나오게 되는 것이 오행의 뜻이다.

❖ 대진大辰(大火) : 28수 중에서 심수心宿가 가장 크고 밝으며 붉으므로 대화 또는 대진이라고 한다. 동방칠수의 중심에 있다.

❖ 대량大梁 : 28수 중에 서방칠수의 중간에 있는 묘수昴宿를 뜻한다.

❖ 순화鶉火 : 28수의 남방칠수 중에 한 가운데 있는 류수柳宿 9도부터 장수張宿 16도까지를 말한다.

그러므로 "모습(貌)이 공손하고 본체가 어질면 봉황이 와서 춤추고, 말(言)이 잘 따르고 의리에 화합하면 신령스러운 거북이 오며, 보는 것(視)이 밝고 예의를 닦으면 기린이 이르고, 지혜롭게 정사를 들으면(聽) 황룡이 나타나며, 생각(思)이 밝고 신의가 서면 백호가 길들여진다"고 하니, 이 말이 합당하다.

❖ 오사五事와 다섯 영물과의 배합을 설명한 것이다. 즉 목의 덕인 인仁을 닦으면 목의 자식을 대표하는 봉황(火)이 와서 춤추고, 금의 덕인 의義를 닦으면 금의 자식을 대표하는 신령스런 거북(水)이 오며, 화의 덕인 예禮를 닦으면 화의 자식을 대표하는 기린(土)이 이르고, 수의 덕인 지智를 닦으면 수의 자식을 대표하는 황룡(木)이 나타나며,

金 龜生於金 遊於水 修其母致其子 五行之情也 故貌恭體仁 則鳳凰來儀 言從和義 則神龜至 視明禮修 則麒麟臻 智聽政事 則黃龍見 思叡信立 則白虎擾 此言當矣

토의 덕인 신信을 닦으면 토의 자식을 대표하는 백호(金)가 길들여진다는 것이다. 이것이 앞에서 말한 "그 어미를 닦으면 그 자식이 나오게 되는 것"의 뜻이다.

◆ 『예두위의』에 이르기를 "왕한 금기운을 타고 있으면 기린이 들에 있다"고 했으며, 『춘추보건도』에 또 말하기를 "세성歲星(木星)이 기린이 된다"고 했다. 『춘추고이우』에 말하기를 "기린은 음의 정기다"고 했으니, 이 말들이 모두 같지 않다.

❖ 『예두위의』는 기린을 금으로 보았고, 『춘추보건도』는 목으로 보았으며, 『춘추고이우』는 토로 본 것이다.

◆◆ 지금 목으로 해석하는 것은, 목은 부딪혀 나오는 것이니, 위험을 무릅쓰고 부딪혀 나오는 뜻이 있다. 그러나 기린은 뿔에 살이 붙어 있으니 저촉하는 뜻이 없고, 용은 뿔 끝에 살이 없으니 저촉되는 뜻이 있다. 또 『주역』의 상에는 진괘☳☳가 용이 되니, 목의 뜻이 용에 있고, 『천관서天官書』에 "헌원·황룡·기린의 신의가 있고, 신의는 토가 주관을 하고 어미를 닦으면 자식이 응한다"고 하니 이 뜻이 또한 같다. 기린이 한漢나라를 위해 나오게 된 것은, 한나라는 화덕火德으로 왕을 했으니, 자식인 토가 응하는 것으로, 이것은 토의 뜻이 기린에 있는 것이다.

◆ 禮斗威儀云 乘金而王 麒麟在郊 保乾圖又言 歲星爲麟 考異郵言 麟者陰精 此竝不同

◆◆ 今解以木者觸也 有觸冒之義 麟有肉角 无所抵觸 龍角端無肉 有抵觸義 易象震爲龍 故木之義扶龍 天官有軒轅黃龍麒麟之信 信主於土 脩母子應 此意亦同 爲漢出者 漢是火德 故子應也 是土之義扶麟

㉣ 호랑이의 오행과 방위에 대한 평 • 『역통괘험』에 말하기를 "입추에 호랑이가 휘파람을 불기 시작한다"고 했으며, 『연공도』에 이르기를 "호랑이는 금의 정기다"고 했다. 『대대례』에 말하기를 "호랑이는 일곱 달만에 낳으니, 양수陽數에 대응한다"고 했으며, 『춘추고이우』에 또한 이르기를 "호랑이가 얼룩진 무늬가 있는 것은, 음양이 섞인 것이다"라고 했다.

호랑이가 털난 충에 해당하니 곧 금에 속한 짐승이고, 『춘추고이우』에 이르기를 "삼수參宿와 벌수伐宿는 호랑이의 덕이니, 의義가 베이고 죽임을 주관한다"고 했다.

•• 학문을 배우는 문호를 호문虎門이라 하여 문에 호랑이를 그리는 것은, 태☱가 가을 방위에 거처하고 태는 말하는 것이니, 말은 강의하고 말하는 것을 주관하기 때문이다. 또 금에는 살벌한 위엄이 있고, 호랑이는 독하게 해치는 사나움이 있기 때문에, 금의 뜻이 호랑이에 붙어 있다.

••• 묻기를 "인寅의 자리는 동쪽에 있는데, 난데없이 백호가 서쪽

• 易通卦驗言 立秋虎始嘯 衍孔圖云 虎金精 大戴禮言 虎七月而生 應陽數 考異郵亦云 虎班文者 陰陽之雜 虎爲毛蟲 定是金獸 考異郵云 參伐虎之德 義主斬刈

•• 所以學門謂之虎門 乃畵虎於門者 以兌居秋方 兌是說 言主講說 故又金有殺伐之威 虎有毒害之猛 故金義扶虎

••• 問 寅位在東 何忽白虎居西 答曰 凡五行相雜 无有獨在一方之義 東方自是木行 相次白虎居西 是殺戮之威 如震在東方 正至於龍 乾之六爻 竝是龍象 震取其運動 乾譬聖人 自取龍有飛潛之德 爲象各異 故无定準也 如考異郵云陰陽相雜 不妨分在東方 此竝靈通 隱顯无定 寧可一執

에 있는 것은 어째서입니까?" 답하기를 "모든 오행이 서로 섞여서 혼자 한 방위에만 있는 뜻이 없다. 동쪽은 본래 목이 행하는 곳이지만, 차례대로 하면 백호는 서쪽에 거처하니, 이것은 살륙殺戮의 위엄이 있는 곳이기 때문에 거처하는 것이다.

진☳이 동방에 있는 것은 바로 창룡에 해당한다. 그러나 건괘☰의 여섯효를 모두 용으로 상징한 것은, 진괘는 그 운동하는 것을 취해서 용이라 한 것이고, 건괘는 성인聖人으로 비유해서 용이 날고 잠겨 있는 덕이 있음을 취한 것이니, 상으로 삼은 뜻이 각각 다르고 정해진 법칙은 없는 것이다.

『춘추고이우』에서 말한 "음양이 서로 섞여있으므로, 동쪽방위에 나뉘어 있는 것이 방해가 되지 않는다"는 것은, 이것이 모두 신령스럽게 통해서 숨었다가 나타났다가 하여 정해진 곳이 없는 것이니 어떻게 하나로 고집하겠는가?"

㉤ 등사騰蛇의 오행과 방위 ◆ 『사소구경史蘇龜經』에 이르기를 "목의 신 창룡은 세성歲星의 정수이고, 화의 신 주작은 형혹성熒惑星의 정수이며, 회토灰土의 신은 이름이 등사騰蛇이고, 토의 신 구진勾陳은 진성鎭星의 정수이며, 금의 신 백호는 태백성太白星의 정수이고, 수의 신 현무는 진성辰星의 정수이다.

창룡은 머리를 주관하고, 주작은 입술과 목을 주관하며, 등사는 가슴과 갈빗대를 주관하고, 구진은 허리와 배를 주관하며, 백

◆ 史蘇龜經云 木神蒼龍 歲星之精 火神朱雀 熒惑之精 灰土之神名曰騰蛇 土神勾陳 鎭星之精 金神白虎 太白之精 水神玄武 辰星之精 蒼龍主頭 朱雀主脣頸 騰蛇主胸脇 勾陳主腰腹 白虎主股膝玄武主脚脛 案此之六神 朱雀玄武蒼龍白虎 與經緯說同 唯勾陳之神 其語有異 而天官有勾陳之星 在紫微之內 故爲土神 此卽蔡邕所云 麒麟之信也

호는 허벅지와 무릎을 주관하고, 현무는 다리와 정강이를 주관한다"고 했다. 여기서 말한 여섯 신을 살펴보건대, 주작·현무·창룡·백호는 앞서 말한 경전經典과 위서緯書의 설이 같으나, 오직 구진의 신은 설이 다르다. 천관天官(별자리)에는 구진이라는 별이 있고, 이 별이 자미원 안에 있기 때문에 토신으로 했으니, 이것이 곧 채옹이 말한 "기린이 신의가 있음"이다.

❖ 『사소구경史蘇龜經』: 진晉나라 장복대부掌卜大夫인 사소史蘇가 지은 『구경龜經』을 말한다.

• 등사螣蛇가 화의 끝과 토의 처음에 거처해서 회신灰神이 된 것은, 뱀이 거북과 짝이 되어 합해서 현무가 되기 때문에, 정방위가 없으므로 회신이 된 것이다. 위의 신들을 머리와 발 등에 배당한 것은, 동쪽은 머리가 되기 때문에 용을 머리에 배속한 것이고, 차례대로 남쪽으로부터 돌아가므로 현무가 발에 해당된다.

3 금禽과 충蟲을 팔괘에 배속함

•• 새와 짐승이 팔괘에 배속됨은, 『주역』에 이르기를 "건☰은

• 螣蛇居火之末 在土之初 而爲灰神 以蛇配龜 共爲玄武 无有正方 故爲灰神 其配頭足等 以東爲首 故龍配頭也 以次南轉 故玄武配足

•• 禽獸屬八卦者 易云 乾爲馬 坤爲牛 震爲龍 巽爲鷄 坎爲豕 離爲雉 艮爲狗 兌爲羊 乾健也 馬取其健也 坤順也 牛取其順 震動也 龍取其動 巽風也 鷄取其號令 以象風行 坎陰也 豕取其陰 離陽也 雉取其飛揚 艮門也 狗取其守禦 兌悅也言也 羊取其悅草 又乾象六龍 取其潛躍之義

말이 되고, 곤☷은 소가 되며, 진☳은 용이 되고, 손☴은 닭이 되며, 감☵은 돼지가 되고, 리☲는 꿩이 되며, 간☶은 개가 되고, 태☱는 양이 된다"고 했다.

❖ 『주역』 설괘전 8장에 출전.

❖ 팔괘와 동물

팔괘	건☰	곤☷	진☳	손☴	감☵	리☲	간☶	태☱
금과 충	말	소	용	닭	돼지	꿩	개	양

건☰은 굳세니, 말이라 함은 그 굳셈을 취한 것이다. 곤☷은 순하니, 소라 함은 그 순함을 취한 것이다. 진☳은 움직이니, 용은 그 움직임을 취한 것이다. 손☴은 바람이니, 닭은 호령을 취한 것으로 바람이 부는 것을 상징한 것이다. 감☵은 음이니, 돼지는 그 음을 취한 것이다. 리☲는 양陽이니, 꿩은 나는 것을 취한 것이다. 간☶은 문이니, 개는 지키고 방비함을 취한 것이다. 태☱는 기뻐하는 것이며 말하는 것이니, 양이라 함은 풀을 즐기는 것을 취한 것이다. 또 건괘䷀가 여섯 용을 상으로 삼은 것은, 잠기고 뛰는 뜻을 취한 것이다.

① 건 · 곤 · 진과 말馬

◆ 『주역』의 설괘전에 말馬은 말의 강하고 굳센 덕을 취한 것이다. 굳세기 때문에 '좋은 말(良馬)'이라고 했고, 아버지이기 때

◆ 說卦云 馬取其强健之德 以健也 故稱良馬 以父故稱老馬 以其乾乾不息 故稱瘠馬 以其有變化之用 故稱駁馬 然坤卦 又稱牝馬之貞 此止取順義

문에 '늙은 말(老馬)'이라고 했으며, 굳세고 굳세어서 쉬지 않기 때문에 '수척한 말(瘠馬)이라고 했고, 변화하는 작용이 있기 때문에 얼룩말이라고 했다. 곤괘☷에도 또한 "암말의 곧음"을 말했으니, 이것은 순하다는 뜻을 취한 것이다.

❖『주역』「설괘전」11장 참조. 곤괘의 괘사에 "곤은 크고 형통하며 이롭고 암말의 바름이니(坤元亨利牝馬之貞)"라고 하였다.

• 말의 뜻을 건·곤괘에만 취한 것이 아니고, 진☳에 또 '잘 우는 말'이라고 한 것은, 진은 우레소리가 있기 때문이다. 또한 우레의 상에서 발을 자주 놀리는 말이 된다. 또 흰머리와 이마가 훤한 말이 되는 것은, 우레가 나타나고 훤한 뜻을 취한 것이다.

② 감 · 곤 · 간 · 리와 동물배속

•• 감☵이 아름답고 마른 말이 되는 것은, 가운데 있는 빗장(양효陽爻) 때문이다. 「설괘전」에 용과 말이 배속된 곳이 많은 것은, 하늘을 행하는 것에 용만한 것이 없고, 땅을 행하는 것에 말만한 것이 없기 때문이다.

• 馬之爲義 不獨乾坤 震又爲善鳴之馬 以震有雷聲 故震雷之象 又爲馵足馬 亦曰白頭 爲的顙之馬 取其顯曜之義

•• 坎爲美脊之馬 以有居中之閏 故說卦龍馬 以配者多 以爲行天莫若於龍 行地莫過於馬 故多所象也 坤稱子母牛者 重其蕃息 艮旣爲狗 亦爲鼠 狗有守備之能 狗爲能止 鼠爲所止 竝屬於艮 離爲鼈蟹螺蚌龜 皆取其有甲象 外陽之義也 此皆五行之所配合 故於此而釋也

곤☷에 ‘새끼달린 소’를 말한 것은, 번식하는 것을 중히 여긴 것이다. 간☶에 ‘개’라고 하고 또 ‘쥐’라고 한 것은, 개는 지키는 구실을 하니 그치게 하는 것이 되고, 쥐는 그침을 당하는 것이 되므로, 모두 간에 배속한 것이다. 리☲가 ‘자라·게·소라·조개·거북’이 되는 것은, 모두 껍질이 있는 상을 취한 것이니, 양(陽爻)이 바깥에 있는 괘상의 뜻이다.

이것은 모두 오행에 배합된 것이기 때문에, 여기에 풀이했다.

2장. 36금論三十六禽

1 12지支의 36금禽

◆ 금禽과 충蟲의 이름과 수가 매우 많으나, 지금 36가지만 해석하는 것은 육갑六甲의 수를 취한 것이니, 『식경式經』에서 그렇게 한 것이다. 거기서 나오는 열두 가지 종류가 12지支에 배속되고, 각 지에는 세 개씩의 금禽이 있기 때문에 36금이 된다.

① 12지를 세 때로 나눔

◆◆ 한 지支에 셋 씩 있는 까닭은, 하루를 세 때로 나누게 되니, 아침·낮·저녁이다. 만약 뜻으로 살펴보려고 하면 12지에 응하는 12가지 금禽은 모두 낮에 있으니, 아침이나 저녁이 되지 않을 것이다.

그러나 이제 『식경』의 방법에 의해서 기운에서 의미를 취해보면, 맹孟(처음 것)은 저녁에 있고, 중仲(가운데 것)은 낮에 있으며, 계季(끝에 있는 것)는 아침에 있으니, 이 12종류만 12진辰

◆ 禽蟲之類 名數甚多 今解三十六者 蓋取六甲之數 式經所用也 其十二屬配十二支 支有三禽 故三十六禽

◆◆ 所以支有三者 分一日爲三時 旦及晝暮也 若以意求 正應十二屬竝居晝位 不應或旦或暮 今依式經法 以氣而取 孟則在暮 仲則在中季則在旦 是十二屬當十二辰也 餘二十四 旣是配禽 以不當支位

에 해당되고, 나머지 24종류는 금禽에 배속되기는 했으나, 지支의 자리에는 해당되지 않는다.

❖ 36금 중에서 정응인 12가지만 12지에 속하고, 나머지는 비슷한 종류로 분류될 뿐이다.

② 처음과 끝이 바뀐 이유

• 맹이 저녁에 배당된 이유는, 맹은 때(계절)의 머리이고, 초기에는 기운이 이뤄지지 않는 것이고, 중기로 향해가면서 기운이 성해진다. 그러므로 12지에 속하게 할 때, 성한 기운에 근접한 것으로 저녁에 배당한 것이다.

중이 낮에 있는 것은, 기운이 성한 것이 가운데 있기 때문이다.

계를 아침에 배당한 이유는, 계는 계절의 끝이 되어서, 그 기운이 이미 쇠퇴했으니, 초기에 중에 가까우면 그래도 왕한 세력이 있기 때문에, 아침에 배속한 것이다. 그러므로 『식경』의 방법대로 자리를 정하면 두 가지(아침 또는 저녁에 배속된 금禽) 모두 뜻을 잃지 않게 된다.

• 所以孟在暮者 孟是一時之首 氣初則未成 向仲方盛 故屬也 取近盛氣 所以在暮也 仲則在晝者 以其氣盛在中也 季則在旦者 以季爲一時之末 其氣已衰 當初近仲 尚有王勢 故屬旦也 於式當位 二俱不失

2 12지에 속한 36금을 아침 · 점심 · 저녁에 배속함

① 자子

◆ 왕간王簡이 이르기를 "자子는 아침에는 제비가 되고, 낮에는 쥐가 되며, 저녁에는 박쥐(복익伏翼)가 된다.

② 축丑

◆◆ 축丑은 아침에는 소가 되고, 낮에는 게(蟹)가 되며, 저녁에는 자라가 된다.

③ 인寅

◆◆◆ 인寅은 아침에는 이리가 되고, 낮에는 표범이 되며, 저녁에는 호랑이가 된다. 『본생경本生經』에 이르기를 '아침에는 살아있는 나무(生木)가 된다'고 했으며, 또 이르기를 '낮에는 호랑이가 되고, 저녁에는 이리가 된다'고 했다.

❖ 『마하지관摩訶止觀』에서는 자의 아침을 '고양이(貓)'가 된다고 하였다.

❖ 『본생경』에 의하면, 인寅이 아침에 살아있는 나무(生木)가 되고, 낮에는 호랑이가 되며, 저녁에는 이리가 된다는 뜻이다.

◆ 王簡云 子朝爲燕 晝爲鼠 暮爲伏翼

◆◆ 丑朝爲牛 晝爲蟹 暮爲鼈

◆◆◆ 寅朝爲狸 晝爲豹 暮爲虎 本生經云 旦爲生木 又云 晝爲虎 暮爲狸

④ 묘卯

◆ 묘卯는 아침에는 고슴도치가 되고, 낮에는 토끼가 되며, 저녁에는 오소리가 된다. 일설에는 '아침에는 여우가 된다'고 했으며, 『본생경』에 이르기를 '저녁에는 학이 된다'고 했다.

⑤ 진辰

◆◆ 진辰은 아침에는 용이 되고, 낮에는 이무기(蛟)가 되며, 저녁에는 물고기가 된다.

⑥ 사巳

◆◆◆ 사巳는 아침에는 물벌레(선蟮)가 되고, 낮에는 지렁이(구인蚯蚓)가 되며, 저녁에는 물고기와 뱀이 된다. 일설에는 '저녁에는 거북이 된다'고 했으며, 『본생경』에 말하기를 '아침에는 적토赤土가 되고, 낮에는 뱀이 되며, 저녁에는 매미가 된다'고 했다.

⑦ 오午

◆◆◆◆ 오午는 아침에는 사슴이 되고, 낮에는 말이 되며, 저녁에는 노루가 된다. 『본생경』에 이르기를 '아침에는 말이 되고, 낮에는 사슴이 되며, 저녁에는 노루가 된다'고 했다.

◆ 卯朝爲猬 晝爲兎 暮爲狢 一云 朝爲狐 本生經云 暮爲鶴

◆◆ 辰朝爲龍 晝爲蛟 暮爲魚

◆◆◆ 巳朝爲蟮 晝爲蚯蚓 暮爲魚蛇 一云 暮爲龜 本生經言 旦爲赤土 晝爲蛇 暮爲蟬

◆◆◆◆ 午朝爲鹿 晝爲馬 暮爲獐 本生經言 旦爲馬 晝爲鹿 暮爲麞

⑧ 미未

◆ 미未는 아침에는 양이 되고, 낮에는 매가 되며, 저녁에는 기러기가 된다. 『본생경』에 이르기를 '저녁에는 늙은 나무가 된다'고 했다.

⑨ 신申

◆◆ 신申은 아침에는 고양이가 되고, 낮에는 원숭이(猨)가 되며, 저녁에도 원숭이(猴)가 된다. 일설에는 '아침에는 옥玉이 된다'고 했으며, 『본생경』에는 '저녁에는 죽은 돌(死石)이 된다'고 했다.

⑩ 유酉

◆◆◆ 유酉는 아침에는 꿩이 되고, 낮에는 닭이 되며, 저녁에는 말이 된다. 일설에는 '아침에는 닭이 되고, 저녁에는 죽은 돌(死石)이 된다'고 했으며, 『식경』의 금변禽變에 이르기를 '저녁에는 죽은 흙(死土)이 된다'고 했다. 『본생경』에 말하기를 '저녁에는 소리개가 된다'고 했다.

⑪ 술戌

◆◆◆◆ 술戌은 아침에는 개가 되고, 낮에는 이리가 되며, 저녁에는

◆ 未朝爲羊 晝爲鷹 暮爲鴈 本生經云 暮爲老木

◆◆ 申朝爲猫 晝爲猨 暮爲猴 一云 旦爲玉 本生經言 暮爲死石

◆◆◆ 酉朝爲雉 晝爲雞 暮爲馬 一云 朝爲雞 暮爲死石 禽變云 暮爲死土 本生經言 暮爲鳶

◆◆◆◆ 戌朝爲狗 晝爲狼 暮爲豺 一云 暮爲死金 禽變云 暮爲死火

승냥이가 된다. 일설에는 '저녁에는 죽은 금(사금死金)이 된다'고 했으며, 『식경』의 금변에 이르기를 '저녁에는 죽은 불(사화死火)이 된다'고 했다.

⑫ 해亥

◆ 해亥는 아침에는 돼지(시豕)가 되고, 낮에는 큰 원숭이(확玃)가 되며, 저녁에는 멧돼지(저猪)가 된다. 일설에는 '아침에는 살아있는 나무(生木)가 되고, 낮에는 돼지가 되며, 저녁에는 개미와 달팽이가 된다'고 했다. 또 혹자는 '아침에는 돼지새끼(돈豘)가 되고, 낮에는 개(구㺃)가 된다'고 했고, 일설에는 '저녁에는 썩은 나무(후목朽木)가 된다'고 하니, 비록 『본생경』과 『식경』의 금변이 서로 같지 않으나, 낮과 저녁의 위치는 『식경』이 세 때의 이치로 나눈 해석을 따라야 할 것이다.

◆ 亥朝爲豕 晝爲玃 暮爲猪 一云 旦爲生木 晝爲豕 暮爲蟻蜍 一云 旦爲豘 晝爲㺃 一云 暮爲朽木 雖本生經及禽變 互有不同 晝暮之位 理從前解

❖ 36금의 배속

	왕간			본생경			식경		
	아침	점심	저녁	아침	점심	저녁	아침	점심	저녁
자	제비	쥐	복익	·	·	·	·	·	·
축	소	게	자라	·	·	·	·	·	·
인	이리	표범	호랑이	生木	호랑이	이리	·	·	·
묘	고슴도치	토끼	오소리	·	·	·	·	·	·
진	용	이무기	물고기	·	·	·	·	·	·
사	물벌레	지렁이	물고기 · 뱀 거북이	赤土	뱀	매미	·	·	·
오	사슴	말	노루	·	·	·	·	·	·
미	양	매	기러기	·	·	·	·	·	·
신	고양이 · 玉	원숭이(猨)	원숭이(猴)	·	·	死石	·	·	·
유	꿩 · 닭	닭	말 · 死石	·	·	소리개	·	·	死土
술	개	이리	승냥이 · 死金	·	·	·	·	·	死火
해	돼지 · 生木	큰원숭이(玃) · 돼지	멧돼지 · 개미 · 달팽이	·	·	·	·	·	·

3 36금을 12지의 세 때에 배속한 이유

① 자子에는 쥐 · 제비 · 박쥐(복익)가 배속된다

◆ 자가 쥐·제비·박쥐(복익伏翼)가 되는 것은, 색이 모두 검기 때문이니, 물의 색을 취한 것이다.

㉠ 쥐(鼠) ◆◆ 쥐(서鼠)의 성질이 낮에는 숨었다가 밤에 다니는 것은 음기를 상징한 것이고, 구멍에서 나올 때 항상 머리를 내미는 것은, 양기가 자子에서 싹터 움직여서 엎드렸던 것이 나타나려 함을 상징한 것이다.

㉡ 제비(燕) ◆◆◆ 제비의 입 아래 붉은 빛이 있는 것은 음이 양을 품고 있음을 상징한 것이고, 꼬리가 나눠진 것은 음의 수가 둘이기 때문이며, 춘분에 오는 것은 양을 따라 나타나는 것이고, 추분에 숨는 것은 음을 따라 숨는 것이다.

『예기』「월령」에 이르기를 "중춘의 달에(음 2월) 제비가 오면, 그 날에 소를 잡아서 고매高禖에게 제사지낸다"고 한 것은 자손을 비는 것이고, 추분에는 제비가 돌아간다.

제비가 2월에 나타나는 것은 자와 묘가 형刑이 되기 때문이

◆ 子爲鼠燕伏翼者 色皆玄也 取水之色

◆◆ 鼠之爲性 晝伏夜遊 象陰氣也 出於穴 常見首者 象陽氣萌動於子 欲見之伏也

◆◆◆ 燕口下有赤者 象陰之懷陽 其尾分者 陰數二者 春分而至 隨陽見也 秋分而蟄 隨陰伏也 禮記月令云 仲春之月 玄鳥至 至日以太牢 祀于高禖 以祈子孫也 秋分玄鳥歸也 是見二月者 子刑卯也 易通卦驗云 玄鳥陰鳥也

다. 『역통괘험』에 이르기를 "제비는 음의 새이다"라고 했다.

③ 복익伏翼 ◆ 박쥐(복익)는 쥐가 늙어서 되니, 선서仙鼠라고도 한다. 『방언方言』에 이르기를 "관동지방에서 복익이라고 한다"고 했으니, 세 가지는 모두 음에 속한 충蟲이기 때문에, 모두 자에 거처한다.

② 축丑에는 소와 게와 자라가 배속된다

㉠ 소(牛) ◆◆ 축이 소와 게(蟹)와 자라가 되는 것은, 축은 간☶이 되고 입춘의 절후이다. 농사를 짓는 것은 소의 힘이고, 또 위로 하늘에는 우수牛宿에 해당된다. 『춘추설제사春秋說題辭』에 이르기를 "소는 가만히 일을 하고, 짝을 지어 보습으로 논을 간다. 그러므로 축에 있는 것이다"라고 했다.

㉡ 게(蟹) ◆◆◆ 게는, 입춘에는 풀과 나무의 뿌리가 나서 게의 다리같기 때문이다. 간괘艮卦는 산이 되니, 거대하고 신령스러운 거북이가 머리의 관은 영산靈山이고, 등에는 봉래산을 등지고 있으니, 곧 큰 게다.

◆ 伏翼者 鼠老爲之 謂之仙鼠 方言云 自關已東 謂之伏翼 三者皆是陰蟲 故竝居子也

◆◆ 丑爲牛蟹鼈者 丑爲艮 立春之節 農事旣興 牛之力也 又上當牛宿 說題辭曰 牛爲陰事 牽耦耜耕也 故在丑

◆◆◆ 蟹者立春之時 卉木生根 如其足也 艮爲山 巨靈贔屓 首頂靈山 負蓬萊山 卽巨蟹也

ⓒ 자라(鼈) •자라는 흙의 정기를 받아 생겼으므로 가운데는 연하고 바깥은 굳으니, 토가 음양을 머금고 있는 것을 상징한다. 자라가 속에 누런 것을 감춘 것은 흙의 색이고, 소에도 누런 우황牛黃이 있고, 게(해蟹)의 속도 누런색이니 모두 흙의 정기이다. 축이 북방 수北方水의 자리에 있기 때문에, 수와 토를 아울러서 주관한다.

③ 인寅에는 호랑이・표범・이리가 배속된다

•• 인이 호랑이(虎)·표범(豹)·이리(狸)가 되는 것은, 세 짐승은 형체가 모두 비슷하고, 인寅이 목木의 자리가 되며, 목은 숲과 덤불을 이룬다. 인은 또 간☶에 속하고 간은 산이 되니, 호랑이가 거처하는 곳이다. 『황제집영경黃帝集靈經』에 이르기를, "인은 소양이 되니, 오색으로는 검고 누런 색이다"고 했고, 인은 또 불을 낳으니(木生火), 불은 무늬를 주관한다. 그래서 세 짐승이 모두 얼룩진 무늬가 있는 것이다.

위로 하늘에는 기수箕宿에 해당하고, 기수는 바람을 주관한다. 호랑이가 휘파람을 불면 바람이 일어나니, 『역경』에 이르기를 "바람은 호랑이를 따른다"고 했다. 『공자가어』에 이르기를 "3×9=27이니 7은 별을 주관하고, 별은 호랑이를 주관하니 호랑이가

◆ 鼈者土之精氣而生 中軟外堅 象土含陰陽也 其藏黃者 土之色也 牛亦有黃 蟹中亦黃 皆土精也 丑在北方水位 故兼主水土

◆◆ 寅爲虎豹狸者 三獸形類皆相似 寅爲木位 木主藂林 寅又屬艮 艮爲山 虎之所處 集靈經云 寅爲少陽 五色玄黃 寅又有生火 火主文章 三獸俱班 竝有文也 上有箕宿 箕主風 虎嘯風起 易云 風從虎 家語云 三九二十七 七主星 星主虎 虎七月生 申衝寅 故虎在寅 狸豹以同類相從也 本生經云生木者 以寅有相木 正月方生也

7월에 낳는다"고 했다.

신申과 인寅은 충이 되기 때문에 호랑이가 인에 있으며, 이리와 표범은 동류이기 때문에 서로 따르는 것이다.

❖ 『역경』 「건괘乾卦」 '문언전' 구오에 출전.

❖ 28수가 사방으로 7별씩 짝을 이루므로, 7이 별을 주관한다고 하였다.

❖ 호랑이는 7월에 새끼를 낳고, 7월은 신월申月이다. 7월의 '신'과 '범 인寅'자의 '인'이 서로 충이 된다는 것이다.

『본생경』에 "살아있는 나무(生木)"라고 한 것은, 인에 상相하는 목이 있어서 정월에 생겨나기 때문이다.

④ 묘卯에는 토끼와 고슴도치·오소리가 배속된다

◆ 묘가 토끼(兎)와 고슴도치(猬)·오소리(狢)가 되는 것은, 토끼는 양의 충蟲이고 달 속에 사니, 음이 양을 품은 것이다.

『춘추원명포』에 "토끼가 달의 감☵의 기운에 사는 것은, 감은 자子방위에 있고, 자의 형刑은 묘에 있기 때문이라"고 했으니, 묘에 속하는 것이다. 늙은 토끼가 고슴도치가 되고, 오소리 또한 토끼의 종류이기 때문에 모두 묘에 거처한다.

일설에는 "학狢(오소리)은 여우니, 여우와 오소리는 서로 같은 종류이다"라고 했으며, 『본생경』에 '학鶴'이라고 말한 것은 학狢과 학鶴의 음이 같아 잘못 쓴 것이다.

◆ 卯爲兎猬狢者 兎陽蟲也 居月中者 陰懷陽也 元命苞云 兎居月坎之氣 坎在子位 子刑在卯故也 屬卯 老兎爲猬 狢亦兎類 故竝居卯 一云 狢者狐也 狐狢相類也 本生經言鶴者 此音同字誤也

⑤ 진辰에는 용龍 · 이무기鮫 · 잉어(어魚)가 배속된다

◆ 진이 용·이무기·잉어가 되는 것은, 신申은 수水의 근원이고, 자子는 수의 중간 흐름이 되며, 진은 수의 끝이 되니, 마치 모든 냇물이 동쪽으로 흘러서 바다에 모여드는 것과 같다.

용은 구름을 일으키고 비를 내릴 수 있는 동물로, 물에 있는 동물의 어른이 되니, 바다가 아니면 용을 포용하지 못하기 때문에, 용은 신비하면서도 큰 것이다. 이무기와 잉어도 또한 물에 사는 충蟲의 큰 것이기 때문에, 모두 진에 있는 것이다.

⑥ 사巳에는 뱀蛇과 물뱀(선蟮)과 지렁이蚯蚓의 종류가 배속된다

◆◆ 사가 뱀과 물뱀(등사)과 지렁이의 종류가 되는 것은, 『식경』에 "사에 등사騰蛇의 형태가 있어서 배속시켰다"고 말했으며, 뱀은 양이니 본래 남쪽에 있고, 거북은 음이니 본래 북쪽에 있다. 그러나 뱀과 거북을 짝해서 현무玄武가 되니, 두 가지 충蟲이 합해서 하나의 신神이 된다. 음으로써 짝을 했기 때문에 숫자를 따라서 북방에 배속했고, 물뱀과 지렁이(구인蚯蚓) 등은 모두 형상이 같다.

◆◆◆ 『예기』에 이르기를 "소만小滿에 지렁이가 나타난다"고 했

◆ 辰爲龍鮫魚者 申爲水之源 子爲中流 辰爲水之末 如百川東注 皆歸于海 龍能興雲致雨 爲水禽之長 非海不能苞容 故其神而大 鮫魚亦是水蟲之長者 故竝在辰

◆◆ 巳爲蛇蟮蚯蚓者 式經云 巳有騰蛇之將 因而配之 蛇陽也 本在南 龜陰也 本在北 以蛇配龜 爲玄武 二蟲共爲一神 以陰偶 故從數在北方 蟮及蚯蚓 皆形同也

◆◆◆ 禮記云 小滿之節 蚯蚓出現 愼子云 騰蛇遊霧 與蚯蚓同 黃帝

으며, 『신자愼子』에 이르기를 "등사가 안개 속에 노니니, 지렁이와 같다"고 했고, 황제黃帝는 큰 지렁이 같은 벌레(대명大螟)가 있어서 토덕에 응했다고 했으니, 사에는 기생하는 토가 있기 때문에 함께 배속시켰다.

❖ 『여씨춘추』 「유시람」에 "황제의 때에는, 하늘에서 먼저 큰 지렁이와 큰 땅강아지를 보여 주었다. 황제가 말하기를 '토의 기운이 이겼도다! 토의 기운이 이겼도다!'고 하였다. 그래서 누런 색을 숭상하고, 일에 있어서도 토를 본받았다(黃帝之時 天先見大螾大螻 黃帝曰 土氣勝 土氣勝 故其色尙黃 其事則土)"고 하였다.

『본생경』에 말하기를 "토는 화와 서로 합해서 토를 생한다"고 했으며, 『검중서撿衆書』에 "'선蟮'자는 혹 '악어 타鼉'자가 되고, '악어 타'자는 다시 '매미 선蟬'자가 된다"고 했다. 『본생경』에서 '매미 선'자를 풀이해서 말하기를 "항상 물 속에 숨어서 그물에 걸리는 것을 두려워하고 슬피 읊조릴 뿐 말을 않는다"고 했다.

또 슬프게 읊조리는 것은 매미와 서로 같고, 물에 숨어 있는 것은 악어와 서로 같으나, 그 형상과 토기土氣를 살펴보면, 사巳는 뱀과 물뱀과 지렁이와 서로 비슷한 종류가 되나, 악어와 매미는 모두 이것과 다르다.

또 『사복경』에 이르기를 "우선遇蟬이라는 것은 물벌레"라고 했으니, 이것은 물에사는 구더기 종류임을 알 수 있다.

有大螟 如蚯以應土德 巳有寄生之土 故竝配之 本生經言土者 以火相合生土也 撿衆書 蟮或爲鼉 鼉字復作蟬 本生經解蟬云 常水藏畏羅納 悲吟不言 且欲歌 言其悲吟 與蟬相類 論其水藏 與鼉相類 案其形狀及土氣 巳爲蛇蟮蚯蚓 相類鼉與蟬 竝此非也 又射覆經云 遇蟬者 水蟲也 當知是蛆也

⑦ 오午에는 사슴鹿 · 말馬 · 노루麞가 배속된다

㉠ 말馬 ◆ 오가 사슴·말·노루가 되는 것은, 오는 태양이 되고 말은 발굽이 둥그니 양陽을 상징한다. 오는 하늘의 길이 되고 말에는 빠른 발이 있으니 먼 길을 갈 수 있으며, 암수의 교미에 정해진 때가 있는 것이다. 그러므로 『공자가어』에 이르기를 "8×9=72니 짝수는 홀수를 잇고, 홀수는 어두운 별辰을 주관하며, 어두운 별은 달이 되고, 달은 말을 주관하니, 말은 12월에 태어난다"고 했다.

축은 미를 충하고, 미는 오와 합이 되기 때문에 오에 있는 것이다.

❖ 12월은 축월丑月이다. 12월의 '축'이 미를 충하고, 미는 오와 합이 되기 때문에, 말을 오午에 배속시킨 것이다.

㉡ 사슴鹿과 노루麞 ◆◆ 사슴의 발굽이 쪼개진 것은 음을 상징한 것이고, 양의 자리에 있는 것은 음을 품고 있음을 상징한 것이다. 『예기』「월령」에 이르기를 "중하(음 5월)의 달에 사슴이 뿔을 간다"고 했으며, 『역위통괘험易緯通卦驗』에 이르기를 "사슴은 짐승 중에 양陽에 속하니, 하지에 뿔을 간다"고 했다.

『공자가어』에 이르기를 "4×9=36이니 6은 율律을 주관하고,

◆ 午爲鹿馬麞者 午爲太陽 馬有員蹄 象於陽也 午爲天路 馬有駿足 涉遠之日 牝牡有時 故家語云 八九七十二 偶以承奇 奇主辰 辰爲月 月主馬 馬十二月生 丑衝未 未與午合 故在午

◆◆ 鹿蹄圻者 是以象陰也 而居陽位者 象懷陰也 禮記月令云 仲夏之月 鹿角解 易緯通卦驗云 鹿者獸中陽也 夏至解角 家語云 四九三十六 六主律 律主鹿 故鹿六月生 未與午合 故亦在午 獐鹿同類 因而配之

율은 사슴을 주관하기 때문에, 사슴이 6월에 새끼를 낳는다"고 했으며, 미와 오는 합이 되기 때문에 또한 오에 있는 것이고, 노루와 사슴은 같은 종류니 같이 배속시켰다.

❖ 6월은 미월未月이다. 미와 오는 합이 되기 때문에, 사슴과 노루를 오에 배속시켰다.

ⓒ 오午를 말馬이라고 한 이유 ◆ 묻기를 "팔괘를 금禽에 배속할 때 리☲에는 말(마馬)을 말하지 않았는데, 『식경』의 「금변禽變」에서 오午를 말이라고 한 것은 어째서입니까?" 대답하기를 "곤☷은 암말의 곧음(牝馬之貞)이 되고, 곤은 미의 방위에 있다. 미와 오가 합이 되기 때문에, 말(馬)이 오에 있는 것이다"

ⓔ 곤☷에서만 말馬을 취한 이유 ◆◆ 묻기를 "건☰도 말(馬)을 말하고, 진☳도 또한 말이라고 말했는데, 어째서 이렇게 괘로 말할 때는 그 합을 취하지 않았습니까?" 대답하기를 "땅을 다니는 것은 말만한 것이 없고, 곤은 땅이니 그 바른 용도를 취한 것이며, 건의 하늘과 진의 나무는 땅의 본체가 아니기 때문에 합을 취하지 않은 것이다"

ⓜ 용을 진에 배속한 이유 ◆◆◆ 묻기를 "만약 앞에서 풀이한 말

◆ 問曰 八卦配禽 離不言馬 禽變乃以午爲馬者何 答曰 坤爲牝馬之貞 坤旣在未 未與午合 故馬居午

◆◆ 問曰 乾亦稱馬 震亦稱馬 何不竝取其合 答曰 行地莫過於馬 坤旣是地 取其正用 乾天震木 非是地體 故不取合

◆◆◆ 問曰 若如所解 乾之六爻 皆稱爲龍 行天不過於龍 龍德應乾

과 같다면, 건☰의 여섯효가 모두 용이 되는 것으로 말했고, 하늘을 다니는 것은 용만한 것이 없으니, 용의 덕은 응당히 건☰이어야 하는데 어째서 진☳에 있습니까?" 대답하기를 "미가 말(馬)이 되면 진실로 오기 어려울 것이나, 말이 이미 오에 있으니 바로 그 합을 취한 것이다. 건의 자리는 술戌에 있고 술의 충은 진에 있으니, 그래서 용을 진에 배속시킨 것이다"

ⓑ 곤은 합을 취하고 건은 충을 쓰는 이유 • 묻기를 "곤은 합을 취했는데 건은 충을 쓰니, 이 뜻을 알기 어렵습니다" 대답하기를 "곤은 음이 되므로, 유순하게 양을 따르는 뜻을 취해서 합을 쓴 것이다. 건은 양이니, 양의 체는 강하고 굳세기 때문에 그 충을 취한 것이다"

⑧ 미未에는 양羊 · 매鷹 · 기러기鴈가 배속된다

•• 미가 양·매·기러기가 되는 것은, 『식경式經』에 이르기를 "미는 조금 길함(小吉)이 되므로, 혼인의 예식을 주관한다"고 하니, 혼인의 예식에는 양과 기러기를 쓴다. 정현의 『혼례알문婚禮謁文』에 이르기를 "기러기는 음양을 알아서, 때를 기다려 옮겨간

何忽居震 答云 未若爲馬 誠如來難 馬旣在午 正取其合 乾位居戌 戌衝在辰 所以用配於辰

• 問云 坤旣取合 乾忽用衝 此義難解 答曰 坤爲陰也 取其柔順從陽之義 故用合 乾爲陽也 陽體剛强 故取其衝

•• 未爲羊鷹鴈者 式經云 未爲小吉 主婚姻禮娉 禮娉有羊鴈之用 鄭玄婚禮謁文云 鴈候陰陽 待時乃擧 易以坤爲羊 坤在未也 禮記月令云 季夏之月 鷹初學習 此因候以配之 本生經云老木者 以未爲木墓 木至六月衰老也

다"고 했으며, 『역경』에 "곤이 양羊이 된다"고 하니 곤이 미에 있는 것이다.

❖ 『역경』에 "곤이 양이 된다"는 말은 없다. 다만 「설괘전」 8장에 "태는 양이 된다(兌爲羊)"는 말은 있다.

『예기』「월령」에 이르기를 "계하(음 6월)의 달에는 매가 처음으로 나는 연습을 한다"고 하니, 이것은 절후를 따라서 배속시킨 것이다. 『본생경』에서 '늙은 나무(老木)'라고 한 것은, 미가 목의 묘墓가 되기 때문이니, 목이 6월에 이르러 노쇠하는 것이다.

⑨ 신申에는 원숭이猴猿와 고양이猫가 배속된다

◆ 신이 원숭이와 고양이가 되는 것은, 가을은 살기가 발동하고 만물이 노쇠하니, 원숭이의 모습으로 모두 노인 같이 된다. 7월에는 과일이 모두 익으니, 원숭이가 양식을 저장할 때로, 그 기운이 왕성하게 된다. 『식경』에 이르기를 "금기운이 성할 때는 만물을 늙게 하니, 원숭이의 모습 같이 된다"고 했다. 『공자가어』에 이르기를 "5×9=45니 5는 음音이 되고, 음은 원숭이를 주관하니, 원숭이가 5월에 새끼를 낳는다"고 했다. 그러나 오午 가운데는 목욕한 금이 있으니, 아직 살기殺氣가 씩씩하지 않으며, 신에 이르러야 금이 왕해서 살기가 비로소 강해지는 것이다.

❖ 5월은 오월午月이다. 그러나 오월에는 아직 살기가 강하지 못하므

◆ 申爲猴猿猫者 秋爲殺氣 萬物衰老 猴猿之貌 竝似老人 七月産菓皆熟 猴猿以其儲粮之時爲王 式經云 金氣盛時 能老萬物 猴猿貌也 家語云 五九四十五 五爲音 音主猿 猿五月生 午中有沐浴金 殺氣未壯 至申金王 殺氣始强

로, 살기가 강해진 신월에 원숭이를 배속한 것이다.

◆ 또 말하기를 "불 속에 있을 때는 소리(음성)가 없으나, 불에서 나오면 그 소리가 이루어지기 때문에 모두 신申에 있는 것이다"라고 했다.

『본생경』에 말한 "아침에는 옥玉이 된다"는 것은, 옥은 온화하고 윤택하며 쟁쟁한 옥소리가 있기 때문에 아침을 취한 것이다. "저녁에는 죽은 돌(死石)이 된다"는 것은, 돌도 옥과 같은 종류로 또한 소리가 있으나, 그 기운이 쇠퇴한 것을 말하려고 저녁에는 '죽을 사死'자를 쓴 것이다. 옥과 돌은 모두 금에 근본하기 때문에 모두 금의 자리에 배속한 것이고, 고양이도 또한 같은 종류이기 때문에 배속시킨 것이다.

⑩ 유酉에는 닭鷄·꿩雉·까마귀烏가 배속된다

㉠ 닭(鷄) ◆◆ 닭·꿩·까마귀가 되는 것은, 유는 금이 되니 위엄과 무력을 쓰고, 닭은 오덕五德이 있는데 그 중에 무력을 최고로 치며, 적을 보면 반드시 싸우니 이것이 그 본성이다. 『춘추설제사春秋說題辭』에 이르기를 "닭은 양기가 쌓인 것으로 남방南方의

◆ 又言 在火中未有音聲 出火其音方成 故竝在申 本生經言旦爲玉者 玉者有溫潤鏗鏘之音 故取其旦 暮爲死石者 石是玉類 亦有音聲 言其氣衰 故在暮曰死 玉石皆金之本 故皆配金位 猫亦是同類 故以配焉

◆◆ 酉爲鷄雉烏者 酉爲金 威武之用 鷄有五德 以武爲先 見敵必鬪 是其本性 說題辭云 鷄爲積陽 南方之象 火陽精物炎上 故陽出則鷄鳴 以類感也 考異郵云 鷄火畜 丑近寅 寅陽有生火 喜故鳴 武事必有號令 故在西方 巽爲鷄 亦爲號令 辰巳竝與酉合 故在酉

상이고, 화는 양의 정기니 물건이 타오른다. 그러므로 해가 뜰 때 닭이 우는 것은, 동류끼리 감응하는 것이다"라고 했다.

❖ 오덕五德 : 닭이 갖추고 있다는 문文·무武·용勇·인仁·신信의 다섯 가지 덕. 머리에 관冠(벼슬)을 쓰고 있음은 문의 덕이고, 발에 발톱을 가지고 있음은 무, 목숨을 걸고 싸움은 용, 먹이를 봤을 때 서로 부름은 인, 때를 어기지 않고 알림은 신의 덕이라는 것이다.

『춘추고이우』에 이르기를 "닭은 화에 속한 가축이며, 축은 인과 가깝고, 인의 양陽에는 살아있는 불(生火)이 있으니 기쁘기 때문에 울며, 무력을 쓰는 일은 반드시 호령이 있기 때문에 서방에 있는 것이다. 손☴은 닭이 되니 또한 호령이 되는데, 진과 사가 모두 유와 합이 되기 때문에 유에 있는 것이다"라고 했다.

❖ 해가 뜨는 시각인 축시와 인시에 닭이 우는 이유를 설명한 것이다.

❖ 손☴의 방소는 진방과 사방이다. 이 두 방소가 모두 유와 합이 되므로, 닭을 유에 배속시켰다는 뜻이다.

ⓛ 꿩(雉) • 꿩은 화에 속한 새로 무력의 위엄을 상징한다. 『방기전方技傳』에 이르기를 "태백성이 빛을 날리면 닭이 울고, 형혹성이 빛을 흘리면 꿩이 놀란다"고 했으며, 『역통괘험』에 이르기를 "꿩은 양陽이니, 수컷이 울면 암컷이 응함은 양이 부르면 음이 화답하는 뜻이며, 때가 되면 수꿩이 우는 것은 또한 호령하는 뜻이다. 까마귀는 음의 새이나 해에서 산다"고 했다.

❖ 『방기전方技傳』 : 의가醫家·복가卜家·점성가占星家·상가相家 등의 글을 수록한 책

◆ 雉是火鳥 爲武之威 方技傳云 太白揚光 則鷄鳴 熒惑流耀 則雉驚 易通卦驗云 雉者是陽 雄鳴則雌應 陽唱陰和之義 當時則雊 亦號令之義 烏者陰之禽 而居日中

ⓒ 까마귀(烏) ◆『춘추원명포』에 이르기를 “까마귀가 해의 가운데 있는 것은, 양이 음을 품고 있음을 상징한 것이다. 해의 가운데 있어서 양기를 얻기 때문에, 어질고 부모를 봉양할 줄 안다. 유酉에 있는 것은, 봄에는 해가 태방兌方에 임하게 되니, 유방酉方은 2·8의 문으로 해가 들어가는 곳이다. 그 마치는 곳을 취했기 때문에 모두 유에 배속했다”고 했다.

또 이르기를 “저녁에는 죽은 돌(死石)이 되는 것은, 금기하고 쇠퇴함을 취한 것이다”라고 했다. 『식경』의 「금변」에 “저녁에는 죽은 흙(死土)이 된다”고 한 것은, 토가 금의 끝에 와서 기운이 쇠해 패망한 것이고, 『본생경』에 “저녁에는 소리개가 된다”고 한 것은, 소리개도 또한 빠르게 공격하니 무력의 사용이 있는 것이며, 닭 같이 오덕五德이 없기 때문에 저녁에 있다고 한 것이다.

⑪ 술戌에는 개狗와 이리狼 승냥이豺가 배속된다

◆◆ 술이 개와 이리 승냥이가 되는 것은, 술은 황혼이 되고 건☰은 하늘의 문이 된다. 술이 이미 건에 속하고 어두운 때이기 때문에, 경계하고 방비하는 것이다.

㉠ 개(狗) ◆◆◆『경씨별대京氏別對』에 말하기를 “개는 주인을 위

◆ 元命苞云 烏在日中 象陽懷陰也 以其在日中得陽氣 故仁而能反哺 在酉者 春時日臨兌 酉是二八之門 日所入處 取其終也 故竝配酉 又云暮爲死石者 取其禁忌衰也 禽變曰暮爲死土者 土至金末 氣衰敗也 本生經云暮爲鳶者 鳶亦迅擊有武用也 无五德故在暮

◆◆ 戌爲狗狼豺者 戌爲黃昏 乾爲天門 戌旣屬乾 昏闇之時 以警備也

해서 간사한 것을 막는 것이다"라고 했으며, 『역경』에 말하기를 "간☶은 개가 된다"고 했다. 간은 문과 대궐의 큰 문이 되니, 개로써 지키고 방비하는 것이다.

❖ 『주역』 「설괘전」 7장 및 11장에 출전.

◆ 『공자가어』에 이르기를 "7×9=63이니 3은 북두를 주관한다. 북두는 개를 주관하니, 개가 3월에 태어난다. 진은 술을 충하고, 인과 술은 합이 되기 때문에 술에 있다"고 했다.

❖ 『공자가어』 「집비」에 출전. 3월은 진월辰月이다. 진은 술을 충하고, 인과 술은 합이 되기 때문에 술에 개를 배속한 것이다.

ⓛ 이리와 승냥이(狼豺) ◆◆ 『예기』 「월령」에 이르기를 "9월에 승냥이가 제사를 지낸다"고 하니, 절후를 따라서 배속한 것이고, 이리는 승냥이와 형상이 서로 같으므로 같이 배속했다. 『설문해자』에 이르기를 "승냥이는 이리의 종류다. 그러므로 모두 술에 있다"고 했다.

일설에 "저녁에는 죽은 금(死金)이 된다"고 함은, 금이 술에 이르면 쇠하고 패망하는 까닭이다. 『식경』의 「금변」에 "저녁에는 죽은 불(死火)이 된다"는 것은, 술이 화의 묘墓가 되기 때문이다.

◆◆◆ 京氏別對曰 狗爲主行 以防姦也 易曰 艮爲狗 艮旣是門闕 狗以守防也

◆ 家語云 七九六十三 三主斗 斗主狗 狗三月生 辰衝戌 寅戌合 故在戌

◆◆ 禮記月令云 九月之時 豺乃祭獸 因候配之 狼形相似 說文云 豺狼屬也 故竝居戌 一云暮死金者 金至戌衰敗故也 禽變云暮爲死火者 戌爲火墓也

⑫ 해亥에는 돼지(豕)와 큰 원숭이(㺅)가 배속된다

◆ 해가 돼지가 되고 큰 원숭이가 되는 것은, 『식경』에 이르기를 "해는 섞인 물(雜水)이 된다"고 했으니, 더럽고 혼탁한 상으로 돼지가 사는 곳이다. 돼지의 색은 검으니 물의 색을 상징한 것이며, 발굽이 나뉜 것은 음을 상징한 것이고, 오경에는 반드시 일어나서 시간을 어기지 않음은, 물에 조수가 있어 때를 어기지 않는 것과 같다.

『공자가어』에 이르기를 "6×9=54니 4는 계절(시時)을 주관한다. 사계절은 돼지를 주관하니, 돼지는 4월에 새끼를 낳는다"고 했으며, 사와 충이 되기 때문에 해에 있다. 돼지(시豕)는 돼지(저猪)의 작은 것이고, 큰 원숭이(애㺅)도 또한 같은 종류이며, 밤에 다니는 것을 좋아하니, 음의 성질이기 때문에 모두 해에 있다.

❖ 4월은 사월巳月이다. 사는 해와 충이 되기 때문에, 돼지를 해에 배속했다.

◆◆ 일설에 "아침에는 살아있는 나무(生木)가 된다"고 함은, 목이 해亥에서 생하는 것이고, "저녁에는 매미와 달팽이가 된다"고 함은, '유蝓'자는 응당히 '추 蝵'자로 해야 하니, 글자가 잘못이 아닌가 한다. 또 이르기를 "아침에는 돼지새끼(돈豚)가 된다"고 함

【24편】 새와 벌레

◆ 亥爲猪豕㺅佳者 式經云 亥爲雜水 穢濁廁溷之象 猪之所居 猪色玄 象水色也 其蹄分者 陰象也 五更必起 不失其常 如水有湖不違期也 家語云 六九五十四 四主時 時主豕 豕四月生也 衝巳故在亥 豕猪之小者 㺅亦取其類 而好夜行 以陰性也 故竝在亥

◆◆ 一云旦爲生木者 木生於亥也 暮爲蛦蝓者 蝓應是蝵 恐字誤也 又云旦爲㹠 㹠豕同也 一云暮爲朽木者 木始生軟 得水淹沒 故腐朽也

은, 돼지새끼는 돼지(豕)와 같은 것이고, 일설에 "저녁에는 썩은 나무(朽木)가 된다"고 함은 나무가 처음 생겨남에 연약해서, 물속에 빠졌기 때문에 썩는 것이다.

4 다섯 영물과 36금

① **36**금에 다섯 영물을 쓰지 않은 이유

◆ 묻기를 "금禽과 충蟲의 예가 수없이 많은데, 어째서 기린이나 봉황새 같은 것을 취하지 않고, 지렁이·뱀·쥐같은 작은 충들을 취한 것입니까?" 대답하기를 "열두 가지의 종류를 취한 것은, 모두 그것들이 때와 절후를 알기 때문에, 혹 색이나 혹 형체가 모두 음양에 응하기 때문이다. 또 기린과 봉황새는 다섯 가지 영물에 배속했으니, 비워놓고 안쓰는 것이 아니다."

② 용과 호랑이는 **36**금에 쓴 이유

◆◆ 또 묻기를 "기린과 봉황새는 다섯 가지 영물에 배속했으므로 다시 취하지 않았다 했는데, 용과 호랑이도 역시 다섯 영물에 배속되었는데 다시 쓴 것은 왜입니까?" 대답하기를 "용이 움직이면 구름이 일어나고, 호랑이가 휘파람불면 바람이 일어나니,

◆ 問曰 禽蟲之例數多 何故不取麟鳳爲屬 乃取蚯蚓蛇鼠小蟲 答曰 取十二屬者 皆以其知時候氣 或色或形 竝應陰陽故也 麟鳳以配五靈 非是虛而不用

◆◆ 又問曰 麟鳳以配五靈 更不取者 龍虎亦配 何爲復用 答曰 龍洞雲興 虎嘯風起 此是應陰陽之氣 所以須取 麟鳳雖靈 无所作動 故不重用

이것은 음양의 기운이 응하는 것이다. 그러므로 취한 것이다.

기린과 봉황은 비록 신령하나 작동되는 것이 없기 때문에 거듭 쓰지 않았다."

5 북두칠성과 36금

◆ 이 열두 종류는 모두 북두성의 기운으로, 흩어져서 사람의 명이 된 것으로, 북두에 매여 있기 때문에 열두종류에 쓴 것이다. 『춘추운두추春秋運斗樞』에 말하기를 "추성樞星은 기운이 흩어져 용과 말이 되고, 선성旋星은 흩어져서 호랑이가 되며, 기성機星은 흩어져 개가 되고, 권성權星은 흩어져 뱀이 되며, 옥형玉衡은 흩어져 닭·토끼·쥐가 되고, 개양開陽은 흩어져 양과 소가 되며, 요광성搖光星은 흩어져 원숭이가 된다"고 하니, 이것들은 모두 위로 하늘의 별에 응하고 아래로는 연명年命에 속한 것이다.

❖ 『춘추운두추』의 북두칠성과 36금

북두	추성	선성	기성	권성	옥형	개양	요광성
36금	용 · 말	호랑이	개	뱀	닭 · 토끼쥐	양 · 소	원숭이

◆ 其十二屬 竝是斗星之氣 散而爲人之命 係於北斗 是故用以爲屬 春秋運斗樞曰 樞星散爲龍馬 旋星散爲虎 機星散爲狗 權星散爲蛇 玉衡散爲鷄兎鼠 開陽散爲羊牛 搖光散爲猴猿 此等皆上應天星 下屬年命也 三十六禽 各作方位 爲禽蟲之長 領三百六十 十而倍之 至三千六百 竝配五行 皆相貫領 旣非占候之用 不復具釋

36금禽이 각각 방위를 만들고, 금禽과 충蟲의 어른이 되어서 360을 거느리니, 10으로 곱하면 3600에 이른다. 모두 오행에 배속되어 모두가 서로 관통되고 거느리게 되나, 절후를 점치는 데 쓰이지 않는 것은 다시 함께 해석하지 않았다.

색 인

• 여러 페이지에 걸쳐 나올 경우 맨 앞페이지만 기재함.
• 소제목의 일부분을 색인에 넣음.

ㄱ

ㄴ

ㄷ

ㄹ

ㅅ

ㅇ

【색인】

ㅊ

ㅋ

ㅌ

저/ 자/ 소/ 개/

원저자 소길蕭吉

- 양(梁)나라 무제(武帝)의 형인 장사선무왕(長沙宣武王) 소의(蕭懿)의 손자이며, 자는 문휴(文休)다.
- 박학다식 하였고, 특히 음양학과 산술학(算術學)에 정통하였다. 양나라가 망하자 북주(北周)에 망명하여 의동(儀同:의동삼사)이라는 높은 벼슬을 지냈고, 수나라가 북주로부터 선양을 받게 되자 품계가 올라 상의동(上儀同)이 되었으며, 특히 양제 때는 태부소경까지 되었다. 성격이 고고하고 엄격해서 다른 공경들과 어울리지 않았다고 한다.
- 저서로는 금해(金海) 상경요록(相經要錄) 택경(宅經) 장경(葬經) 악보(樂譜) 제왕양생방(帝王養生方) 상수판요결(相手版要決) 태일입성(太一立成) 등이 있다.
- 수서의 경적지, 구당서의 경적지, 신당서의 예문지, 송사의 예문지, 북사 등에 소길과 오행대의에 대한 기록이 남아있다.

덕산德山 **김수길**金秀吉

공역

- 41년 충남 공주에서 출생.
- 7세부터 14세까지 伯父인 索源 金學均선생으로부터 千字文을 비롯하여 童蒙先習·通鑑·四書와 詩經·書經 등을 배움.
- 26세부터 41세까지 국세청 근무. 42세~현재 세무사 개업.
- 89년부터 대산선생으로부터 易經을 배움.
- 『주역전의대전역해』 책임편집위원.
- 편저에 『주역입문』 편역에 『매화역수』, 『음부경과 소서 심서』, 『하락리수』, 『오행대의』, 『천문류초』, 『소리나는 통감절요』, 『집주완역 대학』, 『집주완역 중용』 등

공역

- 성균관대학교 철학 박사.
- 87년부터 대산선생 문하에서 四書 및 易經 등을 수학. 『대산주역강해』·『대산주역점해』·『미래를 여는 주역』·『주역전의 대전역해』 등의 편집위원.
- 저서에 『후천을 연 대한민국』, 『세종대왕이 만난 우리별자리』, 『시의적절 주역이야기』, 『주역점비결』, 번역에 『하락리수』, 『오행대의』, 『천문류초』, 『매화역수』, 『황극경세』, 『초씨역림』 등이 있음.

대유학당 출판물 안내

분류	도서명	저자	가격
기문 육임	▸기문둔갑신수결	류래웅 지음	16,000원
	▸이것이 홍국기문이다	정혜승 지음	23,000원
	▸육임입문123(전3권)	이우산 지음	70,000원
	▸육임입문 720과 CD	이우산 감수	150,000원
	▸육임실전(전2권)	이우산 지음	54,000원
	▸육임필법부	이우산 지음	35,000원
	▸대육임직지(전6권)	이우산 지음	192,000원
자미 두수	▸자미두수 전서(상/하)	김선호 번역	100,000원
	▸실전 자미두수(전2권)	김선호 지음	50,000원
	▸자미두수 입문	김선호 지음	20,000원
	▸자미두수 전문가용 CD	김선호/김재윤	500,000원
	▸중급자미두수(전3권)	김선호 지음	60,000원
	▸자미심전	박상준 지음	25,000원
불교 미학	▸마음이 평안해지는 천수경	윤상철 편저	10,000원
	▸마음의 달(전2권)	만행스님 지음	20,000원
	▸항복기심(전3권) 2018년 신간	만행스님 지음	60,000원
	▸선용기심	만행스님 지음	30,000원
	▸동양미학과 미적시전	손형우 지음	20,000원
	▸겸재 정선 연구	손형우 지음	23,000원
동양고전	▸집주완역 대학	김수길 번역	25,000원
	▸집주완역 중용(상/하)	김수길 번역	40,000원
	▸동이 음부경 강해(2014년 신간)	김수길·윤상철 번역	20,000원
	▸당시산책	김병각 편저	25,000원
천문	▸천문류초(전정판)	윤상철 지음	20,000원
	▸태을천문도 9종(개정판)	윤상철 총괄	100,000원
	▸세종대왕이 만난 우리별자리(전3권)	윤상철 지음	36,000원
	▸천상열차분야지도, 그 비밀을 밝히다	윤상철 지음	25,000원
족자 & 블라인드	① 천상열차분야지도	족자(가정용)	80,000
	② 태을천문도(라일락/블랙베리)	족자(사찰용)	100,000

③ 42수 진언　　　　　　블라인드(120×180cm) 250,000원
④ 신묘장구대다라니　　　블라인드(150×230cm) 300,000원

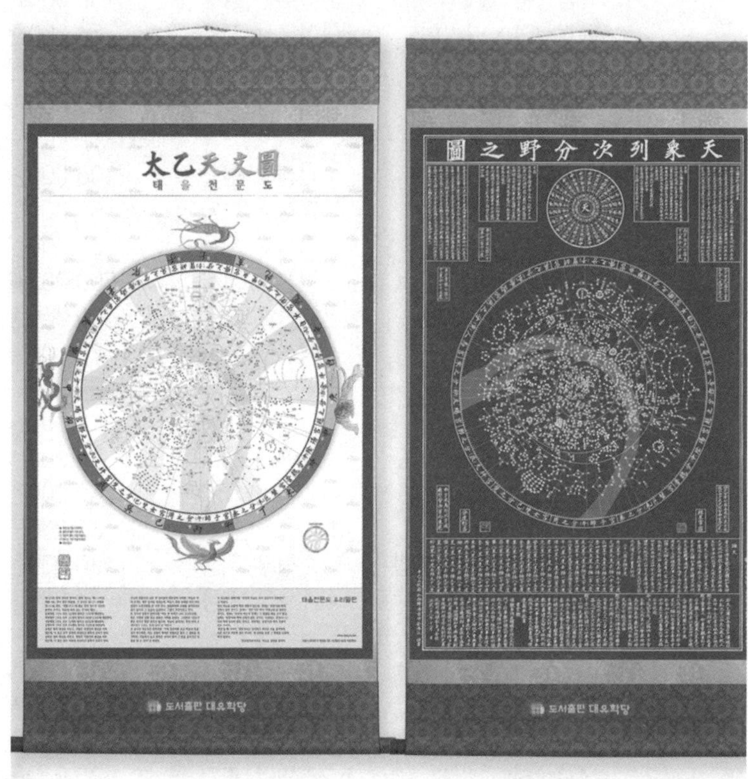

태을천문도　　　　　　천상열차분야지도

오행대의 하 권